梵文和訳

金剛頂経

津田真一

春秋社

新版に寄せて

本書は平成七年二月、東京美術より「現代人のための仏教」シリーズの一冊として刊行されたものの新版である。この新版に際して、訂正は誤字・誤植レヴェルの最小の範囲に止め、内容についてはそのままにしておいた。この旧版に対して私には一つの思い入れがあったからである。

私がこの「解説」部分の校正を了えたのは、ロンドン大学（SOAS）での或る講座のために東京を発つ、まさにその前日のことであった。私はその「解説」において、〈プルシャの思想〉（本書一六四頁以下）を初めて表明した。そして、ロンドンでのそのプルシャを原理とする「密教思想史」の十回の講義を了えてその翌々日、私の乗った飛行機が成田に向かっていたその最中に起こったのが、そのプルシャを表徴《バッジ》とするオウム真理教の地下鉄サリン事件であった。私はこの不思議な因縁を一種の〈性起《しょうき》〉Ereignisであったと、今でも考えているのである。

いや、その「和訳」部分において、一点、改めた箇所がある。それは旧版三七頁八行の「この菩提心《ボダイしん》は、そこに法身《ほっしん》・大毘盧遮那《だいビルシャナ》が住《じゅう》する一切如来《いっさいにょらい》の心蔵《フリダヤ》である」（原語 sarvatathāgata-hṛdayam te）を改めて、「（それは）汝《なんじ》（に内在《ないざい》するところ）の一切如来《いっさいにょらい》の〈核心《フリダヤ》〉である」（本書一三頁七行）とした、その一点である。この種の訂正を要する箇所はこの他に多く存在するであろうが、私はそれらに対する訂正が将来、どなたかによって、この一例を参考にして、ただしより徹底したかたちでなされることを切に願うのである。

「解説」においても一点、記しておきたいことがある。私は当初から（「空海の解釈学」雑誌

『理想』昭和五十七年十一月号以来）、弘法大師空海は、日本真言宗の双輪たる『大日経』とこの『金剛頂経』とが、実は、critical（〈両立不可能、且つ、二者択一不可避〉）の関係にあることを秘かに認識しており、その認識に従って本質的に大乗である『大日経』を選択し、しかもその認識と選択とを韜晦《とうかい》したのだ、という理解を保持してきた。しかし私は、最近になってそれを疑うようになってきているのである、空海はその晩年、その立ち位置を秘かに密教である『金剛頂経』の上に移そうとしたのではないかと……。

事実、『金剛頂経』は空海の実存をその生涯に亘って掣肘《せいちゅう》している。言い方を変えるなら、それは空海にとっての〈性起〉であったのである。この「性起」は、それが神・〈開放系の神〉（本書xv頁）の性起であるが故に、空海のみならずこの私に対してさえも性起する、いや、現に性起している。私は今、或る経緯からしてシェリングの「自由」の概念に関して何かを書かねばならず、目下苦しんでいる最中なのであるが、シェリングの「人間的自由」の本質とその現実は、（その神秘主義的根底の共通の故に、）『金剛頂経』の即身成仏の構想と瓜二つなのである。私は今改めてこのことに気づいたところであったのである。

末筆ながら、東京美術の各位に改めて御礼を申し上げるとともに、このたびの新版の労をとってくださった桑村正純氏はじめ春秋社の皆様に心からの感謝の意を表するものであります。

津田真一

平成二十八年十一月二十五日

梵文和訳　金剛頂経……目　次

序分

正宗分

はじめに　秘密《ひみつ》としての『金剛頂経《こんごうちょうぎょう》』

本書《ほんしょ》はいわゆる『初会金剛頂経《しょえこんごうちょうぎょう》』の「金剛界品《こんごうかいほん》」のうち、漢訳《かんやく》でいえば不空訳《ふくうやく》の三巻本《さんがんぼん》、すなわち『金剛頂一切如来真実摂大乗現証大教王経《こんごうちょういっさいにょらいしんじつしょうだいじょうげんしょうだいきょうおうぎょう》』（『大正蔵《たいしょうぞう》』第十八巻《だいじゅうはちかん》、八六五番《ばん》）に対《たい》応《おう》する部分《ぶぶん》の、サンスクリット原典《げんてん》からの翻訳《ほんやく》である。テキストは堀内寛仁教授《ほりうちかんにんきょうじゅ》による校訂本《こうていぼん》（『高野山大学論叢《こうやさんだいがくろんそう》』第三巻《だいさんがん》、一九六八年《ねん》三月《がつ》、所収《しょしゅう》）を用《もち》いた。しかし、私《わたし》が、今《いま》、この訳《やく》を公《こう》刊《かん》することについては、一言《ひとこと》、弁解《べんかい》が必要《ひつよう》であるように思《おも》われる。

これは、その経験《けいけん》のある方《かた》には直《ただ》ちに御理解《ごりかい》いただけることであろうが、この種《しゅ》の校訂本《こうていぼん》を作《つく》るということは、実《じつ》は大変《たいへん》なことなのである。事態《じたい》は、まずサンスクリット写本《しゃほん》があり、それから機械的《きかいてき》な作業《さぎょう》によって自動的《じどうてき》に正《ただ》しい校訂本《こうていぼん》が作《つく》られ、その校訂本《こうていぼん》を辞書《じしょ》と文法書《ぶんぽうしょ》に従《したが》って正《ただ》しく読《よ》めば正《ただ》しい翻訳《ほんやく》が出来《でき》る、そしてその翻訳《ほんやく》からそのテキストの内容《ないよう》に関《かん》する正《ただ》しい理解《りかい》が得《え》られる、という一直線《いっちょくせん》の過程《かてい》をとって進行《しんこう》するのではないのである。校訂者《こうていしゃ》は数年《すうねん》、時《とき》には十数年《じゅうすうねん》にも亘《わた》ってひたすら写本《しゃほん》そのものに沈潜《ちんせん》しなければならない。彼《かれ》はその間《かん》、写本《しゃほん》が示《しめ》すあらゆる徴候《ちょうこう》に目《め》を留《と》めてあらゆる読《よ》みの可能性《かのうせい》を想定《そうてい》し、漢訳《かんやく》、チベット訳《やく》、さらに諸註釈《しょちゅうしゃく》等《とう》のあらゆる補助手段《ほじょしゅだん》を動員《どういん》し、そのテキストの背景《はいけい》に亘《わた》るあらゆる知識《ちしき》を傾《かたむ》けてその写本《しゃほん》それ自体《じたい》の言《い》う所《ところ》を理解《りかい》しようとして労苦《ろうく》する。そして、その労苦《ろうく》の結果《けっか》を示《しめ》すものが、校訂本《こうていほん》なのである。

また、テキストにもいろいろある。この『初会金剛頂経《しょえこんごうちょうぎょう》』などは、その内容《ないよう》からいっても分《ぶん》量《りょう》からいっても、校訂《こうてい》するに最《もっと》も労苦《ろうく》を要《よう》するテキストであるといってよいであろう。堀内教《ほりうちきょう》授《じゅ》はこの「金剛界品《こんごうかいほん》」に「降三世品《ごうざんぜほん》」、「遍調伏品《へんぢょうぶくほん》」、及《およ》び「一切義成就品《いっさいぎじょうじゅほん》」のいわゆる四大品《しだいほん》、それに附録《ふろく》としての「教理分《きょうりぶん》」を加《くわ》えた施護訳三十巻本《せごやくさんじゅっかんぼん》（『大正蔵《たいしょうぞう》』第十八巻《だいじゅうはちかん》、八八二番《ばん》）に相当《そうとう》するそのすべてを校訂《こうてい》しておられるのである。

もう一《ひと》つある。テキスト校訂《こうてい》の作業《さぎょう》が上《うえ》に述《の》べたような過程《かてい》を履《ふ》むものである以上《いじょう》、校訂本《こうていほん》が出《で》たときには校訂者《こうていしゃ》にはすでに翻訳《ほんやく》は出来《でき》上《あが》っているのである。さすれば、堀内教授《ほりうちきょうじゅ》は『金剛《こんごう》頂経《ちょうぎょう》』の翻訳《ほんやく》を現《げん》にお持《も》ちである筈《はず》なのである。しかし、私《わたし》は寡聞《かぶん》にして教授《きょうじゅ》がそれを公刊《こうかん》されたという話《はなし》を聞《き》いてはいない。しかし、当《とう》の堀内教授《ほりうちきょうじゅ》がその訳《やく》を公刊《こうかん》されない先《さき》に、このテキストに関《かん》してその百分《ひゃくぶん》の一《いち》の苦労《くろう》もしていない私《わたし》などが、しかもそのさわりの部分《ぶぶん》だけの訳《やく》を公刊《こうかん》するなら、それはいわゆる「他人《ひと》の業績《ぎょうせき》のつまみ喰《ぐ》い」ということにはならないのであろうか。

もう一《ひと》つ私《わたし》が気《き》になるのは、堀内教授《ほりうちきょうじゅ》がその訳《やく》を公表《こうひょう》しようとされないその理由《りゆう》である。表《おもて》向《む》きの理由《りゆう》は想像《そうぞう》がつく。それは、まず第一《だいいち》には、この『金剛頂経《こんごうちょうぎょう》』が灌頂《かんじょう》の作法《さほう》や印契《いんげい》・心《しん》呪《じゅ》という、いわゆる事相《じそう》に亘《わた》る部分《ぶぶん》を含《ふく》んでいるからであろう。この事相《じそう》に亘《わた》る部分《ぶぶん》は秘密《ひみつ》に属《ぞく》することであり、真言宗《しんごんしゅう》の内部《ないぶ》にある者《もの》が外《そと》に向《む》かってそれを公表《こうひょう》することは許《ゆる》されない。堀《ほり》内教授《うちきょうじゅ》の躊躇《ちゅうちょ》がこのことによるのであるとするなら、私《わたし》には教授《きょうじゅ》の心情《しんじょう》がよく理解《りかい》できる。私《わたし》もその点《てん》でこの私訳《しやく》の公表《こうひょう》に同様《どうよう》の躊躇《ちゅうちょ》を感《かん》じないわけではないからである。第二《だいに》には、この『金剛頂経《こんごうちょうぎょう》』がすでに左道的《さどうてき》な傾向《けいこう》を内《うち》に含《ふく》んでいる、ということがある。この傾向《けいこう》は「金剛界《こんごうかい》品《ほん》」に関《かん》しては少《すく》なくともテキストの表面《ひょうめん》には顕《あらわ》れていないのであるが、それはこの経典《きょうてん》の移《い》入《にゅう》の当初《とうしょ》から一種《いっしゅ》の秘密《ひみつ》として意識《いしき》されており、伝統的《でんとうてき》にこの経《きょう》の取扱《とりあつか》いを一種特別《いっしゅとくべつ》のものにしてきたのである。堀内教授《ほりうちきょうじゅ》がこの暗黙《あんもく》の伝統《でんとう》に従《したが》われたのだとするなら、私《わたし》はそれも了解《りょうかい》する。しかし、私《わたし》には、堀内教授《ほりうちきょうじゅ》の沈黙《ちんもく》にはなにかもっと深《ふか》い理由《りゆう》があるように思《おも》われてならないのである。

実《じつ》は（私《わたし》が見《み》るところ）この『金剛頂経《こんごうちょうぎょう》』には、或《あ》る恐《おそ》るべき秘密《ひみつ》が隠《かく》されているのである。堀内教授《ほりうちきょうじゅ》はその秘密《ひみつ》に気《き》づいておられ、そしてそれを隠《かく》そうとしておられるのではないか、あるいは、安易《あんい》な表現《ひょうげん》を許《ゆる》さないその厳粛《げんしゅく》な秘密《ひみつ》に対《たい》して沈黙《ちんもく》を守《まも》ろうとしておられるのではないか、逆《ぎゃく》に言《い》えば、この経《きょう》の訳《やく》を公表《こうひょう》するということは、すでにその秘密《ひみつ》を漏《も》らすことになってしまうのではないのか……。では、堀内教授《ほりうちきょうじゅ》の沈黙《ちんもく》の理由《りゆう》をこの様《よう》に忖度《そんたく》する私《わたし》が、それでも拙訳《せつやく》(文字通《もじどお》りの……)を、しかも今《いま》、公表《こうひょう》しようとするのはなぜなのか。

秘密《ひみつ》とは知《し》られ得《う》る、いや、知《し》られねばならないところのものである。人《ひと》は実《げ》にその秘密《ひみつ》を知《し》る。そして一《ひと》たびそれを知《し》ったとき、その人《ひと》は改《あらた》めてそれについて沈黙《ちんもく》を守《まも》るか、それともそれを口外《こうがい》するかの岐路《きろ》に立《た》たされる。それを口外《こうがい》することには、或《あ》る種《しゅ》の危険《きけん》、それもかなりの危険《きけん》が伴《ともな》う。しかし、私《わたし》が現《げん》に知《し》っているかぎりでのその秘密《ひみつ》は、私《わたし》にそれを要求《ようきゅう》するのである。では、その秘密《ひみつ》とは? その詳細《しょうさい》については「解説《かいせつ》」にゆずるとして、ここでは読者《どくしゃ》の興味《きょうみ》をこの経《きょう》それ自体《じたい》につなぐための最小限《さいしょうげん》のことを述《の》べておこう。

この『金剛頂経《こんごうちょうぎょう》』は『大日経《だいにちきょう》』(『大毘盧遮那成仏神変加持経《だいビルシャナじょうぶつじんぺんかじきょう》』)と並《なら》べて両部大経《りょうぶだいきょう》と称《しょう》され、古来吾国真言宗《こらいわがくにしんごんしゅう》において最秘最尊《さいひさいそん》の経典《きょうてん》と目《もく》されてきたところのものである。そして、これら両経《りょうきょう》(=両部《りょうぶ》)を不二《ふに》であるとするのが真言宗《しんごんしゅう》の建《た》て前《まえ》なのであるが、私《わたし》はこれまで、この建《た》て前《まえ》に敢《あ》えて反《はん》するという自意識《じいしき》の上《うえ》に、これら両経《りょうきょう》は相互《そうご》にcritical(両立不可能《りょうりつふかのう》、且《か》つ、二者択一不可避《にしゃたくいつふかひ》のもの)なのであるという認識《にんしき》を表明《ひょうめい》し続《つづ》けてきたのである(私《わたし》のその認識《にんしき》を根拠《こんきょ》づけるものも、また、この『金剛頂経《こんごうちょうぎょう》』であった)。私《わたし》はこの認識《にんしき》それ自体《じたい》は今《いま》でも依然《いぜん》として正《ただ》しいと思《おも》っている。しかし、それと同時《どうじ》に、その数年来《すうねんらい》、私《わたし》にはそれとは次元《じげん》を異《こと》にする新《あたら》しい見方《みかた》が出《で》てきているのである。すなわち、『大日経《だいにちきょう》』と『金剛頂経《こんごうちょうぎょう》』とはたしかに〈両立不可能《りょうりつふかのう》、且《か》つ、二者択一不可避《にしゃたくいつふかひ》〉ではある。しかもそれと同時《どうじ》に、それらが「不二《ふに》」なのである、という事態《じたい》が成《な》り立《た》つ解釈《かいしゃく》の次元《じげん》がやはり存在《そんざい》していたのである。

私《わたし》は私《わたし》に開《ひら》けてきたこの新《あたら》しい視位《しい》を〈依然《いぜん》として仮《か》りにではあるが〉〈開放系《かいほうけい》〉と称《しょう》することにしている。するとそれ以前《いぜん》の〈両部《りょうぶ》の criticality〉を言《い》う視位《しい》は自《おの》ずと〈閉鎖系《へいさけい》〉のものである、ということになる。この〈閉鎖《へいさ》〉とは、仏教《ぶっきょう》の思想《しそう》ないしは思想史《しそうし》についての私自身《わたしじしん》の思考《こう》を人間的《にんげんてき》な悟性《ごせい》の原理《げんり》、いわゆる根拠律《こんきょりつ》の範囲《はんい》の内《うち》に閉鎖《へいさ》するという意味《いみ》と、その視野《しや》を仏《ぶっ》教《きょう》の範囲《はんい》に閉鎖《へいさ》する、という、二《ふた》つの意味《いみ》を有《も》つ。それに対《たい》して、〈開放系《かいほうけい》〉とは、その人間的《にんげんてき》な根拠律《こんきょりつ》の制約《せいやく》から開放《かいほう》された、そして、その人間性《にんげんせい》そのものからも、さらに、仏教《ぶっきょう》という枠組《わくぐみ》からさえも開放《かいほう》された或《あ》る神《かみ》の観念《かんねん》を原理《げんり》とするものなのである。そして、『大日経《だいにちきょう》』と『金剛《こんごう》頂経《ちょうぎょう》』とは、ともに、その神《かみ》の存在性《そんざいせい》、すなわちその神《かみ》の存在《そんざい》と現成《げんせい》の機制《きせい》を、ただし、critical な両面性《りょうめんせい》においてあるその機制《きせい》のそれぞれの一面《いちめん》において表現《ひょうげん》するものであったのである。

その神《かみ》、いわば〈開放系《かいほうけい》の神《かみ》〉は、全世界的《ぜんせかいてき》な巨大《きょだい》な「身体性《しんたいせい》と生命《せいめい》」という汎神論的《はんしんろんてき》な原《げん》理《り》の上《うえ》にさらに「目的論的理性《もくてきろんてきりせい》」という人格神的《じんかくしんてき》な原理《げんり》を加《くわ》えたものとしてある。そして、密《みっ》教《きょう》、具体的《ぐたいてき》には『大日経《だいにちきょう》』と『金剛頂経《こんごうちょうぎょう》』の法身《ほっしん》・毘盧遮那《ビルシャナ》、すなわち大日如来《だいにちにょらい》の、曼荼羅《マンダラ》の全体《ぜんたい》であり、且《か》つ、神人同型的《アントロポモルフィスティシュ》な巨大《きょだい》な仏《ほとけ》・毘盧遮那《ビルシャナ》であるという性格《せいかく》は、（西田幾多郎博士《にしだきたろうはかせ》のいわゆる）「絶対矛盾的自己同一《ぜったいむじゅんてきじこどういつ》」的《てき》な二面性《にめんせい》におけるこの〈開放系《かいほうけい》の神《かみ》〉の存在性格《そんざいせいかく》を最《もっと》も正確《せいかく》に反映《はんえい》するものであるのである。しかも、この〈開放系《かいほうけい》の神《かみ》〉の曼荼羅的《マンダラてき》な側面《そくめん》にはさらに世界包括的《せかいほうかつてき》な（正《ただ》しい意味《いみ》で汎神論《はんしんろん》・Panentheismus 的《てき》な）局面《きょくめん》とそして同時《どうじ》に、世界超越的《せかいちょうえつてき》な（われわれ人間《にんげん》の世界《せかい》に対《たい》する超越的《ちょうえつてき》な対応物《たいおうぶつ》としての）局面《きょくめん》があるのである。『大日経《だいにちきょう》』は前者《ぜんしゃ》の局面《きょくめん》を、ただし或《あ》る間接性《かんせつせい》において、表現《ひょうげん》するものとしてあるのであり、『金剛頂経《こんごうちょうぎょう》』は後者《こうしゃ》の側面《そくめん》を、直接的《ストレート》に表現《ひょうげん》するものとしてある。そして、これら「絶対矛盾的《ぜったいむじゅんてき》」な両局面《りょうきょくめん》の「自己同一《じこどういつ》」としてあるその神《かみ》の存在性《そんざいせい》の秘密《ひみつ》がわれわれによって知《し》られたとき、それは一個《いっこ》の思想《しそう》としてわれわれの生《せい》に改《あらた》めて（この今《いま》から未来《みらい》に向《む》けて）或《あ》る規定性《きていせい》を及《およ》ぼす、すなわち、それはわれわれ人間《にんげん》に、その神《かみ》の存在《そんざい》においてしかも人間的《にんげんてき》に生《い》きることが許《ゆる》されるところの或《あ》る一《ひと》つの、そして、多分唯一《たぶんゆいいつ》の可能性《かのうせい》を示《しめ》す筈《はず》のものなのである。

「仏教《ぶっきょう》はキリスト教《きょう》のような神観念《かみかんねん》を有《も》たない宗教《しゅうきょう》である」というのが吾国近代仏教学《わがくにきんだいぶっきょうがく》の明治《めいじ》以来《いらい》変《か》わることのない信条《しんじょう》である。しかし、この〈開放系《かいほうけい》〉の見方《みかた》からするなら、仏教《ぶっきょう》はゴータマ・ブッダの最初《さいしょ》から、そして、一貫《いっかん》して、神《かみ》を原理《げんり》とする宗教《しゅうきょう》であったのである。思想史的《しそうしてき》に実在《じつざい》した仏教《ぶっきょう》とは、（フッサールの言葉《ことば》をそのまま借《か》りるなら）その「全歴史性《ぜんれきしせい》を貫《つらぬ》く目的論的理性《もくてきろんてきりせい》」としての神《かみ》が「自己《じこ》を告知《こくち》する」、その過程《かてい》に他《ほか》ならないのである。そして、『金剛頂経《こんごうちょうぎょう》』はその神《かみ》が自《みずか》らの存在《そんざい》の秘密《ひみつ》を告知《こくち》するその過程《かてい》における、最《もっと》も顕著《けんちょ》な、そして重要《じゅうよう》な節目《ふしめ》をなすものであるのである。しかし、この神《かみ》の「自己告知《じここくち》」にも、もう一《ひと》つ別《べつ》の局面《きょくめん》が存《そん》する。その神《かみ》はその「目的論《もくてきろん》」的必然性《てきひつぜんせい》からして（そこにその神《かみ》の本当《ほんとう》の秘密《ひみつ》が隠《かく》されているわけなのであるが）、その「全歴史《ぜんれきし》」的《てき》な過程《かてい》を一瞬《いっしゅん》に集束《しゅうそく》するかたちで、今《いま》、この私《わたし》に、しかもこの『金剛頂経《こんごうちょうぎょう》』において「自己《じこ》を告知《こくち》する」のである。

ところで私《わたし》のこの様《よう》なものの言《い》い方《かた》に対《たい》しては、直《ただ》ちに、「夫子《きみ》のいうその秘密《ひみつ》が告知《こくち》されていなかった時代《じだい》というものがあって、しかもそういう時代《じだい》にも、生《い》きることはできたはずではないか」という反駁《はんばく》ないしは揶揄《やゆ》がなされることであろう。しかし、予想《よそう》されるこのウィトゲンシュタイン風《ふう》の論理《ろんり》に対《たい》して、私《わたし》はそれが依然《いぜん》として〈閉鎖系《へいさけい》〉のものであることを指摘《してき》するとともに、繰《く》り返《かえ》し、或《あ》る確信《かくしん》を込《こ》めて、次《つぎ》の如《ごと》くに言《い》いたいのである、その神《かみ》は人類《じんるい》に対《たい》して、その本初《はじめ》からその秘密《ひみつ》を告知《こくち》していたし、また、それはいつの時代《じだい》にも、ただし、われわれ人間《にんげん》の小《ちい》さな理知《りち》や論理《ろんり》によってではなく、それらを超《こ》えた或《あ》る誠実《せいじつ》、魂《たましい》の誠実《せいじつ》をもって自己《じこ》の生《せい》とその運命《うんめい》とをその根拠《こんきょ》において見据《みす》えようとするすべての人《ひと》に、告知《こくち》され続《つづ》けてきたのである。しかも、それはその「全歴史《ぜんれきし》」においてはじめて、今《いま》、この私《わたし》にそれを告知《こくち》するのである、と。

周知《しゅうち》の如《ごと》く、ニーチェはその『この人《ひと》を見《み》よ』において、自《みずか》らの『ツァラツストラ』を「万人《ばんにん》のための、しかも、誰《だれ》のためのものでもない書《しょ》」であると規定《きてい》している。私《わたし》はこれと同《おな》じ意味《いみ》で、これまで誰《だれ》にも読《よ》まれなかったこの『金剛頂経《こんごうちょうぎょう》』という秘密《ひみつ》の経典《きょうてん》が、今《いま》や広《ひろ》く万人《ばんにん》によって、しかも他《ほか》の誰《だれ》のためでもなく自己一人《じこいちにん》のために、読《よ》まるべき時《とき》に来《き》たのではないかと考《かんが》えるのである。これが私《わたし》が今《いま》、敢《あ》えてこの拙《つたな》い訳《やく》を公《おおやけ》にする理由《りゆう》である。

もう一《ひと》つだけ弁解《べんかい》をさせて頂《いただ》きたいことがある。それは、本書《ほんしょ》が同《おな》じシリーズに属《ぞく》する他書《たしょ》と結果的《けっかてき》に多少《たしょう》その趣《おもむき》を異《こと》にするようになってしまったことについてである。私《わたし》は「読《よ》める　わかる　心《こころ》に響《ひび》く」ように、というこのシリーズの方針《ほうしん》をよく理解《りかい》する。しかし、まことに残念乍《ざんねんなが》ら、私《わたし》には、ことこの『金剛頂経《こんごうちょうぎょう》』に関《かん》して、難《むずか》しいその内容《ないよう》をよくかみ砕《くだ》いて、誰《だれ》にでもわかるようにやさしく、しかも「心《こころ》に響《ひび》く」ように美《うつく》しく書《か》き直《なお》す、という余裕《よゆう》はまったくなかったのである。私《わたし》はこのテキストを読《よ》むようになって二十年以上《にじゅうねんいじょう》になるが、それは私《わたし》には依然《いぜん》として難《むずか》しい。私《わたし》には、現在時点《げんざいじてん》で私《わたし》が理解《りかい》するかぎりのこの経典《きょうてん》の内容《ないよう》、すなわち、秘密《ひみつ》が辛《かろ》うじてそこに読《よ》み込《こ》み得《う》る、という程度《ていど》の生硬《せいこう》な訳文《やくぶん》を提示《ていじ》するのがせい一《いっ》ぱいのことであったのである。その訳《やく》にも依然《いぜん》として多《おお》くの誤《あやま》りが残《のこ》されていることであろうと思《おも》う。他日《たじつ》、どなたかによってそれらが訂正《ていせい》されることを望《のぞ》む以外《いがい》にはない。

それからもう一《ひと》つ読者諸賢《どくしゃしょけん》に御諒解《ごりょうかい》頂《いただ》きたいことは、この『金剛頂経《こんごうちょうぎょう》』は、本来《ほんらい》、読《よ》んだだけではわかるようにはなっていない、いや、はじめから読《よ》んだだけではその秘密《ひみつ》がわからないように作《つく》られているのだ、ということである。それがわかるためにはいくつかのキー（まさに弘法《こうぼう》大師《だいし》が『秘蔵宝鑰《ひぞうほうやく》』と言《い》われるときのその鑰《かぎ》）を用《もち》いて一種《いっしゅ》のコード変換《へんかん》を施《ほどこ》さなければならないのである。本書《ほんしょ》から「心《こころ》に響《ひび》く」何《なに》ものかを得《え》たいと願《ねが》う読者《どくしゃ》には先《ま》ず「解説《かいせつ》」部分《ぶぶん》を熟読《じゅくどく》されることをお願《ねが》いせざるを得《え》ないのである。

最後《さいご》になってしまったが、テキスト校訂者《こうていしゃ》堀内寛仁《ほりうちかんにん》教授《きょうじゅ》に対《たい》しては言《い》うまでもないこととして、私《わたし》は私《わたし》の古《ふる》い友人《ゆうじん》であり、『金剛頂経《こんごうちょうぎょう》』の研究《けんきゅう》において私《わたし》に先行《せんこう》している高橋尚夫《たかはしひさお》氏《し》（大《たい》正大学講師《しょうだいがくこうし》）にも、この場《ば》を借《か》りて感謝《かんしゃ》の意《い》を表《ひょう》したいと考《かんが》える。私《わたし》たちが属《ぞく》する真言宗豊《しんごんしゅうぶ》山派《ざんは》の中《なか》には、豊山原典研究会《ぶざんげんてんけんきゅうかい》という私的《してき》なサークルがあるのであるが、実《じつ》は、この研究会《けんきゅうかい》が、豊山伝統《ぶざんでんとう》の「自由討究《じゆうとうきゅう》」の精神《せいしん》を楯《たて》にとって、昭和五十四年度《しょうわごじゅうよねんど》の「公開講座《こうかいこうざ》」として、秘密《ひみつ》なるべきこの『金剛頂経《こんごうちょうぎょう》』の研究会《けんきゅうかい》を行《おこな》ったのである。その時講師役《ときこうしやく》を仰《おお》せつかったのが私《わたし》と高《たか》橋氏《はしし》であったのであるが、怠惰《たいだ》な私《わたし》に代《かわ》って高橋氏《たかはしし》は一人《ひとり》で、堀内教授《ほりうちきょうじゅ》のテキストにチベット訳《やく》と漢訳《かんやく》（不空訳及《ふくうやくおよ》び施護訳《せごやく》）とを対照《たいしょう》し、さらにゆきとどいたビブリオグラフィーまでを附《ふ》した完璧《かんぺき》なテキストを用意《ようい》してくださったのである。本書《ほんしょ》が私《わたし》にしては比較的短期間《ひかくてきたんきかん》のうちにまとまったのは、私《わたし》がこの高橋氏《たかはしし》のテキストをそのまま使用《しよう》したからに他《ほか》ならない。

心《こころ》からの感謝《かんしゃ》を申《もう》しあげる次第《しだい》である。

平成六年十一月一日

津田真一《つだしんいち》

凡　例

一　本書《ほんしょ》はいわゆる『初会金剛頂経《しょえこんごうちょうぎょう》』の「金剛界品《こんごうかいほん》」、正確《せいかく》にいうならばさらにそのうちの、「金剛界大曼荼羅《こんごうかいだいマンダラ》」を説示《せつじ》する部分《ぶぶん》に対《たい》するサンスクリット原典《げんてん》からの翻訳《ほんやく》であり、漢訳《かんやく》でいえば不空訳《ふくうやく》の三巻本《さんがんぼん》、すなわち、『金剛頂一切如来真実摂大乗現証大教王経《こんごうちょういっさいにょらいしんじつしょうだいじょうげんしょうだいきょうおうぎょう》』（『大正蔵《たいしょうぞう》』第十八巻《だいじゅうはちかん》、八六五番《ばん》）に対応《たいおう》する。なお、「金剛界品《こんごうかいほん》」はこの「大曼荼羅《だいマンダラ》」に加《くわ》えて「秘密曼荼羅《ひみつマンダラ》」、「法曼荼羅《ほうマンダラ》」、「羯磨曼荼羅《カツママンダラ》」、そして四印及《しいんおよ》び一印曼荼羅《いちいんマンダラ》を説《と》く結末部分《けつまつぶぶん》の五章《しょう》よりなるのであるが、主要《しゅよう》な点《てん》はこの「金剛界大曼荼羅《こんごうかいだいマンダラ》」の部分《ぶぶん》に尽《つく》されている。

一　テキストには堀内寛仁高野山大学教授《ほりうちかんにんこうやさんだいがくきょうじゅ》の校訂本《こうていぼん》（『高野山大学論叢《こうやさんだいがくろんそう》』第《だい》三巻《がん》、一九六八年《ねん》三月所収《がっしょしゅう》）を用《もち》いた。

一　本訳《ほんやく》に附《ふ》したパラグラフナンバーは堀内本《ほりうちぼん》による。また、訳中《やくちゅう》にゴチック体《たい》で示《しめ》した見出《みだ》しも堀内本《ほりうちぼん》に拠《よ》っているが、一部改変《いちぶかいへん》したところもある。

一　訳文中《やくぶんちゅう》の（　）は訳者《やくしゃ》による補《おぎな》いを示《しめ》し、〈　〉はそれが特《とく》に注意《ちゅうい》すべきキーワード、あるいは一種《いっしゅ》の固有名詞的《こゆうめいしてき》な意味《いみ》を有《も》つものであることを示《しめ》す。また、解説中《かいせつちゅう》の〈　〉は、やはりそれが重要《じゅうよう》な術語《じゅつご》、ないしは、解説者独特《かいせつしゃどくとく》の用語《ようご》であることを示《しめ》している。

一　ルビが片《かた》カナであるとき、それはその語《ご》がサンスクリットの音写《おんしゃ》ないしはそれに由来《ゆらい》するものであることを示《しめ》す。

梵文和訳　金剛頂経

金剛頂経《こんごうちょうぎょう》（一切《いっさい》如来《にょらい》の真実《しんじつ》の摂集《しょうじゅう》と名《な》づける大乗経《だいじょうきょう》）

金剛《こんごう》界品《かいほん》第一《だいいち》（一切《いっさい》如来《にょらい》の大乗《だいじょう》の現証《げんしょう》と名《な》づける細軌王《カルパおう》）

序分《じょぶん》

1 通序《つうじょ》

この様《よう》に私《わたし》は聞《き》いた。

ある時《とき》、（1）

【教主《きょうしゅ》】世尊《せそん》、

一切《いっさい》の如来《にょらい》たちによってその金剛《こんごう》（の如《ごと》き智慧《ちえ》）を加持《かじ》されて種々《しゅじゅ》なる殊勝《しゅしょう》の三昧耶智《サマヤち》（1）を皆《みな》ことごとく円満《えんまん》し、

一切《いっさい》の如来《にょらい》たちからその（権威《けんい》の象徴《しょうちょう》たる）宝冠《ほうかん》（を頭頂《ずちょう》に戴《の》せられ、それ）によって三《さん》界《がい》の法王《ほうおう》たるの位《くらい》（に登《のぼ》るべき）灌頂《かんじょう》を得《え》たるもの、（すでに）一切《いっさい》の如来《にょらい》たちの（それと平等《びょうどう》なる）一切智智《いっさいちち》(2)（を得《え》ており、そのこと）によって（瑜伽自在者《ユガじざいしゃ》たるかの大神《おおがみ》シヴァを遥《はる》かに凌《しの》ぐ）大瑜伽自在者《だいユガじざいしゃ》、一切《いっさい》の如来《にょらい》たちと（その）一切《いっさい》の印契《いんげい》(3)において平等《びょうどう》なる状態《じょうたい》に到達《とうたつ》しているが故《ゆえ》に能《よ》く（衆生利益《しゅじょうりやく》のための）種々《しゅじゅ》なる事業《じごう》を作《な》す（能力《のうりょく》を獲得《かくとく》しており、それ）によって残《のこ》りなく余《あま》すところなき（一切《いっさい》の）衆生界《しゅじょうかい》にあって（それら一切衆生《いっさいしゅじょう》をして能《よ》くその）一切《いっさい》の意楽《いぎょう》を皆悉《みなことごと》く円満《えんまん》せしむる者《もの》たる（**2**）大悲《たいひ》・毘盧遮那《ビルシャナ》、常恒《じょうこう》にして（過去《かこ》・現在《げんざい》・未来《みらい》の）三世《さんぜ》の三昧耶《サマヤ》(4)に住《じゅう》する一切身語心金《いっさいしんごしんこん》剛如来《ごうにょらい》(5)は、（**3**）

【本来《ほんらい》の住処《じゅうしょ》】一切《いっさい》の如来《にょらい》たちが（そこに）居住《こじゅう》し、（その壮麗《そうれい》の故《ゆえ》にそれら一切《いっさい》の如《にょ》来《らい》たちによって）称讃《しょうさん》され、讃嘆《さんだん》されたる（大宮殿《だいぐうでん》、すなわち、種々《しゅじゅ》の）摩尼宝《マニほう》を（隙間《すきま》なく）間錯《ちりば》め、懸《か》け渡《わた》された鈴鐸《れいたく》は微風《びふう》に揺《ゆ》られて（和雅《わが》なる音《ね》を響《ひび》かせ、）色《いろ》とりどりの繒幡《そうばん》や華鬘《けまん》、瓔珞《ようらく》・半瓔珞《はんようらく》、半月《はんげつ》（や満月《まんげつ》の標徴《しるし》）によって荘厳《しょうごん》せられたる色究竟天《しきくぎょうてん》王《のう》(6)の宮殿《ぐうでん》に住《じゅう》しておられた。（**4**）

【眷属衆《けんぞくしゅ》】九十九倶胝《くじゅうくクテイ》(7)の菩薩《ボサツ》たち、すなわち、金剛手菩薩《こんごうしゅボサツ》と、観自在菩薩《かんじざいボサツ》と、虚空蔵《こくうぞう》と、金剛拳《こんごうけん》と、文殊師利《モンジュシリ》と、纔発心転法輪《さいほっしんてんぽうりん》と、虚空庫《こくうこ》と、摧大力魔《ざいだいりきマ》と、これらを上首《じょうしゅ》とする九十九倶胝《くじゅうくクテイ》の菩薩《ボサツ》たちと、（5）

そして恒河《ガンジス》の沙《すな》の数《かず》ほどの如来《にょらい》たちと倶《とも》であった。

【贍部洲《センブしゅう》への移動《いどう》】（やがて時《とき》は熟《じゅく》し、世尊《せそん》・毘盧遮那《ビルシャナ》はそれら諸菩薩《しょボサツ》諸如来《しょにょらい》と倶《とも》に）贍部洲《センブしゅう》に（その）姿《すがた》を現《あらわ》した。（ために贍部洲《センブしゅう》はそれら無量《むりょう》の如来《にょらい》たちの身《しん》によって）遍《あまね》く満《み》たされ、その様《さま》はあたかも胡麻莢《ごまきょう》の如《ごと》くであった。また、（それら無数《むすう》の）如来《にょらい》の一々《いちいち》（それの身《しん》より無量無数《むりょうむしゅ》の仏刹《ブッセツ》が出現《しゅつげん》したのであり、しかもそれら一々《いちいち》の仏刹《ブッセツ》において（それら諸如来《しょにょらい》もやはり）これと同一《どういつ》の法《ほう》の理趣《りしゅ》を説《と》きたもう（ておられ）たのである。（6）

2　別《べつ》序《じょ》

1　法身毘盧遮那《ほっしんビルシャナ》とその内実《ないじつ》

（毘盧遮那《ビルシャナ》が本処《ほんじょ》・色究竟天王宮《しきくぎょうてんのうぐう》に在《まし》した）その間《かん》、（法身《ほっしん》たる）世尊《せそん》・大毘盧遮那《だいビルシャナ》、一切虚空界《いっさいこくうかい》（に遍満《へんまん》し、三世《さんぜ》に亘《わた》って）常住《じょうじゅう》なる身語心金剛《しんごしんこんごう》、[8]（7）
（四波羅蜜《しハラミツ》の自性《じしょう》）（すなわち人格神的《じんかくしんてき》な絶対者《ぜったいしゃ》として）
【金剛波羅蜜《こんごうハラミツ》として】（それ自体《じたい》が）一切《いっさい》の如来《にょらい》の完全《かんぜん》なる集合体《しゅうごうたい》であることからして金剛界《こんごうかい》の全体《ぜんたい》でありつつ（しかも一切衆生《いっさいしゅじょう》を）開悟《かいご》せしむる智慧《ちえ》の薩埵《サッタ》であり、
【宝波羅蜜《ほうハラミツ》として】一切虚空界極微塵《いっさいこくうかいごくみじん》（数《じゅ》の）金剛加持《こんごうかじ》が（そこから）出現《しゅつげん》する（広大《こうだい》なる）智慧《ちえ》の胎蔵《たいぞう》であり、（そしてその智慧《ちえ》の当体《とうたい》たる）一切《いっさい》の如来《にょらい》が無辺《むへん》であることからして大金剛智灌頂《だいこんごうちかんじょう》（の場合《ばあい》に授《さず》けられるその大金剛智《だいこんごうち》の象徴《しょうちょう》たる）宝《たから》（の如《ごと》く）であり、
【法波羅蜜《ほうハラミツ》として】一切虚空界《いっさいこくうかい》に舒遍《じょへん》する真如《しんにょ》の智慧《ちえ》の現等覚《げんとうがく》によって（自《みずか》ら）現等覚《げんとうがく》（そのもの）となり、一切《いっさい》の如来《にょらい》の身体《しんたい》が清浄《しょうじょう》であることからして自性清浄《じじょうしょうじょう》なる一切法《いっさいほう》（を自《みずか》らのうちに存在《そんざい》せしめ）、

【羯磨《カツマ》（業《ごう》）波羅蜜《ハラミツ》として】 一切《いっさい》虚空《こくう》を包含《ほうがん》して一切《いっさい》の色《しき》を現《げん》ずる智慧《ちえ》をもって無尽《むじん》無《む》余《よ》なる衆生界《しゅじょうかい》を調伏《ぢょうぶく》する最上行《さいじょうぎょう》であり、一切《いっさい》の如来《にょらい》たちの不空《ふくう》の教勅《おしえ》を実行《じっこう》するものとして完全《かんぜん》・無等《むとう》・無上《むじょう》なる一切業者《いっさいごっしゃ》(9)であり、**（8）**

（法曼荼羅《ほうマンダラ》の十六尊《じゅうろくそん》として） 一切如来《いっさいにょらい》の大菩提《だいボダイ》の（当体《とうたい》たる）堅固《けんご》なる（金剛《こんごう》）薩埵《サッタ》、一切如来《いっさいにょらい》の鉤召《こうちょう》の三昧耶《サマヤ》、一切如来《いっさいにょらい》の貪愛《とんあい》せしめる智慧《ちえ》の自在者《じざいしゃ》、一切如来《いっさいにょらい》の善哉《ぜんざい》、一切如来《いっさいにょらい》の大灌頂宝《だいかんじょうほう》、一切如来《いっさいにょらい》の日光輪《にっこうりん》、一切如来《いっさいにょらい》の如意王摩尼宝頂《にょいおうマニほうちょう》、一切如来《いっさいにょらい》の大笑《だいしょう》、**（9）**一切如来《いっさいにょらい》の大清浄法《だいしょうじょうほう》、一切如来《いっさいにょらい》の般若智《ハンニャち》、一切如来《いっさいにょらい》の輪《りん》、一切如来《いっさいにょらい》の密語《みつご》、一切如来《いっさいにょらい》の不空《ふくう》の一切所作《いっさいしょさ》、一切如来《いっさいにょらい》の大精進極堅固鎧《だいしょうじんごくけんごがい》、一切如来《いっさいにょらい》の守護《しゅご》たる防護金剛《ぼうごこんごう》薬叉《ヤクシャ》、一切如来《いっさいにょらい》の身語心金剛縛印契智《しんごしんこんごうばくいんげいち》、**（10）**

（大曼荼羅《だいマンダラ》の十六尊《じゅうろくそん》として） 普賢《ふげん》、妙不空《みょうふくう》、魔羅《マラ》、極喜王《ごくきおう》、
虚空蔵《こくうぞう》、大妙光《だいみょうこう》、宝幢《ほうどう》、大微笑《だいみしょう》、
観大自在《かんだいじざい》、文殊師利《モンジュシリ》、一切曼荼羅《いっさいマンダラ》、無言《むごん》、
一切業者《いっさいごっしゃ》、精進《しょうじん》、暴悪《ぼうあく》、堅持《けんじ》、**（11）**

（三昧耶曼荼羅《サマヤマンダラ》の十六尊《じゅうろくそん》として） 金剛《こんごう》、鉤《こう》、箭《せん》、喜《き》、
宝《ほう》、日《にち》、幢《とう》、笑《しょう》、

蓮華《れんげ》、剣《けん》、妙輪《みょうりん》、語《ご》、
業《ごう》、鎧《がい》、怖《ふ》、持《じ》、**(12)** 無終無始《むしゅうむし》であり、寂静《じゃくじょう》であり、残忍《ざんにん》なるもの、忿怒《ふんぬ》あり、大《おお》いなる忍耐《にんたい》あるもの、薬叉《ヤクシャ》、羅刹《ラセツ》、堅固《けんご》なる、天妙《てんみょう》なる、勇者《ゆうしゃ》、大《おお》いなる支配者《しはいしゃ》、鄔摩《ウマー》の夫《おっと》、生類《しょうるい》の主《しゅ》、毘紐《ヴィシュヌ》を征服《せいふく》するもの、(10)大牟尼《だいムニ》、世界守護者《せかいしゅごしゃ》、天空《てんくう》、地《ち》、三世《さんぜ》、そして三界《さんがい》、**(13)**

(法界《ほっかい》の諸相《しょそう》として)

大種《だいしゅ》、善《よ》く人《ひと》を益《えき》するもの、一切者《いっさいしゃ》、箭《や》で殺《ころ》す神《かみ》、父方《ちちかた》の祖父《そふ》、(11)輪廻《りんね》、寂滅《じゃくめつ》、常恒《じょうこう》、正《ただ》しく転《てん》ずるもの、きわめて強力《きょうりょく》なるもの、仏《ブツ》、清浄《しょうじょう》なるもの、大乗《だいじょう》、三有《さんぬ》、かの常恒《じょうこう》なるもの、降三世《ごうざんぜ》、シャムブフ、(12)シャムブフ主《しゅ》を征服《せいふく》するもの、**(14)**

金剛主《こんごうしゅ》、よき地《ち》のうちの最上《さいじょう》なるもの、智慧《ちえ》、波羅蜜《ハラミツ》の理趣《りしゅ》、解脱《げだつ》、菩薩《ボサツ》、行《ぎょう》、一切如来《いっさいにょらい》、仏《ブツ》の意義《いぎ》、仏《ブツ》の心髄《しんずい》、一切菩提《いっさいボダイ》、無上《むじょう》なるもの、毘盧遮那《ビルシャナ》、勝者《しょうじゃ》、主《しゅ》、自生者《じしょうしゃ》、陀羅尼《ダラニ》、憶念《おくねん》、**(15)**

大薩埵《だいサッタ》、大印《だいいん》あるもの、(13)三摩地《サンマジ》、仏《ブツ》の業《ごう》をなすもの、一切諸仏《いっさいしょブツ》よりなるもの、存在者《そんざいしゃ》、人《にん》、常恒《じょうこう》の義《ぎ》を悟《さと》らしむるもの、きわめて堅固《けんご》なるもの、大黒《だいこく》、大貪欲《だいとんよく》、大楽《たいらく》、大方便《だいほうべん》、大最勝最勝者《だいさいしょうさいしょうしゃ》、一切最勝者《いっさいさいしょうしゃ》、世界《せかい》の主宰者《しゅさいしゃ》たる **(16)**

2 法身《ほっしん》毘盧遮那《ビルシャナ》の総称《そうしょう》

世尊《せそん》・大菩提心《だいボダイしん》・普賢大菩薩《ふげんだいボサツ》は、

3 潜勢態《せんせいたい》における法身《ほっしん》

一切《いっさい》の如来《にょらい》たちの心蔵《フリダヤ》に住《じゅう》しておられた（のである）。

正宗分《しょうしゅうぶん》

1　五相成身《ごそうじょうじん》

1　贍部洲《センブしゅう》への移動《いどう》

かくて一切《いっさい》の如来《にょらい》たち（は毘盧遮那《ビルシャナ》を囲《かこ》んで贍部洲《センブしゅう》へと移動《いどう》し、それら如来《にょらい》たちの身《しん》）によってこの仏刹《ブッセツ》はあたかも胡麻莢《ごまきょう》の如《ごと》くに遍《あまね》く満《み》たされた（のであった）。**（17）**

2　一切《いっさい》の如来《にょらい》たちによる驚覚《きょうがく》

そこで一切《いっさい》の如来《にょらい》たちは大集会《だいしゅうえ》に入《い》り、一切義成就菩薩《いっさいぎじょうじゅボサツ》(14)が菩提道場《ボダイどうじょう》に坐《ざ》しているそのところに近《ちか》づいた。近《ちか》づいて菩薩《ボサツ》に（おのがじしその）受用身《じゅゆうじん》を示現《じげん》して、次《つぎ》の如《ごと》くに言《い》った、

「善男子《ぜんなんし》よ、汝《なんじ》が（そのように）あらゆる難行《なんぎょう》に耐《た》えたからとて、どうして汝《なんじ》は無上《むじょう》なる正等覚《しょうとうがく》を現等覚《げんとうがく》する（ことができる）であろうか、汝《なんじ》は〈一切如来《いっさいにょらい》の真実《しんじつ》〉を知《し》ってはいないのであるから……。」**（18）**

3　五相成身《ごそうじょうじん》

【第一《だいいち》・通達菩提心《つうだつボダイしん》】そこで一切《いっさい》の如来《にょらい》たちに驚覚《きょうがく》されて、一切義成就菩薩《いっさいぎじょうじゅボサツ》は（はっとして）我《われ》にかえり、その無動三昧《むどうザンマイ》(15)より起《た》って一切《いっさい》の如来《にょらい》たちに頂礼《ちょうらい》し、（彼《かれ》らに）呼《よ》びかけて次《つぎ》の如《ごと》くに問《と》い申《もう》し上《あ》げた、

「世《よ》に尊《とうと》き諸《もろもろ》の如来《にょらい》たちよ、教示《おしえ》たまえ、私《わたし》はどのようにすれば、（また）どのような（真理命題《しんりめいだい》としてのその）真実《しんじつ》に通達《つうだつ》することができるのでありましょうか」と。(19)

その様《よう》に言《い》われて一切《いっさい》の如来《にょらい》たちは、かの菩薩《ボサツ》に口《くち》を揃《そろ》えて次《つぎ》のように仰《おお》せられた、

「通達《つうだつ》せよ、善男子《ぜんなんし》よ、〈自己《じこ》の心《しん》を各各《かくかく》に観察《かんざつ》する三昧《サンマイ》〉(16)によって、（すなわち、その命題《めいだい》の内容《ないよう》とそれを誦《じゅ》することとの同一性《どういっせい》がその）本性《ほんしょう》よりして成就《じょうじゅ》しているところの（、したがって、誦《じゅ》しさえすればそのことが成就《じょうじゅ》する筈《はず》の、次《つぎ》の如《ごと》き）真言《しんごん》を好《す》きな（回数《かいすう》）だけ誦《じゅ》することによって……。

オーム・チッタプラティヴェーダム・カローミ。

（オーム、われは〔自《じ》〕心《しん》〔の源底《げんてい》〕に通達《つうだつ》せん。）」(20)

【第二《だいに》・修菩提心《しゅボダイしん》】そこで（一切義成就《いっさいぎじょうじゅ》）菩薩《ボサツ》は一切《いっさい》の如来《にょらい》たちに次《つぎ》の如《ごと》くに申《もう》し上《あ》

げた、
「私《わたし》は教示《おしえ》られ（、その通《とお》りにいたし）ました、世《よ》に尊《とうと》き諸《もろもろ》の如来《にょらい》たちよ。（その結果《けっか》）私《わたし》には（私《わたし》）自身《じしん》の心蔵《フリダヤ》（の上《うえ》）に月輪《がちりん》の行相《すがた》が見《み》えてまいりました」、と。

一切《いっさい》の如来《にょらい》たちは仰《おお》せられた、
「善男子《ぜんなんし》よ、（汝《なんじ》の心蔵《フリダヤ》の上《うえ》の月輪《がちりん》として表象《ひょうしょう》されたところの汝《なんじ》の）この心《しん》は本性清浄《ほんしょうしょうじょう》である。それは丁度《ちょうど》（汚《よご》れている布《ぬの》が）浄治《じょうち》され（て本来《ほんらい》の清浄《しょうじょう》さをとり戻《もど》し）た如《ごと》くに、その如《ごと》くに（清浄《しょうじょう》なものとして本来《ほんらい》より）あるのである。（逆《ぎゃく》に言《い》えば、汝《なんじ》のその心《しん》が現《げん》に煩悩《ぼんのう》によって染汚《ぜんま》せられているにしても、それが本来清浄《ほんらいしょうじょう》なることは、本来《ほんらい》）白《しろ》い衣《ころも》を染料《せんりょう》で染《そ》めた（場合《ばあい》の）如《ごと》くなのである」と。（**21**）

そして一切《いっさい》の如来《にょらい》たちは、（この、自《じ》）心《しん》が本性清浄《ほんしょうしょうじょう》であるという認識《にんしき》を増大《ぞうだい》せしめんがため、重《かさ》ねてかの（一切義成就《いっさいぎじょうじゅ》）菩薩《ボサツ》に対《たい》して、

オーム・ボーディチッタム・ウトパーダヤーミ。

（オーム、われは菩提心《ボダイしん》を発《おこ》さん。）

という、この（命題《めいだい》の内容《ないよう》とそれを誦《じゅ》することとの同一性《どういっせい》がその）本性《ほんしょう》よりして成就《じょうじゅ》している真言《しんごん》（を教示《きょうじ》し、それに）よって（菩薩《ボサツ》に清浄《しょうじょう》の）菩提心《ボダイしん》を生起《しょうき》せしめた。（**22**）

そこで（一切義成就《いっさいぎじょうじゅ》）菩薩《ボサツ》は重《かさ》ねて一切《いっさい》の如来《にょらい》たちの教勅《おしえ》（に従《したが》ってこの〈発菩提心《ほつボダイしん》真言《しんごん》〉を誦《じゅ》し、それに）よって菩提心《ボダイしん》を生起《しょうき》せしめて、（その結果《けっか》を）次《つぎ》の如《ごと》くに申《もう》し上《あ》げた、

「（私《わたし》の心蔵《フリダヤ》の上《うえ》に顕現《けんげん》した）その月輪《がちりん》の行相《すがた》をしたものが私《わたし》には（いまや真《まこと》の）月輪《がちりん》そのものとして見《み》えてまいりました。」（**23**）

【第三《だいさん》・修金剛心《しゅこんごうしん》】　一切《いっさい》の如来《にょらい》たちは仰《おお》せられた、

「（それは）汝《なんじ》（に内在《ないざい》するところ）の一切如来《いっさいにょらい》の〈核心《フリダヤ》〉である。（汝《なんじ》は今《いま》や）普賢《ふげん》（菩薩《ボサツ》の大菩提《だいボダイ》）心《しん》を発《おこ》したのであり、（そのことによってわれわれによって）敬礼《きょうらい》さるべきものとなっている。そ（の大菩提心《だいボダイしん》）はよく完成《かんせい》されねばならない。（そこでまずその）一切如来普賢心《いっさいにょらいふげんしん》を発《おこ》すことを堅固《けんご》になさんがために、汝《なんじ》はこの真言《しんごん》（を誦《じゅ》すること）によって自《みずか》らの心蔵《フリダヤ》の月輪中《がちりんちゅう》に金剛《こんごう》（杵《しょ》）の影像《すがた》を思念《しねん》せよ。

オーム・ティシュタ・ヴァジュラ。

（オーム、立《た》て、金剛《こんごう》〔杵《しょ》〕よ。）」（**24**）

（一切義成就《いっさいぎじょうじゅ》）菩薩《ボサツ》は申《もう》し上《あ》げた、

「世《よ》に尊《とうと》き諸《もろもろ》の如来《にょらい》たちよ、私《わたし》は月輪中《がちりんちゅう》に金剛《こんごう》（杵《しょ》）を見《み》ます」と。

【第四《だいよん》・証金剛身《しょうこんごうしん》並《ならび》に名灌頂《みょうかんじょう》】 一切《いっさい》の如来《にょらい》たちは仰《おお》せられた、

「汝《なんじ》はこの真言《しんごん》（を誦《じゅ》すること）によって一切如来普賢心《いっさいにょらいふげんしん》たるその金剛《こんごう》（杵《しょ》）を堅固《けんご》になせ、

オーム・ヴァジュラアートマコー・アハム。

（オーム、われは本性《ほんしょう》においてこの金剛《こんごう》〔杵《しょ》〕に他《ほか》ならず。）」（**25**）

（一切義成就菩薩《いっさいぎじょうじゅボサツ》は言《い》われた如《ごと》くにこの真言《しんごん》を誦《じゅ》した。）すると、一切虚空界《いっさいこくうかい》に遍満《へんまん》するほど（に多《おお》くの）それら一切如来身語心金剛界《いっさいにょらいしんごしんこんごうかい》のすべては、一切《いっさい》の如来《にょらい》たちの加持《かじ》によってその薩埵金剛《サッタこんごう》(17)（杵《しょ》）の中《うち》に入《はい》った。そこで、一切《いっさい》の如来《にょらい》たちによって、彼《かれ》、世《よ》に尊《とうと》き一切義成就菩薩《いっさいぎじょうじゅボサツ》は、

「（汝《なんじ》は）金剛界《こんごうかい》なり、金剛界《こんごうかい》なり。」

と、金剛名灌頂《こんごうみょうかんじょう》によって灌頂《かんじょう》された。（**26**）

そこで（今《いま》や）金剛界《こんごうかい》（という灌頂名《かんじょうみょう》を得《え》た一切義成就《いっさいぎじょうじゅ》）大菩薩《だいボサツ》は、それら一切《いっさい》の如来《にょらい》たちに次《つぎ》の如《ごと》くに申《もう》し上《あ》げた、

「世《よ》に尊《とうと》き諸《もろもろ》の如来《にょらい》たちよ、私《わたし》には私自身《わたしじしん》が一切《いっさい》の如来《にょらい》たちの（総体《そうたい》を自《みずか》らの）身体《しんたい》（とする者《もの》）であるように見《み》うけられます。」（**27**）

【第五《だいご》・仏身円満《ブツしんえんまん》】一切《いっさい》の如来《にょらい》たちは仰《おお》せられた、

「大薩埵《だいサッタ》よ、そ（の観《かん》を更《さら》に進《すす》め、）次《つぎ》の如《ごと》き自性成就《じしょうじょうじゅ》の真言《しんごん》を好《す》きな（回数《かいすう》）だけ誦《じゅ》して、（それ）によって、あらゆる最勝《さいしょう》の行相《すがた》を具備《ぐび》し、仏《ブツ》の影像《すがた》ある（その）薩埵金剛《サッタこんごう》（杵《しょ》）を（汝《なんじ》）自身《じしん》であると観想《かんそう》せよ、

オーム・ヤター・サルヴァタターガタース・タター・アハム。

（オーム、一切《いっさい》の如来《にょらい》たちがあるが如《ごと》くに、その如《ごと》くにわれはあり。）」**(28)**

4　一切《いっさい》の如来《にょらい》たちによる加持《かじ》

かくの如《ごと》くに言《い》われて金剛界大菩薩《こんごうかいだいボサツ》は（直《ただ》ちにこれこそがかの〈一切如来《いっさいにょらい》の真実《しんじつ》〉、すなわち即身《そくしん》に成仏《じょうぶつ》を齎《もたら》す究極《きゅうきょく》の真理《しんり》の命題《めいだい》に他《ほか》ならざるところのこの〈仏身円満《ブツしんえんまん》の真言《しんごん》〉を誦《じゅ》したのであるが、それによって）その場《ば》で自《みずか》らが（今《いま》や）如来《にょらい》であると（知《し》って）現等覚《げんとうがく》（した。現等覚《げんとうがく》）して彼《かれ》ら一切《いっさい》の如来《にょらい》たちに頂礼《ちょうらい》し、次《つぎ》の如《ごと》くに申《もう》し上《あ》げた。

「私《わたし》を加持《かじ》したまえ、世《よ》に尊《とうと》き諸《もろもろ》の如来《にょらい》たちよ。そして（私《わたし》の）この現等覚《げんとうがく》を堅固《けんご》ならしめたまえ。」**(29)**

そのように言《い》われて、一切《いっさい》の如来《にょらい》たちは金剛界如来《こんごうかいにょらい》のその薩埵金剛《サッタこんごう》に入《はい》った。**(30)**

5 金剛界如来《こんごうかいにょらい》の成道《じょうどう》

すると世《よ》に尊《とうと》き金剛界如来《こんごうかいにょらい》はその刹那《セツナ》直《ただ》ちに、
一切《いっさい》の如来《にょらい》たちと（自《みずか》らと）の平等性《びょうどうしょう》（を認識《にんしき》したそ）の智慧《ちえ》によって現等覚《げんとうがく》せるもの、
一切《いっさい》の如来《にょらい》たちと（自《みずか》らとがその）金剛《こんごう》（の智慧《ちえ》）において平等《びょうどう》なること（を認識《にんしき》したそ）の智慧《ちえ》によって印契《いんげい》の秘密《ひみつ》の三昧耶《サマヤ》に証入《しょうにゅう》せるもの、
一切《いっさい》の如来《にょらい》たちと（自《みずか》らとがその）法《ほう》において平等《びょうどう》なること（を認識《にんしき》するそ）の智慧《ちえ》に通達《つうだつ》することによって自性《じしょう》において清浄《しょうじょう》ならしめられるもの、
一切《いっさい》の如来《にょらい》たちと（自《みずか》らとが）あらゆる点《てん》で完全《かんぜん》に平等《びょうどう》なること（を認識《にんしき》したこと）によって本性《ほんしょう》清浄《しょうじょう》なる智慧《ちえ》の源《みなもと》となったるもの、
如来《にょらい》・阿羅漢《アラカン》・正等覚者《しょうとうがくしゃ》となったのである。（31）

6 須弥山頂《シュミせんちょう》金剛摩尼宝頂楼閣《こんごうマニほうちょうろうかく》への移動《いどう》・金剛界如来《こんごうかいにょらい》は一切如来《いっさいにょらい》の位《くらい》に就《つ》く

そこで一切《いっさい》の如来《にょらい》たちは再《ふた》びかの一切如来薩埵《いっさいにょらいサッタ》金剛《こんごう》より出《い》でて虚空蔵大摩尼宝灌頂《こくうぞうだいマニほうかんじょう》によって（金剛界如来《こんごうかいにょらい》に）灌頂《かんじょう》し、（ついで）観自在《かんじざい》（菩薩《ボサツ》）の法《ほう》の智慧《ちえ》を生起《しょうき》せしめ、（さらに彼《かれ》を自分《じぶん》たち一切《いっさい》の如来《にょらい》を代表《だいひょう》する）〈一切如来《いっさいにょらい》〉として一切業者《いっさいごっしゃ》（すなわち宇宙建造者《うちゅうけんぞうしゃ》）たる地位《ちい》に据《す》え、（その上《うえ》で彼《かれ》を伴《ともな》って）須弥山《シュミせん》の頂上《ちょうじょう》なる金剛摩尼宝頂楼閣《こんごうマニほうちょうろうかく》に移動《いどう》した。（そしてそこに）移《うつ》ると、金剛界如来《こんごうかいにょらい》を加持《かじ》して〈一切如来《いっさいにょらい》〉たるの資格《しかく》を授《さず》け、一切如来《いっさいにょらい》の師子座《ししざ》に一切方《いっさいほう》に向《む》いて坐《すわ》らせたのであった。（32）

7　四方《しほう》の一切如来《いっさいにょらい》

そこで阿閦如来《アシュクにょらい》と宝生如来《ほうしょうにょらい》と世自在王如来《せじざいおうにょらい》と不空成就如来《ふくうじょうじゅにょらい》は、〈一切如来《いっさいにょらい》〉たるの資格《しかく》を自分自身《じぶんじしん》に対《たい》しても加持《かじ》して、世尊《せそん》・釈迦牟尼如来《シャカムニにょらい》が一切平等性《いっさいびょうどうしょう》によく通達《つうだつ》していることからして一切《いっさい》の方角《ほうがく》は平等《びょうどう》であるとの認識《にんしき》に従《したが》って、（世尊《せそん》の）四方《しほう》に（それぞれに）坐《ざ》したのである。（33）

金剛界曼荼羅

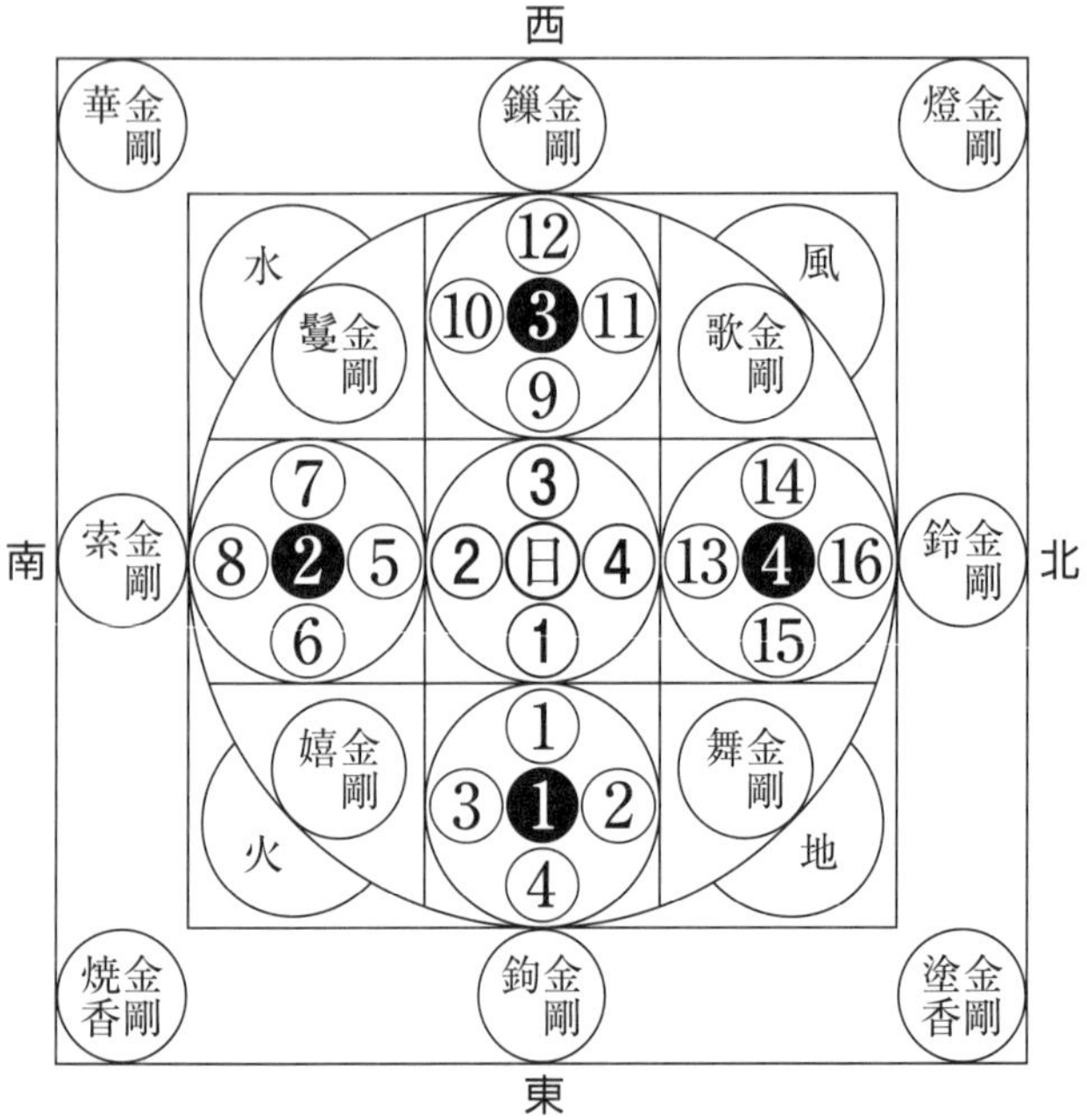

Ⓗ　毘盧遮那（大日）如来
① 金剛波羅蜜菩薩
② 宝波羅蜜菩薩
③ 法波羅蜜菩薩
④ 羯磨波羅蜜菩薩

❶ 阿閦如来
① 金剛薩埵
② 金剛王菩薩
③ 金剛愛菩薩
④ 金剛喜菩薩

❷ 宝生如来
⑤ 金剛宝菩薩
⑥ 金剛光菩薩
⑦ 金剛幢菩薩
⑧ 金剛笑菩薩

❸ 世自在王如来
⑨ 金剛法菩薩
⑩ 金剛利菩薩
⑪ 金剛因菩薩
⑫ 金剛語菩薩

❹ 不空成就如来
⑬ 金剛業菩薩
⑭ 金剛護菩薩
⑮ 金剛牙菩薩
⑯ 金剛拳菩薩

2 三《さん》十《じゅう》七《しち》尊《そん》の出生《しゅっしょう》

1 十六大《じゅうろくだい》菩薩《ボサツ》の出生《しゅっしょう》

【(1) 金剛薩埵《こんごうサッタ》】 そこで、たった今現等覚《いまげんとうがく》したばかりの世尊《せそん》・毘盧遮那《ビルシャナ》、一切如来《いっさいにょらい》の(総体《そうたい》としての実在界《じつざいかい》、すなわち金剛界《こんごうかい》のその実在性《じつざいせい》の本質《ほんしつ》たる)普賢《ふげん》(大菩提心《だいボダイしん》をその象徴《しょうちょう》たる金剛杵《こんごうしょ》のかたちでその)心蔵《フリダヤ》(において保持《ほじ》し)、一切如来《いっさいにょらい》の虚空《こくう》(の如《ごと》くに広大《こうだい》なその実在性《じつざいせい》)より出現《しゅつげん》した大摩尼宝灌頂《だいマニほうかんじょう》によって灌頂《かんじょう》せられ、一切如来《いっさいにょらい》の(総体《そうたい》たるその実在界《じつざいかい》の内実《ないじつ》に亘《わた》る)観自在菩薩《かんじざいボサツ》の法《ほう》の智慧《ちえ》という最勝《さいしょう》の波羅蜜《ハラミツ》を獲得《かくとく》しており、(すでに)〈一切如来《いっさいにょらい》〉として世界建造者《ヴィシュヴァカルマン》たる(べき地位《ちい》に指名《しめい》されている)が故《ゆえ》にその教勅《おしえ》が空《むな》しきことなく、阻碍《そげ》されることなき(筈《はず》の)もの、(世界建造者《ヴィシュヴァカルマン》としての資格《しかく》・能力《のうりょく》を具《そな》えるために予《あらかじ》め)作《な》すべきことをすでに完全《かんぜん》に作《な》し了《おわ》り、意《こころ》に楽《ねが》うところを完全《かんぜん》に実現《じつげん》したものは、いまや自《みずか》ら〈一切如来《いっさいにょらい》〉(として世界《せかい》を建造《けんぞう》すべきそ)の役目《やくめ》を自己《みずか》らの上《うえ》に引《ひ》き受《う》け**(34)**、一切如来《いっさいにょらい》の(実在性《じつざいせい》の本質《ほんしつ》たる大菩提心《だいボダイしん》を体現《たいげん》する)普賢大菩薩《ふげんだいボサツ》の三昧耶《サマヤ》より出現《しゅつげん》した薩埵加持金剛《サッタかじこんごう》(18)という名《な》の三昧《サンマイ》に入《はい》って、〈一切如来《いっさいにょらい》の大乗《だいじょう》の現証《げんしょう》〉という名《な》の一切如来《いっさいにょらい》の心要《フリダヤ》を[19]（次《つぎ》の如《ごと》き心呪《フリダヤ》として）自己《じこ》の心蔵《フリダヤ》から出《い》だした。

「金剛薩埵《ヴァジュラサットヴァ》よ。」**（35）**

こ（の心呪《フリダヤ》）が出現《しゅつげん》したとみるや、それに呼応《こおう》して、（一切如来《いっさいにょらい》の実在性《じつざいせい》の本質《ほんしつ》たる大《だい》菩提心《ボダイしん》に他《ほか》ならないところの）かの尊《とうと》き普賢大菩薩《ふげんだいボサツ》は、諸《もろもろ》の月輪《がちりん》となって一切《いっさい》の如来《にょらい》たちの心蔵《フリダヤ》より出《い》で、一切《いっさい》の衆生《しゅじょう》（がそれぞれに抱《いだ》くところ）の大菩提心《だいボダイしん》を（それぞれに）清浄《しょうじょう》ならしめて、一切《いっさい》の如来《にょらい》たちの辺《かたわら》に位置《いち》した。ついでそれらの月輪《がちりん》より（それぞれに）一切如来《いっさいにょらい》の智慧《ちえ》の金剛《こんごう》（杵《しょ》）が出現《しゅつげん》して、世尊《せそん》・毘盧遮那如来《ビルシャナにょらい》の心蔵《フリダヤ》に入《はい》った。**（36）**（ついでそれら諸《もろもろ》の金剛杵《こんごうしょ》は）金剛薩埵《こんごうサッタ》の三昧《サンマイ》がきわめて堅固《けんご》であることからして、一切《いっさい》の如来《にょらい》たちの加持《かじ》によって一《ひと》つにかたまり、その量《りょう》は全虚空界《ぜんこくうかい》を合《がっ》したものに等《ひと》しく、（周囲《しゅうい》に遍《あまね》く）光明《こうみょう》を放《はな》つことあたかも鬘《マン》の如《ごと》く、五《いつ》つの尖頂《せんちょう》あり、一切《いっさい》の如来《にょらい》たちの金《こん》剛《ごう》の（如《ごと》くに堅固《けんご》な）身《しん》・語《ご》・心《しん》よりなる金剛《こんごう》（杵《しょ》）の形《かたち》をとって顕現《けんげん》し、〈一切如来《いっさいにょらい》〉の心蔵《フリダヤ》から出《い》でてその手《て》の上《うえ》に安立《あんりゅう》した。**（37）**

ついでその金剛《こんごう》（杵《しょ》）より金剛《こんごう》（杵《しょ》）の形《かたち》をした光線《こうせん》が放《はな》たれた。（それらは）さまざまな色《いろ》とかたちをとって拡散《かくさん》し、一切世界《いっさいせかい》に周《あまね》く輝《かがや》き渡《わた》った。**（38）**

さらに、それら金剛光線《こんごうこうせん》の先端《せんたん》から一切世界《いっさいせかい》の極微塵《ごくみじん》（の数《かず》）に等《ひと》しい如来《にょらい》の身《しん》が出現《しゅつげん》し（た。それら如来《にょらい》たちは）、法界《ほっかい》の全体《ぜんたい》に遍満《へんまん》し、虚空界《こくうかい》の全体《ぜんたい》を包含《ほうがん》して雲《くも》の如《ごと》く海《うみ》の如《ごと》くに広大《こうだい》な一切世界《いっさいせかい》のすべてにおいて、（かれら自身《じしん》もそれぞれに）〈一切如来《いっさいにょらい》との平等性《びょうどうしょう》〉の智慧《ちえ》において現等覚《げんとうがく》した（ものたちであるが故《ゆえ》に、その智慧《ちえ》の）神通力《じんづうりき》をもって一切如来《いっさいにょらい》の神変《じんぺん》を示現《じげん》して、（それら世界《せかい》の一切衆生《いっさいしゅじょう》に）一切如来《いっさいにょらい》の大菩提心《だいボダイしん》を発《おこ》さしめ、普賢《ふげん》（菩薩《ボサツ》の）種々《しゅじゅ》の行《ぎょう》を円満《えんまん》せしめ、一切《いっさい》の如来《にょらい》たちの族《ぞく》に（それぞれに）承仕《じょうじ》し、大《だい》菩提道場《ボダイどうじょう》に登《のぼ》り、一切《いっさい》の魔《ま》を降伏《ごうぶく》し、〈一切如来《いっさいにょらい》との平等性《びょうどうしょう》〉（の境地《きょうち》における）大菩提《だいボダイ》を現等覚《げんとうがく》せしめ、法輪《ほうりん》を転《てん》ずる等々《とうとう》、乃至《ないし》、余《あま》すところなく残《のこ》すところなき一切《いっさい》の衆生界《しゅじょうかい》を救済《きゅうさい》し、一切衆生《いっさいしゅじょう》の利益《りやく》と安楽《あんらく》（を計《はか》る等《など》）、一切如来《いっさいにょらい》の智慧《ちえ》の神通力《じんづうりき》（にて、能《あた》うかぎり）の最上《さいじょう》の悉地《シツジ》を円満《えんまん》せしめ（た。（**39**）そしてその後《のち》、それら如来《にょらい》たちは）、金剛《こんごう》薩埵《サッタ》の三昧《サンマイ》が普賢《ふげん》であることからして、また、（それが）きわめて堅固《けんご》であることからして、凝《こ》って一《ひと》つにかたまり、普賢大菩薩《ふげんだいボサツ》の身《しん》となって世尊《せそん》・毘盧遮那《ビルシャナ》の心蔵《フリダヤ》に住《じゅう》して、次《つぎ》の如《ごと》き頌《ウダーナ》をもってその内心《ないしん》の喜《よろこ》びを表明《ひょうめい》したのであった。

「ああ、我《われ》は普賢《ふげん》である。諸《もろもろ》の自生なるもの《スヴァヤムブフー》(20)たち（すなわち一切《いっさい》の如来《にょらい》たちの大菩提心《だいボダイしん》を体現《たいげん》するところ）の堅固《けんご》の薩埵《サッタ》である。

なぜなら（その菩提心《ボダイしん》は金剛《こんごう》）堅固《けんご》なるが故《ゆえ》に、（本来《ほんらい》は）身体《しんたい》なきものであるにも

かからず、薩埵《サッタ》、すなわち身体《しんたい》を有《も》って存在《そんざい》しているもの、となったからである。」(40)

ついで(その)普賢大菩薩《ふげんだいボサツ》の身《しん》は世尊《せそん》(毘盧遮那《ビルシャナ》の)心蔵《フリダヤ》より出《い》でて一切《いっさい》の如来《にょらい》たちの(うちの東方《とうぼう》・阿閦如来《アシュクにょらい》の)前方《ぜんぽう》の月輪《がちりん》に依止《えじ》し、教誡《おしえ》を(垂《た》れたまわんことを)請求《せいきゅう》したのであった。(41)

そこで世尊《せそん》は一切如来智慧三昧耶《いっさいにょらいちえサマヤ》金剛《こんごう》と名《な》づける三昧《サンマイ》に入《はい》って、一切《いっさい》の如来《にょらい》たちの戒《かい》・定《じょう》・慧《え》・解脱《げだつ》・解脱知見《げだつちけん》・転法輪《てんぽうりん》・衆生利益《しゅじょうりやく》の大方便《だいほうべん》・力《りき》・精進《しょうじん》・大智慧《だいちえ》の標幟《サマヤ》(たる金剛杵《こんごうしょ》)を、(すなわち)無余一切《むよいっさい》の衆生界《しゅじょうかい》を救済《きゅうさい》し、(彼《かれ》ら一切衆生《いっさいしゅじょう》に)完全《かんぜん》なる自在《じざい》力《りき》と完全《かんぜん》なる安楽《あんらく》と満足《まんぞく》とを領受《りょうじゅ》せしめんがため、乃至《ないし》、〈一切如来《いっさいにょらい》との平等性《びょうどうしょう》〉の智慧《ちえ》と(その智慧《ちえ》にもとづく)神通力《じんづうりき》(を獲得《かくとく》せしめ、さらに)無上《むじょう》なる大乗《だいじょう》の現証《げんしょう》という最《さい》上《じょう》の悉地《シツジ》を得《う》るという果報《かほう》を得《え》しめんがための故《ゆえ》に、その一切如来《いっさいにょらい》の悉地《シツジ》(そのものである)金剛《こんごう》(杵《しょ》)を、かれ普賢大菩薩《ふげんだいボサツ》に対《たい》して、(その頭《あたま》に)一切仏《いっさいブツ》の身《しん》(を標幟《ひょうちょう》する)宝《ほう》冠《かん》と繒綵《そうさい》を戴《の》せることによって灌頂《かんじょう》して〈一切如来《いっさいにょらい》〉として転輪王《てんりんおう》たるの位《くらい》に即《つ》かしめた上《うえ》で(その)両手《りょうて》に授《さず》けた。すると一切《いっさい》の如来《にょらい》たちは、

「(汝《なんじ》は)金剛手《こんごうしゅ》である、金剛手《こんごうしゅ》である。」

と（言《い》ってかれ普賢菩薩《ふげんボサツ》に）金剛名灌頂《こんごうみょうかんじょう》を授《さず》けた。(**42**)

そこで金剛手菩薩摩訶薩《こんごうしゅボサツマカサツ》は、左手《ひだりて》に金剛慢印《こんごうまんいん》を作《な》し、（右手《みぎて》で）その金剛《こんごう》（杵《しょ》）を自《みずか》らの心蔵《フリダヤ》に引《ひ》きつけるように持《じ》して玩弄《がんろう》しつつ、次《つぎ》の如《ごと》き頌《ウダーナ》をもってその内心《ないしん》の喜《よろこ》びを表明《ひょうめい》したのであった。

「まさにこれこそは一切諸仏《いっさいしょブツ》の無上《むじょう》なる悉地《シツジ》の金剛《こんごう》に他《ほか》ならず。

（此《こ》は）金剛《こんごう》（杵《しょ》）としてわが手《て》に与《あた》えられ、金剛《こんごう》（の如《ごと》く堅固《けんご》）に安立《あんりゅう》している。我《われ》は（此金剛杵《このこんごうしょ》そのものである）。」(**43**)

【(2) 金剛王菩薩《こんごうおうボサツ》】 そこで世尊《せそん》（毘盧遮那《ビルシャナ》）は続《つづ》いて不空王大菩薩《ふくうおうだいボサツ》の三昧耶《サマヤ》より出現《しゅつげん》した薩埵加持金剛《サッタかじこんごう》という名《な》の三昧《サンマイ》に入《はい》って、此《こ》の〈一切如来《いっさいにょらい》の鉤召《こうちょう》の三昧耶《サマヤ》〉という名《な》の一《いっ》切如来《さいにょらい》の心要《フリダヤ》を（次《つぎ》の如《ごと》き心呪《フリダヤ》として）自己《じこ》の心蔵《フリダヤ》より出《い》だした。

「金剛王《ヴァジュララージャ》よ。」(**44**)

こ（の心呪《フリダヤ》）が出現《しゅつげん》したとみるや、それに呼応《こおう》してかの尊《とうと》き金剛手《こんごうしゅ》は諸《もろもろ》の一切如来大《いっさいにょらいだい》鉤《こう》となって一切《いっさい》の如来《にょらい》たちのそれぞれの心蔵《フリダヤ》より出《い》でて、世尊《せそん》・毘盧遮那《ビルシャナ》の心蔵《フリダヤ》に入《はい》り、一《ひと》つにかたまって大《おお》きな金剛鉤《こんごうこう》の形《かたち》となって（再《ふたた》びそこから）出《い》でて、世尊《せそん》の手《て》の上《うえ》に安《あん》

立《りゅう》した。(45)

ついで(その)大《おお》きな金剛鉤《こんごうこう》より一切世界《いっさいせかい》の極微塵《ごくみじん》に等《ひと》しき(数《かず》の)如来《にょらい》の身体《しんたい》が出現《しゅつげん》して、一切如来《いっさいにょらい》の鉤召等《こうちょうとう》の一切諸仏《いっさいしょブツ》の神通力《じんづうりき》による神変《じんぺん》を現《げん》じ(た。ついでそれら如来《にょらい》たちは)金剛薩埵《こんごうサッタ》の三昧《サンマイ》が極不空王《ごくふくうおう》であることからして、また(それが)きわめて堅固《けんご》であることからして、凝《こ》って一《ひと》つになり、不空王大菩薩《ふくうおうだいボサツ》の身《しん》となって世尊《せそん》・毘盧遮那《ビルシャナ》の心蔵《フリダヤ》に住《じゅう》して、次《つぎ》の如《ご》き頌《ウダーナ》をもってその内心《ないしん》の喜《よろこ》びを表明《ひょうめい》したのであった。

「ああ、実《げ》に我《われ》は不空王《ふくうおう》である。金剛《こんごう》より出現《しゅつげん》したる鉤《かぎ》である。なぜなら一切《いっさい》(虚空界《こくうかい》)に遍満《へんまん》する諸仏《しょブツ》は(衆生《しゅじょう》をしてそれぞれの)悉地《シツジ》(を成就《じょうじゅ》せしめんがため)の故《ゆえ》に鉤召《こうちょう》するからである。」(46)

ついでその不空王大菩薩《ふくうおうだいボサツ》の身《しん》は世尊《せそん》(毘盧遮那《ビルシャナ》)の心蔵《フリダヤ》より出《い》でて一切《いっさい》の如来《にょらい》たちの(うちの東方《とうぼう》・阿閦如来《アシュクにょらい》の)右方《うほう》の月輪《がちりん》に依止《えじ》し、教誡《きょうかい》を請求《せいきゅう》した。(47)

そこで世尊《せそん》は一切如来鉤召三昧耶金剛《いっさいにょらいこうちょうサマヤこんごう》と名《な》づける三昧《サンマイ》に入《はい》って、一切《いっさい》の如来《にょらい》たちの鉤《こう》召《ちょう》の標幟《サマヤ》(たる金剛鉤《こんごうこう》)を、(すなわち)無余一切《むよいっさい》の衆生界《しゅじょうかい》(の一切衆生《いっさいしゅじょう》)を鉤召《こうちょう》し、完《かん》全《ぜん》なる安楽《あんらく》と満足《まんぞく》とを領受《りょうじゅ》せしめんがため、乃至《ないし》、一切如来《いっさいにょらい》の集会《しゅうえ》に参加《さんか》する(21)という最《さい》上《じょう》の悉地《シツジ》(を得《え》しめんが)ための故《ゆえ》に、その金剛鉤《こんごうこう》を、かれ不空王菩薩《ふくうおうボサツ》に対《たい》して、(普《ふ》賢《げん》

菩薩《ボサツ》の場合《ばあい》と）同様《どうよう》にその両手《りょうて》に授《さず》けた。すると一切《いっさい》の如来《にょらい》たちは、

「（汝《なんじ》は）金剛鉤召《こんごうこうちょう》である、金剛鉤召《こんごうこうちょう》である。」

と（言《い》ってかれ不空王菩薩《ふくうおうボサツ》に）金剛名灌頂《こんごうみょうかんじょう》を授《さず》けた。**(48)**


そこで金剛鉤召菩薩《こんごうこうちょうボサツ》は、その金剛鉤《こんごうこう》をもって一切《いっさい》の如来《にょらい》たちを鉤召《こうちょう》しつつ、次《つぎ》の如《ごと》き頌《ウダーナ》をもってその内心《ないしん》の喜《よろこ》びを表明《ひょうめい》したのであった。

「まさにこれこそは一切諸仏《いっさいしょブツ》の無上《むじょう》なる金剛智《こんごうち》である。

なぜなら（それは）一切諸仏《いっさいしょブツ》（が衆生済度《しゅじょうさいど》というそ）の目的《もくてき》を成就《じょうじゅ》するための最上《さいじょう》の鉤召《こうちょう》であるからである。」**(49)**


【(3) 金剛愛菩薩《こんごうあいボサツ》】 そこで世尊《せそん》（毘盧遮那《ビルシャナ》）は次《つぎ》に摩羅大菩薩《マーラだいボサツ》の三昧耶《サマヤ》より出現《しゅつげん》した薩埵《サッタ》加持金剛《かじこんごう》という名《な》の三昧《サンマイ》に入《はい》って、此《こ》の〈一切如来《いっさいにょらい》を喜《よろこ》ばしむる三昧耶《サマヤ》〉という名《な》の一切如来《いっさいにょらい》の心要《フリダヤ》を（次《つぎ》の如《ごと》き心呪《フリダヤ》として）自己《じこ》の心蔵《フリダヤ》より出《い》だした。

「金剛貪愛《ヴァジュララーガ》よ。」**(50)**


そこでこの心呪《フリダヤ》が出現《しゅつげん》したとみるや、それに呼応《こおう》してかの尊《とうと》き持金剛《じこんごう》は一切如来《いっさいにょらい》の花箭《かせん》となって（それら）一切《いっさい》の如来《にょらい》たちの心蔵《フリダヤ》より出《い》でて、世尊《せそん》・毘盧遮那《ビルシャナ》の心蔵《フリダヤ》に入《はい》り、一《ひと》

つにかたまって大《おお》きな金剛箭《こんごうせん》の形《かたち》をとって（再《ふたた》びそこから）出《い》でて、（世尊《せそん》の）手《て》に安立《あんりゅう》した。（51）

ついでその金剛箭《こんごうせん》より一切世界《いっさいせかい》の極微塵《ごくみじん》（の数《かず》）に等《ひと》しき如来《にょらい》の身《しん》が出現《しゅつげん》して、一切如《いっさいにょ》来《らい》を喜《よろこ》ばしむる等《など》の一切諸仏《いっさいしょブツ》の神通力《じんづうりき》の神変《じんぺん》を現《げん》じ（た。ついでそれら如来《にょらい》たちは）金剛《こんごう》薩埵《サッタ》の三昧《サンマイ》がよく殺《マーラナ》すものであることからして、また（それが）きわめて堅固《けんご》であることからして、凝《こ》って一《ひと》つになり、摩羅大菩薩《マーラだいボサツ》の身《しん》となって世尊毘盧遮那《せそんビルシャナ》の心蔵《フリダヤ》に住《じゅう》して、次《つぎ》の如《ごと》き頌《ウダーナ》をもってその内心《ないしん》の喜《よろこ》びを表明《ひょうめい》したのであった。

「ああ、我《われ》は自性清浄《じしょうしょうじょう》である。（しかも我《われ》は）諸《もろもろ》の自生者《スヴァヤムブフー》の染愛《ぜんあい》である。

なぜなら（すでに）愛欲《あいよく》を離《はな》れたものたちを（更《さら》に）清浄《しょうじょう》ならしめんがため、（それらを）貪愛《とんあい》を以《も》って調伏《ぢょうぶく》するからである。」（52）

ついでその摩羅大菩薩《マーラだいボサツ》の身《しん》は世尊《せそん》の心蔵《フリダヤ》より出《い》でて一切《いっさい》の如来《にょらい》たちの（うちの東方《とうぼう》・阿《ア》閦如来《シュクにょらい》の）左方《さほう》の月輪《がちりん》に依止《えじ》し、再《ふたた》び教誡《きょうかい》を請求《せいきゅう》した。（53）

そこで世尊《せそん》は一切如来染愛加持金剛《いっさいにょらいぜんあいかじこんごう》と名《な》づける三昧《サンマイ》に入《はい》って、一切《いっさい》の如来《にょらい》たちの能殺《マーラナ》の金剛三昧耶《こんごうサマヤ》（たる金剛箭《こんごうせん》）を、無余一切《むよいっさい》の衆生界《しゅじょうかい》を染愛《ぜんあい》せしめ、（かれらに）あらゆる安《あん》楽《らく》と満足《まんぞく》とを領受《りょうじゅ》せしめんがため、乃至《ないし》、一切如来《いっさいにょらい》の魔《マーラ》の業《ごう》という最上《さいじょう》の悉地《シッジ》の獲得《かくとく》という果報《かほう》（を得しめんがため）の故《ゆえ》に、その金剛箭《こんごうせん》を、かれ摩羅大菩薩《マーラだいボサツ》に、（普賢《ふげん》や不空王《ふくうおう》の場合《ばあい》と）同様《どうよう》に、その両手《りょうて》に授《さず》けた。すると一切《いっさい》の如来《にょらい》たちは、

「（汝《なんじ》は）金剛弓《こんごうきゅう》である、金剛弓《こんごうきゅう》である。」

と（言《い》ってかれ摩羅大菩薩《マーラだいボサツ》に）金剛名灌頂《こんごうみょうかんじょう》を授《さず》けた。**(54)**

そこで金剛弓菩薩摩訶薩《こんごうきゅうボサツマカサツ》は、その金剛箭《こんごうせん》をもって一切《いっさい》の如来《にょらい》たちを殺《ころ》しつつ、次《つぎ》の如《ごと》き頌《ウダーナ》をもってその内心《ないしん》の喜《よろこ》びを表明《ひょうめい》したのであった。

「まさにこれこそは一切諸仏《いっさいしょブツ》の濁《にご》りなき貪愛《とんあい》の智慧《ちえ》である。
貪愛《とんあい》によって離欲《りよく》を殺《ころ》して（一切衆生《いっさいしゅじょう》に）完全《かんぜん》なる安楽《あんらく》を与《あた》える。」**(55)**

【(4) 金剛喜菩薩《こんごうきボサツ》】 そこで世尊《せそん》（毘盧遮那《ビルシャナ》）は次《つぎ》に歓喜王大菩薩《かんぎおうだいボサツ》の三昧耶《サマヤ》より出現《しゅつげん》した薩埵《サッタ》加持金剛《かじこんごう》という名《な》の三昧《サンマイ》に入《はい》って、此《こ》の〈一切如来《いっさいにょらい》の歓喜《かんぎ》の三昧耶《サマヤ》〉という名《な》の一切《いっさい》如来《にょらい》の心呪《フリダヤ》をば自己《じこ》の心蔵《フリダヤ》より出《い》だした。

「金剛善哉《ヴァジュラサードゥ》よ。」**(56)**

こ（の心呪《フリダヤ》）が出現《しゅつげん》したとみるや、それに呼応《こおう》してかの尊《とうと》き持金剛《じこんごう》は「善哉《ぜんざい》」という叫《さけ》びとなって一切《いっさい》の如来《にょらい》たちの心蔵《フリダヤ》より出《い》でて、世尊毘盧遮那《せそんビルシャナ》の心蔵《フリダヤ》に入《はい》り、一《ひと》つにかた

まって金剛喜《こんごうき》の形《かたち》(22)をとって（再《ふたた》びそこから）出《い》でて、世尊《せそん》の手《て》の上《うえ》に安立《あんりゅう》した。（57）

ついでその金剛喜《こんごうき》より一切《いっさい》世界《せかい》の極微塵《ごくみじん》に等《ひと》しき（数《かず》の）如来《にょらい》の身《しん》が出現《しゅつげん》して、一切如《いっさいにょ》来《らい》の「善哉《ぜんざい》」の叫《さけ》び等《とう》の一切諸仏《いっさいしょブツ》の神通力《じんづうりき》の神変《じんぺん》を現《げん》じ（た。ついでそれら如来《にょらい》たちは）金剛薩埵《こんごうサッタ》の三昧《サンマイ》が極歓喜《ごくかんぎ》であることからして、また（それが）きわめて堅固《けんご》であることからして、凝《こ》って一《ひと》つになり、歓喜王大菩薩《かんぎおうだいボサツ》の身《しん》となって世尊《せそん》・毘盧遮那《ビルシャナ》の心蔵《フリダヤ》に住《じゅう》して、次《つぎ》の如《ごと》き頌《ウダーナ》をもって内心《ないしん》の喜《よろこ》びを表明《ひょうめい》したのであった。

「ああ、実《げ》に我《われ》は善哉《ぜんざい》の叫《さけ》び、一切《いっさい》にして諸《もろもろ》の一切知者《いっさいちしゃ》のうちの最勝者《さいしょうしゃ》である。

なぜなら、妄分別《もうふんべつ》を断《だん》ずる者《もの》たちに歓喜《かんぎ》をば堅固《けんご》に生《しょう》ぜしむるからである。」（58）

ついでその歓喜王大菩薩《かんぎおうだいボサツ》の身《しん》は世尊《せそん》・毘盧遮那《ビルシャナ》の心蔵《フリダヤ》より出《い》でて、一切《いっさい》の如来《にょらい》たちの（うちの東方《とうぼう》・阿閦如来《アシュクにょらい》の）後方《こうほう》の月輪《がちりん》に依止《えじ》し、教誡《きょうかい》を請求《せいきゅう》した。（59）

そこで世尊《せそん》は一切如来令喜金剛《いっさいにょらいりょうきこんごう》と名《な》づける三昧《サンマイ》に入《はい》って、一切《いっさい》の如来《にょらい》たちの無上《むじょう》なる歓喜《かんぎ》の智慧《ちえ》の三昧耶《サマヤ》（たる金剛喜《こんごうき》）を、無余《むよ》一切《いっさい》の衆生界《しゅじょうかい》の一切衆生《いっさいしゅじょう》を喜《よろこ》ばしめ、大楽《たいらく》と満足《まんぞく》とを領受《りょうじゅ》せしめんがため、乃至《ないし》、一切如来《いっさいにょらい》の無上《むじょう》の歓喜《かんぎ》の味《み》という最上《さいじょう》の悉地《シッジ》を獲《かく》得《とく》するという果報《かほう》（を得《え》しめんがため）の故《ゆえ》に、その金剛喜《こんごうき》を、かれ歓喜王大菩薩《かんぎおうだいボサツ》に対《たい》して（金剛愛《こんごうあい》に対《たい》してと）同様《どうよう》に、その両手《りょうて》に授《さず》けた。すると一切《いっさい》の如来《にょらい》たちは、

「（汝《なんじ》は）金剛喜《こんごうき》である、金剛喜《こんごうき》である。」と（言《い》ってかれ歓喜王菩薩《かんぎおうボサツ》に）金剛名灌頂《こんごうみょうかんじょう》を授《さず》けた。(60)

そこで金剛喜菩薩摩訶薩《こんごうきボサツマカサツ》は、その金剛喜《こんごうき》をもって一切《いっさい》の如来《にょらい》たちを「善哉《ぜんざい》」の叫《さけ》びとともに歓喜《かんぎ》せしめつつ、次《つぎ》の如《ごと》き頌《ウダーナ》をもってその内心《ないしん》の喜《よろこ》びを表明《ひょうめい》したのであった。

「まさに此《これ》こそは一切諸仏《いっさいしょブツ》に『善哉《ぜんざい》』の叫《さけ》びをあげしむるものである。

（此《こ》は）一切《いっさい》（の如来《にょらい》たちに）歓喜《かんぎ》を齎《もたら》す天妙《てんみょう》の金剛《こんごう》であり、（一切衆生《いっさいしゅじょう》の）歓喜《かんぎ》を増長《ぞうちょう》せしめる。」(61)

（東方《とうぼう》・阿閦《アシュク》如来《にょらい》の四親近《ししんごん》であるところの）（一切如来《いっさいにょらい》の）大菩提心《だいボダイしん》（たる金剛薩埵《こんごうサッタ》）、一切如来《いっさいにょらい》の鉤召《こうちょう》の三昧耶《サマヤ》（たる金剛王菩薩《こんごうおうボサツ》）、一切如来《いっさいにょらい》の染愛《ぜんあい》の智慧《ちえ》（たる金剛愛菩薩《こんごうあいボサツ》）、そして、（一切如来《いっさいにょらい》の）大歓喜《だいかんぎ》（たる金剛喜菩薩《こんごうきボサツ》）、以上《いじょう》は一切如来《いっさいにょらい》の大三昧耶薩埵《だいサマヤサッタ》である。(62)

【(5) 金剛宝菩薩《こんごうほうボサツ》】そこで世尊《せそん》（毘盧遮那《ビルシャナ》）は次《つぎ》に虚空蔵大菩薩《こくうぞうだいボサツ》の三昧耶《サマヤ》より出現《しゅつげん》した宝加持金剛《ほうかじこんごう》と名《な》づける三昧《サンマイ》に入《はい》って、此《こ》の〈一切如来《いっさいにょらい》の灌頂《かんじょう》の三昧耶《サマヤ》〉という名《な》の一切如《いっさいにょ》来《らい》の心呪《フリダヤ》をば自《みずか》らの心蔵《フリダヤ》より出《い》だした。

「金剛宝《ヴァジュララトナ》よ。」(63)

こ(の心呪《フリダヤ》)が出現《しゅつげん》したとみるや、金剛薩埵《こんごうサッタ》の三昧《サンマイ》が一切虚空平等性《いっさいこくうびょうどうしょう》の智慧《ちえ》によく通《つう》徹《てつ》するものであることからして、それに呼応《こおう》してかの尊《とうと》き持金剛《じこんごう》は一切虚空《いっさいこくう》(に行《い》き渡《わた》る)光明《こうみょう》となって一切《いっさい》の如来《にょらい》たちの心蔵《フリダヤ》より出現《しゅつげん》した。そしてそれら一切《いっさい》虚空光明《こくうこうみょう》によって一切《いっさい》の世界《せかい》は輝《かがや》かされ、(それらの世界《せかい》の光明《こうみょう》は)虚空界《こくうかい》の全体《ぜんたい》に充《み》ち満《み》ちたのであった。(64)

ついで一切如来《いっさいにょらい》の加持《かじ》によって(その)虚空界《こくうかい》の全体《ぜんたい》は世尊《せそん》・毘盧遮那《ビルシャナ》の心蔵《フリダヤ》に入《はい》った。そして金剛薩埵《こんごうサッタ》の三昧《サンマイ》がよく包蔵《ほうぞう》するものであることからして、(その三昧《サンマイ》は)虚空界《こくうかい》の全体《ぜんたい》を(能《よ》く包蔵《ほうぞう》する)胎蔵《たいぞう》として、一切世界《いっさいせかい》を合《がっ》した程《ほど》の量《りょう》の広大《こうだい》な大金剛宝《だいこんごうほう》の形《かたち》をとって出現《しゅつげん》して、世尊《せそん》(毘盧遮那《ビルシャナ》)の手《て》の上《うえ》に安立《あんりゅう》した。(65)

ついでその金剛《こんごう》(宝《ほう》)より一切世界《いっさいせかい》の極微塵《ごくみじん》に等《ひと》しき(数《かず》の)如来《にょらい》の身《しん》が出現《しゅつげん》して、一《いっ》切如来《さいにょらい》の灌頂等《かんじょうとう》の一切如来《いっさいにょらい》の神通力《じんづうりき》の神変《じんぺん》を一切世界《いっさいせかい》の中《うち》に現《げん》じ(た。ついでそれら如《にょ》来《らい》たちは)金剛薩埵《こんごうサッタ》の三昧《サンマイ》が一切虚空界《いっさいこくうかい》(を包蔵《ほうぞう》するほどに広大《こうだい》な)胎蔵《たいぞう》よりよく生《しょう》じたものであることからして、また(それが)きわめて堅固《けんご》であることからして、凝《こ》って一《ひと》つになり、虚空蔵大菩薩《こくうぞうだいボサツ》の身《しん》となって世尊《せそん》・毘盧遮那《ビルシャナ》の心蔵《フリダヤ》に住《じゅう》して、次《つぎ》の如《ごと》き頌《ウダーナ》をもって内心《ないしん》の喜《よろこ》びを表明《ひょうめい》したのであった。

「ああ、実《げ》に我《われ》は善《よ》き灌頂《かんじょう》、無上《むじょう》なる金剛宝《こんごうほう》である。
なぜなら諸《もろもろ》の勝者《しょうじゃ》はすでに執着無《しゅうじゃくな》きにもかかわらず、三界《さんがい》の主《しゅ》であると思念《しねん》されるからである。」(**66**)

ついでその虚空蔵大菩薩《こくうぞうだいボサツ》の身《しん》は世尊《せそん》の心蔵《フリダヤ》より出《い》でて一切《いっさい》の如来《にょらい》たちの(うちの南方《なんぽう》・宝生如来《ほうしょうにょらい》の)前方《ぜんぽう》の月輪《がちりん》に依止《えじ》し、あらためて教誡《きょうかい》を請求《せいきゅう》した。(**67**)

そこで世尊《せそん》は一切如来摩尼宝金剛《いっさいにょらいマニほうこんごう》と名《な》づける三昧《サンマイ》に入《はい》り、一切《いっさい》の如来《にょらい》たちの(衆生《しゅじょう》の)意楽《いぎょう》を円満《えんまん》せしむる三昧耶《サマヤ》(たる金剛摩尼《こんごうマニ》)を、無余一切《むよいっさい》の衆生界《しゅじょうかい》の(一切衆生《いっさいしゅじょう》にそれぞれ)一切《いっさい》の目的《もくてき》を達成《たっせい》せしめ、一切《いっさい》の安楽《あんらく》と満足《まんぞく》を領受《りょうじゅ》せしめんがため、乃至《ないし》、一切如来《いっさいにょらい》の目的《もくてき》を円満《えんまん》するという最上《さいじょう》の悉地《シツジ》を獲得《かくとく》せしめんがために、その金剛摩尼《こんごうマニ》を、彼《かれ》に対《たい》して、(それは彼《かれ》に、やがて)金剛宝転輪王《こんごうほうてんりんおう》の位《くらい》(に即《つ》くべき)金剛宝芽灌頂《こんごうほうがかんじょう》を授《さず》け(たことに他《ほか》ならないのであるが)、その両手《りょうて》に授《さず》けた。すると一切《いっさい》の如来《にょらい》たちは、

「(汝《なんじ》は)金剛蔵《こんごうぞう》である、金剛蔵《こんごうぞう》である。」

と(言《い》ってかれ虚空蔵菩薩《こくうぞうボサツ》に)金剛名灌頂《こんごうみょうかんじょう》を授《さず》けた。(**68**)

そこで金剛蔵大菩薩《こんごうぞうだいボサツ》は、その金剛摩尼《こんごうマニ》を自《みずか》らが灌頂《かんじょう》された処《ところ》に保持《ほじ》しつつ、次《つぎ》の如《ごと》き頌《ウダーナ》をもってその内心《ないしん》の喜《よろこ》びを表明《ひょうめい》したのであった。

「まさに此《これ》こそは一切諸仏《いっさいしょブツ》が衆生界《しゅじょうかい》を灌頂《かんじょう》したまうことに他《ほか》ならず。
宝中《ほうちゅう》にちりばめられたる（この）宝《たから》は（いまや）わが手《て》に与《あた》えられたり。」(**69**)

【(6) 金剛光菩薩《こんごうこうボサツ》】 そこで世尊《せそん》（毘盧遮那《ビルシャナ》）は次《つ》いで大威光大菩薩《だいいこうだいボサツ》の三昧耶《サマヤ》より出現《しゅつげん》した宝加持金剛《ほうかじこんごう》と名《な》づける三昧《サンマイ》に入《はい》って、此《こ》の〈一切如来《いっさいにょらい》の光明《こうみょう》の三昧耶《サマヤ》〉という名《な》の一切《いっさい》如来《にょらい》の心呪《フリダヤ》をば自《みずか》らの心蔵《フリダヤ》より出《い》だした。

「金剛威光《ヴァジュラテージャ》よ。」(**70**)

こ（の心呪《フリダヤ》）が出現《しゅつげん》したとみるや、それに呼応《こおう》してかの尊《とうと》き金剛手《こんごうしゅ》は諸《もろもろ》の大日輪《だいにちりん》となって一切《いっさい》の如来《にょらい》たちの心蔵《フリダヤ》より出現《しゅつげん》し、世尊《せそん》・毘盧遮那《ビルシャナ》の心蔵《フリダヤ》に入《はい》り、凝《こ》って一《ひと》つになり金剛日《こんごうにち》の形《かたち》をとって出現《しゅつげん》して、世尊《せそん》の手《て》の上《うえ》に安立《あんりゅう》した。(**71**)

ついでその金剛日輪《こんごうにちりん》より一切世界《いっさいせかい》の極微塵《ごくみじん》に等《ひと》しき（数《かず》の）如来《にょらい》の身《しん》が出現《しゅつげん》して、一切《いっさい》如来《にょらい》の光明《こうみょう》を放《はな》つこと等《など》の一切如来《いっさいにょらい》の神通力《じんづうりき》の神変《じんぺん》を現《げん》じ（た。ついでそれら如来《にょらい》たちは）金剛薩埵《こんごうサッタ》の三昧《サンマイ》が極《きわ》めて大《おお》いなる威光《いこう》であることからして、また（それが）きわめて堅固《けんご》であることからして、凝《こ》って一《ひと》つになり、大威光大菩薩《だいいこうだいボサツ》の身《しん》となって世尊《せそん》・毘盧遮那《ビルシャナ》の心蔵《フリダヤ》に住《じゅう》して、次《つぎ》の如《ごと》き頌《ウダーナ》をもって内心《ないしん》の喜《よろこ》びを表明《ひょうめい》したのであった。

「ああ、実《げ》に（我《われ》は）衆生界《しゅじょうかい》を照《て》らす無比《むひ》の威光《いこう》である。
そはすでに清浄《しょうじょう》なる諸仏《しょブツ》・救世者《ぐぜしゃ》をも（さらに）清浄《しょうじょう》ならしめる。」（**72**）

そこでその離垢光大菩薩《りくこうだいボサツ》の身《しん》は世尊《せそん》の心蔵《フリダヤ》より出《い》でて一切《いっさい》の如来《にょらい》たちの（うちの南方《なんぽう》・宝生如来《ほうしょうにょらい》の）右方《うほう》の月輪《がちりん》に依止《えじ》し、あらためて教誡《きょうかい》を請求《せいきゅう》した。

そこで世尊《せそん》は一切如来光輪加持金剛《いっさいにょらいこうりんかじこんごう》と名《な》づける三昧《サンマイ》に入《はい》り、一切《いっさい》の如来《にょらい》たちの光明《こうみょう》の三昧耶《サマヤ》（たる金剛日《こんごうにち》）を、すなわち、無余一切《むよいっさい》の衆生界《しゅじょうかい》をして無比《むひ》の威光《いこう》と一切《いっさい》の安楽《あんらく》と満足《まんぞく》とを領受《りょうじゅ》せしめんがため、乃至《ないし》、一切如来《いっさいにょらい》が自《みずか》ら光明《こうみょう》を獲得《かくとく》するという最上《さいじょう》の悉地《シッジ》（を得《え》しめんがため）の故《ゆえ》に、その金剛日《こんごうにち》を、かの大威光大菩薩《だいいこうだいボサツ》に対《たい》して（前《まえ》の場合《ばあい》と）同《おな》じ様《よう》にその両手《りょうて》に授《さず》けた。すると一切《いっさい》の如来《にょらい》たちは、

「（汝《なんじ》は）金剛光《こんごうこう》である、金剛光《こんごうこう》である。」

と（言《い》ってかれ大威光菩薩《だいいこうボサツ》に）金剛名灌頂《こんごうみょうかんじょう》を授《さず》けた。（**73**）

そこで金剛光大菩薩《こんごうこうだいボサツ》は、その金剛日《こんごうにち》をもって一切《いっさい》の如来《にょらい》たちを照《て》らしつつ、次《つぎ》の如《ごと》き頌《ウダーナ》をもってその内心《ないしん》の喜《よろこ》びを表明《ひょうめい》したのであった。

「まさに此《これ》こそは諸仏《しょブツ》が（衆生《しゅじょう》の）無知《むち》の黒闇《こくあん》を滅《めっ》したまうことに他《ほか》ならず。
その光明《こうみょう》は微塵数《みじんじゅ》の太陽《たいよう》を遥《はる》かにしのぐ。」(74)

【(7) 金剛幢菩薩《こんごうとうボサツ》】 そこで世尊《せそん》（毘盧遮那《ビルシャナ》）は次《つぎ》に宝幢大菩薩《ほうどうだいボサツ》の三昧耶《サマヤ》より出現《しゅつげん》した宝《ほう》加持金剛《かじこんごう》と名《な》づける三昧《サンマイ》に入《はい》って、此《こ》の〈一切如来《いっさいにょらい》の意願《いがん》を完全《かんぜん》に満足《まんぞく》せしむる三昧耶《サマヤ》〉という名《な》の一切如来《いっさいにょらい》の心呪《フリダヤ》をば自《みずか》らの心蔵《フリダヤ》より出《い》だした。

「金剛幢《ヴァジュラケートゥ》よ。」(75)

こ（の心呪《フリダヤ》）が出現《しゅつげん》したとみるや、それに呼応《こおう》してかの尊《とうと》き持金剛《じこんごう》は種々《しゅじゅ》なる色《いろ》や形《かたち》の荘厳《しょうごん》の形《かたち》をした諸《もろもろ》の旗《はた》となって一切《いっさい》の如来《にょらい》たちの心蔵《フリダヤ》より出現《しゅつげん》し、世尊《せそん》・毘盧遮那《ビルシャナ》の心蔵《フリダヤ》に入《はい》り、一《ひと》つにかたまって金剛幢《こんごうとう》の形《かたち》をとって出現《しゅつげん》して、世尊《せそん》の手《て》の上《うえ》に安立《あんりゅう》した。

(76)

ついでその金剛幢《こんごうとう》より一切世界《いっさいせかい》の極微塵《ごくみじん》に等《ひと》しき（数《かず》の）如来《にょらい》の身《しん》が出現《しゅつげん》して、一切如《いっさいによ》来《らい》の宝幢《ほうどう》を高《たか》く掲《かか》げること等《など》の一切諸仏《いっさいしょブツ》の神通力《じんづうりき》の神変《じんぺん》を現《げん》じ（た。ついでそれら如来《にょらい》たちは）金剛薩埵《こんごうサッタ》の三昧《サンマイ》が大宝幢《だいほうどう》（の如《ごと》くに高《たか》く聳《そび》えるもの）であることからして、また（それが）きわめて堅固《けんご》であることからして、凝《こ》って一《ひと》つになり、宝幢大菩薩《ほうどうだいボサツ》の身《しん》となって世尊《せそん》・毘盧遮那《ビルシャナ》如来《にょらい》の心蔵《フリダヤ》に住《じゅう》して、次《つぎ》の如《ごと》き頌《ウダーナ》をもってその内心《ないしん》の喜《よろこ》びを表明《ひょうめい》したのであった。

「ああ、実《げ》に我《われ》は諸《もろもろ》の一切義成就者《いっさいぎじょうじゅしゃ》たちにとっての比類《ひるい》なき幢《はた》である。
そはすでに一切《いっさい》の意願《いがん》を満足《まんぞく》した人々《ひとびと》に対《たい》して（も、さらに）一切《いっさい》の目的《もくてき》を成就《じょうじゅ》せしめる。」（**77**）

そこでその宝幢大菩薩《ほうどうだいボサツ》の身《しん》は世尊《せそん》の心蔵《フリダヤ》より出《い》でて一切《いっさい》の如来《にょらい》たちの（うちの南方《なんぽう》・宝《ほう》生如来《しょうにょらい》の）左方《さほう》の月輪《がちりん》に依止《えじ》して、あらためて教誡《きょうかい》を請求《せいきゅう》した。（**78**）

そこで世尊《せそん》は一切如来高揚加持金剛《いっさいにょらいこうようかじこんごう》と名《な》づける三昧《サンマイ》に入《はい》り、一切《いっさい》の如来《にょらい》たちの如意王摩《にょいおうマ》尼幢《ニとう》を高《たか》く掲《かか》げる（ことという）三昧耶《サマヤ》を、すなわち、無余一切《むよいっさい》の衆生界《しゅじょうかい》の一切《いっさい》の意願《いがん》を満足《まんぞく》せしめ、一切《いっさい》の安楽《あんらく》と満足《まんぞく》とを領受《りょうじゅ》せしめんがため、乃至《ないし》、一切如来《いっさいにょらい》の大利益《だいりやく》という最上《さいじょう》の悉地《シツジ》のための故《ゆえ》に、その金剛幢《こんごうとう》を、かの宝幢大菩薩《ほうどうだいボサツ》に対《たい》して（前《まえ》の場合《ばあい》と）同様《どうよう》にその両手《りょうて》に授《さず》けた。すると一切《いっさい》の如来《にょらい》たちは、

「（汝《なんじ》は）金剛幢《こんごうとう》である、金剛幢《こんごうとう》である。」

と（言《い》ってかれ宝幢菩薩《ほうどうボサツ》に）金剛名灌頂《こんごうみょうかんじょう》を授《さず》けた。（**79**）

そこで金剛幢菩薩摩訶薩《こんごうとうボサツマカサツ》は、その金剛幢《こんごうとう》をもって一切《いっさい》の如来《にょらい》たちを布施波羅蜜《ふせハラミツ》に向《む》けて

策励《さくれい》しつつ、次《つぎ》の如《ごと》き頌《ウダーナ》をもってその内心《ないしん》の喜《よろこ》びを表明《ひょうめい》したのであった。

「まさに此《これ》こそは一切諸仏《いっさいしょブツ》が（衆生《しゅじょう》の）一切《いっさい》の意願《いがん》を完全《かんぜん》に円満《えんまん》せしめたまうことに他《ほか》ならず、

（此《こ》の）如意宝幢《にょいほうどう》と名《な》づくる布施波羅蜜《ふせハラミツ》の理趣《りしゅ》は……。」（**80**）

【(8) 金剛笑菩薩《こんごうしょうボサツ》】 そこで世尊《せそん》（毘盧遮那《ビルシャナ》）は次《つぎ》に常悦喜根大菩薩《じょうえつきこんだいボサツ》の三昧耶《サマヤ》より出現《しゅつげん》した宝加持金剛《ほうかじこんごう》と名《な》づける三昧《サンマイ》に入《はい》って、此《こ》の〈一切如来《いっさいにょらい》の喜《よろこ》びの三昧耶《サマヤ》〉という名《な》の一切《いっさい》如来《にょらい》の心呪《フリダヤ》を自《みずか》らの心蔵《フリダヤ》より出《い》だした。

「金剛笑《ヴァジュラハーサ》よ。」（**81**）

こ（の心呪《フリダヤ》）が出現《しゅつげん》したとみるや、それに呼応《こおう》してかの尊《とうと》き持金剛《じこんごう》は一切如来《いっさいにょらい》の微笑《みしょう》となって一切《いっさい》の如来《にょらい》たちの心蔵《フリダヤ》より出現《しゅつげん》し、世尊《せそん》、毘盧遮那《ビルシャナ》の心蔵《フリダヤ》に入《はい》って、一《ひと》つにかたまって金剛微笑《こんごうみしょう》の形《かたち》をとって（再《ふたた》びそこから）出《い》でて、（世尊《せそん》の）手《て》の上《うえ》に安立《あんりゅう》した。（**82**）

ついでその金剛微笑《こんごうみしょう》より一切世界《いっさいせかい》の極微塵《ごくみじん》に等《ひと》しき（数《かず》の）如来《にょらい》の身《しん》が出現《しゅつげん》して、一切《いっさい》如来《にょらい》の奇跡等《きせきとう》の一切諸仏《いっさいしょブツ》の神通力《じんづうりき》の神変《じんぺん》を現《げん》じ（た。ついでそれら如来《にょらい》たちは）金剛薩埵《こんごうサッタ》の三昧《サンマイ》が常悦喜根《じょうえつきこん》であることよりして、また（それが）きわめて堅固《けんご》であることからして、凝《こ》って一《ひと》つになり、常悦喜根大菩薩《じょうえつきこんだいボサツ》の身《しん》となって世尊《せそん》・毘盧遮那《ビルシャナ》の心蔵《フリダヤ》に住《じゅう》して、次《つぎ》の如《ごと》き頌《ウダーナ》をもって内心《ないしん》の喜《よろこ》びを表明《ひょうめい》したのであった。

「ああ、我《われ》は大《おお》いなる笑《わら》いである。一切最上者《いっさいさいじょうしゃ》たちにとっての大《おお》いなる奇跡《きせき》である。なぜならばよく等至《とうじ》した者《もの》たちは常《つね》に仏《ブツ》の目的《もくてき》（を実現《じつげん》せんとして）努力《どりょく》するからである。」（**83**）

そこでその常悦喜根菩薩《じょうえつきこんボサツ》の身《しん》は世尊《せそん》の心蔵《フリダヤ》より出《い》でて一切《いっさい》の如来《にょらい》たちの（うちの南方《なんぽう》・宝生如来《ほうしょうにょらい》の）後方《こうほう》の月輪《がちりん》に依止《えじ》し、あらためて教誡《きょうかい》を請求《せいきゅう》した。（**84**）

そこで世尊《せそん》は一切如来《いっさいにょらい》の奇跡《きせき》の加持金剛《かじこんごう》と名《な》づける三昧《サンマイ》に入《はい》り、一切《いっさい》の如来《にょらい》たちの奇跡《きせき》の生起《しょうき》という三昧耶《サマヤ》を、すなわち無余一切《むよいっさい》の衆生界《しゅじょうかい》の一切《いっさい》（衆生《しゅじょう》をしてそ）の根《こん》（すなわち感官《かんかん》）の無上《むじょう》の安楽《あんらく》と幸福《こうふく》とを領受《りょうじゅ》せしめんがために、乃至《ないし》、一切如来《いっさいにょらい》の根《こん》を完全《かんぜん》に清浄《しょうじょう》ならしめる智慧《ちえ》の神通力《じんづうりき》を獲得《かくとく》するという果報《かほう》を得《え》しめんがための故《ゆえ》に、その金剛微笑《こんごうみしょう》を、かの常悦喜根大菩薩《じょうえつきこんだいボサツ》に対《たい》して（前《まえ》の場合《ばあい》と）同様《どうよう》にその両手《りょうて》に授《さず》けた。すると一《いっ》切《さい》の如来《にょらい》たちは、

「（汝《なんじ》は）金剛喜《こんごうき》である、金剛喜《こんごうき》である。」

と（言《い》ってかれ常悦喜根菩薩《じょうえつきこんボサツ》に）金剛名灌頂《こんごうみょうかんじょう》を授《さず》けた。（**85**）

そこで金剛喜菩薩摩訶薩《こんごうきボサツマカサツ》は、その金剛微笑《こんごうみしょう》をもって一切《いっさい》の如来《にょらい》たちを歓喜《かんぎ》せしめつつ、次《つぎ》の如《ごと》き頌《ウダーナ》をもってその内心《ないしん》の喜《よろこ》びを表明《ひょうめい》したのであった。

「まさに此《これ》こそは一切諸仏《いっさいしょブツ》の奇跡《きせき》の生起《しょうき》を示《しめ》すものである。
大《おお》いなる歓喜《かんぎ》をもたらすこの智慧《ちえ》は他《ほか》の教師《きょうし》たちによっては知《し》られ得《え》ず。」(**86**)

(南方《なんぽう》・宝生如来《ほうしょうにょらい》の四親近《ししんごん》であるところの)(一切如来《いっさいにょらい》の)大灌頂《だいかんじょう》(たる金剛宝菩薩《こんごうほうボサツ》)、光輪一尋《こうりんいちじん》(たる金剛光菩薩《こんごうこうボサツ》)、大衆生利益《だいしゅじょうりやく》(たる金剛幢菩薩《こんごうとうボサツ》)、そして、大笑《だいしょう》(たる金剛《こんごう》笑菩薩《しょうボサツ》)、以上《いじょう》は一切如来《いっさいにょらい》の大灌頂《だいかんじょう》の薩埵《サッタ》である。(**87**)

【(9) 金剛法菩薩《こんごうほうボサツ》】 そこで世尊《せそん》(毘盧遮那《ビルシャナ》)は次《つぎ》に観自在大菩薩《かんじざいだいボサツ》の三昧耶《サマヤ》より出現《しゅつげん》した法加持金剛《ほうかじこんごう》と名《な》づける三昧《サンマイ》に入《はい》って、此《こ》の〈一切如来《いっさいにょらい》の法《ほう》の三昧耶《サマヤ》〉という名《な》の一切如来《いっさいにょらい》の心呪《フリダヤ》を自《みずか》らの心蔵《フリダヤ》より出《い》だした。

「金剛法《ヴァジュラダルマ》よ。」(**88**)

こ(の心呪《フリダヤ》)が出現《しゅつげん》したとみるや、それに呼応《こおう》してかの尊《とうと》き持金剛《じこんごう》は、金剛薩埵《こんごうサッタ》の三昧《サンマイ》が自性清浄法平等性智《じしょうしょうじょうほうびょうどうしょうち》によく通達《つうだつ》したものであることからして妙法《みょうほう》の光明《こうみょう》となって一《いっ》切《さい》の如来《にょらい》たちの心蔵《フリダヤ》から出現《しゅつげん》した。（そして）一切《いっさい》諸《もろもろ》の世界《せかい》はそれらの妙法《みょうほう》の光明《こうみょう》によって輝《かがや》かされ、その本質《ほんしつ》において法界《ほっかい》（そのもの）となったのであった。（**89**）

そしてその法界《ほっかい》の全体《ぜんたい》は世尊《せそん》・毘盧遮那《ビルシャナ》の心蔵《フリダヤ》に入《はい》って、一《ひと》つにかたまってその量《りょう》が一《いっ》切虚空界《さいこくうかい》に遍満《へんまん》する程《ほど》の大蓮華《だいれんげ》の形《かたち》をとって（再《ふたた》びそこから）出《い》でて、世尊《せそん》の手《て》の上《うえ》に安《あん》立《りゅう》した。（**90**）

ついでその金剛蓮華《こんごうれんげ》より一切世界《いっさいせかい》の極微塵《ごくみじん》に等《ひと》しき（数《かず》の）如来《にょらい》の身《しん》が出現《しゅつげん》して、一切《いっさい》如来《にょらい》の三昧《サンマイ》と智慧《ちえ》と神通《じんづう》等《とう》の一切諸仏《いっさいしょブツ》の神通力《じんづうりき》の神変《じんぺん》を現《げん》じ（た。ついでそれら如来《にょらい》たちは）金剛薩埵《こんごうサッタ》の三昧《サンマイ》が観自在《かんじざい》であることからして、また（それが）きわめて堅固《けんご》であることからして、凝《こ》って一《ひと》つになり、観自在大菩薩《かんじざいだいボサツ》の身《しん》となって世尊《せそん》・毘盧遮那《ビルシャナ》の心蔵《フリダヤ》に住《じゅう》して、次《つぎ》の如《ごと》き頌《ウダーナ》をもって内心《ないしん》の喜《よろこ》びを表明《ひょうめい》したのであった。

「ああ、実《げ》に我《われ》は勝義《しょうぎ》である。諸《もろもろ》の自生者《じしょうしゃ》たちにとっての本初《ほんじょ》より清浄《しょうじょう》（なる勝義《しょうぎ》）である。

なぜなら（我《われ》を俟《ま》ってはじめて、普通《ふつう》は）筏《いかだ》に譬《たと》えられ（て衆生《しゅじょう》を度《ど》する手段《しゅだん》に過《す》ぎないとされ）る諸法《しょほう》の清浄《しょうじょう》(23)が得《え》られるからである。」（**91**）

ついでその観自在菩薩《かんじざいボサツ》の身《しん》は世尊《せそん》・毘盧遮那《ビルシャナ》の心蔵《フリダヤ》より出《い》でて一切《いっさい》の如来《にょらい》たちのうちの

西方《さいほう》・世自在王如来《せじざいおうにょらい》の前方《ぜんぽう》の月輪《がちりん》に依止《えじ》し、あらためて教誡《きょうかい》を請求《せいきゅう》した。(92)

そこで世尊《せそん》は、一切如来《いっさいにょらい》の三昧《サンマイ》の智慧《ちえ》の三昧耶《サマヤ》金剛《こんごう》と名《な》づける三昧《サンマイ》に入《はい》り、一切《いっさい》の如来《にょらい》たちの(衆生《しゅじょう》を)完全《かんぜん》に清浄《しょうじょう》ならしむる三昧耶《サマヤ》を、すなわち無余《むよ》一切《いっさい》の衆生《しゅじょう》をして(その)魂《アートマン》を完全《かんぜん》に清浄《しょうじょう》ならしめ、一切《いっさい》の安楽《あんらく》と満足《まんぞく》とを領受《りょうじゅ》せしめんがため、乃至《ないし》、一切《いっさい》如来《にょらい》の法《ほう》の智慧《ちえ》と神通《じんづう》の獲得《かくとく》という果報《かほう》を得《え》しめんがための故《ゆえ》に、その金剛蓮華《こんごうれんげ》を、かの観自在大菩薩《かんじざいだいボサツ》に対《たい》して、(それは彼《かれ》に、やがて)妙法転輪王《みょうほうてんりんおう》の位《くらい》(に即《つ》くべき)一切如来《いっさいにょらい》法身灌頂《ほっしんかんじょう》を授《さず》け(たことに他《ほか》ならないのであるが)、その両手《りょうて》に授《さず》けた。すると一切《いっさい》の如来《にょらい》たちは、

「(汝《なんじ》は)金剛眼《こんごうげん》である、金剛眼《こんごうげん》である。」

と(言《い》ってかれ観自在菩薩《かんじざいボサツ》に)金剛名灌頂《こんごうみょうかんじょう》を授《さず》けた。(93)

そこで金剛眼菩薩摩訶薩《こんごうげんボサツマカサツ》は、その金剛蓮華《こんごうれんげ》の花弁《かべん》が開敷《かいふ》する状態《じょうたい》にあるのを眺《なが》めて(衆《しゅ》生《じょう》の)貪欲《とんよく》の清浄《しょうじょう》とその自性《じしょう》の穢《けが》れなきことを観《かん》じつつ、次《つぎ》の如《ごと》き頌《ウダーナ》をもってその内心《ないしん》の喜《よろこ》びを表明《ひょうめい》したのであった。

「まさに此《これ》こそは一切諸仏《いっさいしょブツ》が(それを以《も》って衆生《しゅじょう》に)貪欲《とんよく》の真実義《しんじつぎ》を覚《さと》らしむるところのものである。

（この諸《しょ》）法《ほう》の（さらに）上《じょう》（位《い》）に置《お》かれたる法《ほう》が、まさにこの我《わ》が手《て》に与えられたり。」（94）

【⑽ 金剛利菩薩《こんごうりボサツ》】　そこで世尊《せそん》（毘盧遮那《ビルシャナ》）は次《つぎ》に文殊師利大菩薩《モンジュシリだいボサツ》の三昧耶《サマヤ》より出現《しゅつげん》した法加持金剛《ほうかじこんごう》と名《な》づける三昧《サンマイ》に入《はい》って、此《こ》の〈一切如来《いっさいにょらい》の大般若智《だいハンニャち》の三昧耶《サマヤ》〉という名《な》の一切如来《いっさいにょらい》の心呪《フリダヤ》をば自《みずか》らの心蔵《フリダヤ》より出《い》だした。

「金　剛　利《ヴァジュラティークシュナ》よ。」（95）

こ（の心呪《フリダヤ》）が出現《しゅつげん》したとみるや、それに呼応《こおう》してかの尊《とうと》き持金剛《じこんごう》は諸《もろもろ》の般若《ハンニャ》の剣《つるぎ》となって一切《いっさい》の如来《にょらい》たちの心蔵《フリダヤ》より出現《しゅつげん》し、世尊《せそん》・毘盧遮那《ビルシャナ》の心蔵《フリダヤ》に入《はい》り、一《ひと》つにかたまって金剛剣《こんごうけん》の形《かたち》となって（、再《ふたた》びそこから出《い》でて）世尊《せそん》の手《て》の上《うえ》に安立《あんりゅう》した。（96）

ついでその金剛剣《こんごうけん》より一切世界《いっさいせかい》の極微塵《ごくみじん》に等《ひと》しき（数《かず》の）如来《にょらい》の身《しん》が出現《しゅつげん》して、一切如来《いっさいにょらい》の般若《ハンニャ》の智慧等《ちえとう》の一切諸仏《いっさいしょブツ》の神通力《じんづうりき》の神変《じんぺん》を現《げん》じ（た。ついでそれら如来《にょらい》たちは）金剛薩埵《こんごうサッタ》の三昧《サンマイ》がきわめて妙吉祥《マンジュシュリヤ》であることからして、また（それが）きわめて堅固《けんご》であることからして、凝《こ》って一《ひと》かたまりの文殊師利大菩薩《マンジュシュリーだいボサツ》の身《しん》となって世尊毘盧遮那《せそんビルシャナ》の心蔵《フリダヤ》に住《じゅう》して、次《つぎ》の如《ごと》き頌《ウダーナ》をもってその内心《ないしん》の喜《よろこ》びを表明《ひょうめい》したのであった。

「ああ、実《げ》に我《われ》は一切諸仏《いっさいしょブツ》の妙音《みょうおん》であると思念《しねん》される。

なぜなら、般若《ハンニャ》は形姿《すがた》なきものなるが故《ゆえ》に、音《おん》として知覚《ちかく》されるからである。」(97)


そこでその文殊師利大菩薩《モンジュシリだいボサツ》の身《しん》は世尊《せそん》の心蔵《フリダヤ》より出《い》でて一切《いっさい》の如来《にょらい》たちの（うちの西《さい》方《ほう》・世自在王如来《せじざいおうにょらい》の）右方《うほう》の月輪《がちりん》に依止《えじ》して、あらためて教誡《きょうかい》を請求《せいきゅう》した。(98)


そこで世尊《せそん》は一切如来《いっさいにょらい》の般若智金剛《ハンニャちこんごう》と名《な》づける三昧《サンマイ》に入《はい》り、一切《いっさい》の如来《にょらい》たちの（衆生《しゅじょう》の）煩悩《ぼんのう》を断《だん》ずる三昧耶《サマヤ》を、すなわち、無余一切《むよいっさい》の衆生界《しゅじょうかい》の一切《いっさい》の苦《く》を断除《だんじょ》し、一切《いっさい》の安楽《あんらく》と満足《まんぞく》とを領受《りょうじゅ》せしめんがため、乃至《ないし》、（衆生《しゅじょう》をして）一切如来《いっさいにょらい》の音声《おんじょう》に随行《ずいこう》する般《ハン》若《ニャ》を完全《かんぜん》に満足《まんぞく》せしむるという最上《さいじょう》の悉地《シツジ》（を得《え》しめんがため）の故《ゆえ》に、その金剛剣《こんごうけん》を、かの文殊師利大菩薩《モンジュシリだいボサツ》に対《たい》して（前《まえ》の場合《ばあい》と）同様《どうよう》にその両手《りょうて》に授《さず》けた。すると一切《いっさい》の如来《にょらい》たちは、

「（汝《なんじ》は）金剛慧《こんごうえ》である、金剛慧《こんごうえ》である。」

と（言《い》ってかれ文殊師利菩薩《モンジュシリボサツ》に）金剛名灌頂《こんごうみょうかんじょう》を授《さず》けた。(99)


そこで金剛慧菩薩摩訶薩《こんごうえボサツマカサツ》は、その金剛剣《こんごうけん》をもって一切《いっさい》の如来《にょらい》たちを撃《う》ちつつ、次《つぎ》の如《ご》き頌《ウダーナ》をもってその内心《ないしん》の喜《よろこ》びを表明《ひょうめい》したのであった。

「まさに此《これ》こそは一切諸仏《いっさいしょブツ》の般若波羅蜜《ハンニャハラミツ》の理趣《りしゅ》である。

一切《いっさい》の怨敵《おんてき》を断除《だんじょ》するもの、一切《いっさい》の悪《あく》の最勝《さいしょう》なる破壊者《はかいしゃ》である。」(100)

【(11) 金剛因菩薩《こんごういんボサツ》】そこで世尊《せそん》(毘盧遮那《ビルシャナ》)は次《つぎ》に纔発心転法輪大菩薩《さいほっしんてんぽうりんだいボサツ》の三昧耶《サマヤ》より出現《しゅつげん》した法加持金剛《ほうかじこんごう》と名《な》づける三昧《サンマイ》に入《はい》って、此《こ》の〈一切如来《いっさいにょらい》の輪《りん》の三昧耶《サマヤ》〉という名《な》の一切如来《いっさいにょらい》の心呪《フリダヤ》をば自《みずか》らの心蔵《フリダヤ》より出《い》だした。

「金剛因《ヴァジュラヘートゥ》よ。」(101)

こ(の心呪《フリダヤ》)が出現《しゅつげん》したとみるや、それに呼応《こおう》してかの尊《とうと》き持金剛《じこんごう》は金剛界大曼荼羅等《こんごうかいだいマンダラとう》の一切如来《いっさいにょらい》の諸《もろもろ》の曼荼羅《マンダラ》となって一切《いっさい》の如来《にょらい》たちの心蔵《フリダヤ》より出現《しゅつげん》し、世尊《せそん》・毘盧遮那《ビルシャナ》の心蔵《フリダヤ》に入《はい》って、一《ひと》つにかたまって金剛輪《こんごうりん》の形《かたち》となり、(再《ふたた》びそこから出《い》でて)世尊《せそん》の手《て》の上《うえ》に安立《あんりゅう》した。(102)

ついでその金剛輪《こんごうりん》より一切世界《いっさいせかい》の極微塵《ごくみじん》に等《ひと》しき(数《かず》の)如来《にょらい》の身《しん》が出現《しゅつげん》して、纔《わず》かに発心《ほっしん》するやただちに法輪《ほうりん》を転《てん》ずる等《など》の一切諸仏《いっさいしょブツ》の神通力《じんづうりき》の神変《じんべん》を現《げん》じ(た。ついでそれら如来《にょらい》たちは)金剛薩埵《こんごうサッタ》の三昧《サンマイ》が纔《わず》かに発心《ほっしん》するやただちに法輪《ほうりん》を転《てん》ずることからして、また(それが)きわめて堅固《けんご》であることからして、凝《こ》って一《ひと》つになり、纔発心転法輪大菩薩《さいほっしんてんぽうりんだいボサツ》の身《しん》となって世尊毘盧遮那《せそんビルシャナ》の心蔵《フリダヤ》に住《じゅう》して、次《つぎ》の如《ごと》き頌《ウダーナ》をもって内心《ないしん》の喜《よろこ》びを表明《ひょうめい》したのであった。

「ああ、我《われ》は諸《もろもろ》の金剛最上法《こんごうさいじょうほう》を有《ゆう》するものたちの金剛《こんごう》よりなる輪《りん》である。

なぜなら法輪《ほうりん》は発心《ほっしん》するやただちに転《てん》ずるからである。」(103)

そこでその纔発心転法輪大菩薩《さいほっしんてんぼうりんだいボサツ》の身《しん》は世尊《せそん》の心蔵《フリダヤ》より出《い》でて一切《いっさい》の如来《にょらい》たちの（うちの西方《さいほう》・世自在王如来《せじざいおうにょらい》の）左方《さほう》の月輪《がちりん》に依止《えじ》し、あらためて教誡《きょうかい》を請求《せいきゅう》した。(104)

そこで世尊《せそん》は一切如来輪金剛《いっさいにょらいりんこんごう》と名《な》づける三昧《サンマイ》に入《はい》り、一切《いっさい》の如来《にょらい》たちの大曼荼羅《だいマンダラ》（という）三昧耶《サマヤ》を、すなわち無余一切《むよいっさい》の衆生界《しゅじょうかい》に入《はい》る（ための）不退転《ふたいてん》の（法《ほう》）輪《りん》（を得《え》しめ、）一切《いっさい》の安楽《あんらく》と満足《まんぞく》とを領受《りょうじゅ》せしめ、乃至《ないし》、一切如来《いっさいにょらい》の正法輪《しょうぼうりん》を転《てん》ずるという最上《さいじょう》の悉地《シッジ》（を得《え》しめんがため）の故《ゆえ》に、その金剛輪《こんごうりん》を、かの纔発心転法輪大菩薩《さいほっしんてんぼうりんだいボサツ》に対《たい》して（前《まえ》の場合《ばあい》と）同様《どうよう》にその両手《りょうて》に授《さず》けた。すると一切《いっさい》の如来《にょらい》たちは、

「（汝《なんじ》は）金剛場《ヴァジュラマンダ》である、金剛場《ヴァジュラマンダ》である。」

と（言《い》ってかれ纔発心転法輪菩薩《さいほっしんてんぼうりんボサツ》に）金剛名灌頂《こんごうみょうかんじょう》を授《さず》けた。(105)

そこで金剛場菩薩摩訶薩《こんごうじょうボサツマカサツ》は、その金剛輪《こんごうりん》をもって一切《いっさい》の如来《にょらい》たちを不退転《ふたいてん》の境位《きょうい》に安立《あんりゅう》せしめつつ、次《つぎ》の如《ごと》き頌《ウダーナ》をもって内心《ないしん》の喜《よろこ》びを表明《ひょうめい》した。

「此《これ》こそは一切諸仏《いっさいしょブツ》が一切諸法《いっさいしょほう》を清浄《しょうじょう》ならしむるところのものである。

（この）不退転《ふたいてん》なる輪《りん》こそは菩提道場《ボダイどうじょう》（に他《ほか》ならない）と思念《しねん》される。」（106）

【⑫金剛語菩薩《こんごうごボサツ》】そこで世尊《せそん》（毘盧遮那《ビルシャナ》）は次《つぎ》に無言大菩薩《むごんだいボサツ》の三昧耶《サマヤ》より出現《しゅつげん》した法《ほう》加持《かじ》金剛《こんごう》と名《な》づける三昧《サンマイ》に入《はい》って、此《こ》の〈一切如来《いっさいにょらい》の念誦《ねんじゅ》の三昧耶《サマヤ》〉と名《な》づける一切如来《いっさいにょらい》の心呪《フリダヤ》を自《みずか》らの心蔵《フリダヤ》より出《い》だした。

「金剛語《ヴァジュラブハーシャ》よ。」（107）

こ（の心呪《フリダヤ》）が出現《しゅつげん》したとみるや、それに呼応《こおう》してかの尊《とうと》き金剛手《こんごうしゅ》は一切如来《いっさいにょらい》の法《ほう》の字《じ》となって一切《いっさい》の如来《にょらい》たちの心蔵《フリダヤ》より出現《しゅつげん》して、世尊《せそん》、毘盧遮那《ビルシャナ》の心蔵《フリダヤ》に入《はい》り、一《ひと》つにかたまって金剛念誦《こんごうねんじゅ》の形《かたち》となって（、再《ふたた》びそこから出《い》でて）世尊《せそん》の手《て》の上《うえ》に安立《あんりゅう》した。（108）

ついでその金剛念誦《こんごうねんじゅ》より一切世界《いっさいせかい》の極微塵《ごくみじん》に等《ひと》しき（数《かず》の）如来《にょらい》の身《しん》が出現《しゅつげん》して、一切《いっさい》如来《にょらい》の法性等《ほっしょうとう》の一切諸仏《いっさいしょブツ》の神通力《じんづうりき》の神変《じんぺん》を現《げん》じ（た。ついでそれら如来《にょらい》たちは）金剛薩《こんごうサッ》埵《タ》の三昧《サンマイ》がきわめて無言《むごん》であることからして、また（それが）きわめて堅固《けんご》であることからして、一《ひと》かたまりに凝《こ》って無言大菩薩《むごんだいボサツ》の身《しん》となって世尊《せそん》・毘盧遮那《ビルシャナ》の心蔵《フリダヤ》に住《じゅう》して、次《つぎ》の如《ごと》き頌《ウダーナ》をもってその内心《ないしん》の喜《よろこ》びを表明《ひょうめい》したのであった。

「ああ、我《われ》は諸《もろもろ》の自生者《じしょうしゃ》たちの秘密語《ひみつご》なりと思念《しねん》される。

なぜならそれらは語言《ことば》による戯論《けろん》を離《はな》れて正法《しょうぼう》を教示《きょうじ》するからである。」(109)

そこでその無言大菩薩《むごんだいボサツ》の身《しん》は世尊《せそん》の心蔵《フリダヤ》より出《い》でて一切《いっさい》の如来《にょらい》たちの（うちの西方《さいほう》・世《せ》自在王如来《じざいおうにょらい》の）後方《こうほう》の月輪《がちりん》に依止《えじ》して、あらためて教誡《きょうかい》を請求《せいきゅう》した。(110)


そこで世尊《せそん》は一切如来《いっさいにょらい》の語金剛《ごこんごう》と名《な》づける三昧《サンマイ》に入《はい》り、一切《いっさい》の如来《にょらい》たちの語言《ことば》の智慧《ちえ》の三昧耶《サマヤ》を、すなわち、無余一切《むよいっさい》の衆生界《しゅじょうかい》の（衆生《しゅじょう》をして）語言《ことば》の悉地《シツジ》（を得《え》しめ）、一切《いっさい》の安楽《あんらく》と満足《まんぞく》とを領受《りょうじゅ》せしめんがため、乃至《ないし》、一切如来《いっさいにょらい》の語言《ことば》の秘密《ひみつ》（の意味《いみ》）に通達《つうだつ》するという最上《さいじょう》の悉地《シツジ》（を得《え》しめんがため）の故《ゆえ》に、その金剛念誦《こんごうねんじゅ》を、かの無言大菩薩《むごんだいボサツ》に対《たい》して（前《まえ》の場合《ばあい》と）同様《どうよう》にその両手《りょうて》に授《さず》けた。すると一切《いっさい》の如来《にょらい》たちは、

「（汝《なんじ》は）金剛語《こんごうご》である、金剛語《こんごうご》である。」

と（言《い》ってかれ無言菩薩《むごんボサツ》に）金剛名灌頂《こんごうみょうかんじょう》を授《さず》けた。(111)


そこで金剛語菩薩摩訶薩《こんごうごボサツマカサツ》は、その金剛念誦《こんごうねんじゅ》をもって一切《いっさい》の如来《にょらい》たちを論談《ろんだん》せしめつつ、次《つぎ》の如《ごと》き頌《ウダーナ》をもってその内心《ないしん》の喜《よろこ》びを表明《ひょうめい》したのであった。

「まさに此《これ》こそは一切諸仏《いっさいしょブツ》の金剛念誦《こんごうねんじゅ》が発音《はっとん》されたのである。

（そは）一切《いっさい》の如来《にょらい》たちの諸真言《しょしんごん》を速疾《そくしつ》に成就《じょうじゅ》せしめる。」(112)

（西方《さいほう》・世自在王如来《せじざいおうにょらい》の四親近《ししんごん》であるところの）金剛法性智《こんごうほっしょうち》（たる金剛法菩薩《こんごうほうボサツ》）、一切如来般若智《いっさいにょらいハンニャち》（たる金剛利菩薩《こんごうりボサツ》）、大転法輪智《だいてんぼうりんち》（たる金剛因菩薩《こんごういんボサツ》）、そして、廻一切如来語言戯論智《えいっさいにょらいごごんけろんち》（たる金剛語菩薩《こんごうごボサツ》）、以上《いじょう》は一切如来《いっさいにょらい》の大智慧《だいちえ》の薩埵《サッタ》である。（**113**）

【⒀ **金剛業菩薩《こんごうごうボサツ》**】そこで世尊《せそん》（毘盧遮那《ビルシャナ》）は次《つぎ》に一切如来毘首羯磨大菩薩《いっさいにょらいヴィシュヴァカルマンだいボサツ》の三昧耶《サマヤ》より出現《しゅつげん》した羯磨加持金剛《カツマかじこんごう》と名《な》づける三昧《サンマイ》に入《はい》って、この〈一切如来《いっさいにょらい》の羯磨《カツマ》の三昧耶《サマヤ》〉という名《な》の一切如来《いっさいにょらい》の心呪《フリダヤ》を自《みずか》らの心蔵《フリダヤ》より出《い》だした。

「金剛業《ヴァジュラカルマン》よ。」（**114**）

こ（の心呪《フリダヤ》）が出現《しゅつげん》したとみるや、それに呼応《こおう》して、金剛薩埵《こんごうサッタ》の三昧《サンマイ》が一切業《いっさいごう》の平等性《びょうどうしょう》の智慧《ちえ》によく通達《つうだつ》していることからして、かの尊《とうと》き持金剛《じこんごう》は一切如来《いっさいにょらい》の業《カルマン》の光明《こうみょう》となって一切《いっさい》の如来《にょらい》たちの心蔵《フリダヤ》から出現《しゅつげん》した。そしてそれら一切如来《いっさいにょらい》の業《カルマン》の光明《こうみょう》によって一切諸《いっさいもろもろ》の世界《せかい》は輝《かがや》かされ、一切如来《いっさいにょらい》の業《カルマン》の界《かい》(24)と本質《ほんしつ》を等《ひと》しくするものとなった。（ついで）その一切如来《いっさいにょらい》の業《カルマン》の界《かい》の全体《ぜんたい》は世尊毘盧遮那《せそんビルシャナ》の心蔵《フリダヤ》に入《はい》って、一切虚空界《いっさいこくうかい》が集合《しゅうごう》したほどの量《りょう》ある（それ）は羯磨金剛《カツマこんごう》の形《かたち》をとってそこから（すなわち）、一切如来《いっさいにょらい》の業《カルマン》の界《かい》から出《い》でて、世尊《せそん》の手《て》の上《うえ》に安立《あんりゅう》した。（**115**）

ついでその羯磨《カツマ》金剛《こんごう》より一切《いっさい》世界《せかい》の極微塵《ごくみじん》に等《ひと》しき（数《かず》の）如来《にょらい》の身《しん》が出現《しゅつげん》して、一切《いっさい》諸《もろもろ》の世界《せかい》において一切如来《いっさいにょらい》の業《カルマン》等《とう》の一切諸仏《いっさいしょブツ》の神通力《じんづうりき》の神変《じんぺん》を現《げん》じ（た。ついでそれら如来《にょらい》たちは）金剛薩埵《こんごうサッタ》の三昧《サンマイ》が一切如来《いっさいにょらい》の無辺際《むへんざい》の業《カルマン》であることからして、また（それが）きわめて堅固《けんご》であることからして、凝《こ》って一《ひと》つになり、一切如来毘首羯磨大菩薩《いっさいにょらいヴィシュヴァカルマンだいボサツ》の身《しん》となって世尊毘盧遮那《せそんビルシャナ》の心蔵《フリダヤ》に住《じゅう》して、次《つぎ》の如《ごと》き頌《ウダーナ》をもって内心《ないしん》の喜《よろこ》びを表明《ひょうめい》したのであった。

「ああ、実《げ》に我《われ》は諸仏《しょブツ》の不空《ふくう》なる、多《おお》くの業《カルマン》の一切《すべて》である。
なぜなら仏《ブツ》の目的《もくてき》は任運《おのずから》に（実現《じつげん》するかに見《み》えるが、それ）は（この）金剛業《ヴァジュラカルマン》が活動《かつどう》しているからなのである。」（116）

ついでその一切如来毘首羯磨大菩薩《いっさいにょらいヴィシュヴァカルマンだいボサツ》の身《しん》は世尊《せそん》・毘盧遮那《ビルシャナ》の心蔵《フリダヤ》より出《い》でて一切《いっさい》の如来《にょらい》たちの（うちの北方《ほっぽう》・不空成就如来《ふくうじょうじゅにょらい》の）前方《ぜんぽう》の月輪《がちりん》に依止《えじ》し、あらためて教誡《きょうかい》を請求《せいきゅう》した。（117）

そこで世尊《せそん》は一切如来不空金剛《いっさいにょらいふくうこんごう》と名《な》づける三昧《サンマイ》に入《はい》り、一切《いっさい》の如来《にょらい》たちの供養《くよう》の活動《かつどう》を行《ぎょう》ずること等《など》の無量《むりょう》にして不空《ふくう》なる一切《いっさい》の業《カルマン》の広大儀軌《こうだいぎき》という三昧耶《サマヤ》を、すなわち、無余一切《むよいっさい》の衆生界《しゅじょうかい》の（衆生《しゅじょう》をして）一切《いっさい》の業《カルマン》の悉地《シツジ》（を得《え》しめ）、一切《いっさい》の安楽《あんらく》と満足《まんぞく》とを領受《りょうじゅ》せしめんがため、乃至《ないし》、一切如来《いっさいにょらい》の金剛業性《こんごうごっしょう》の智慧《ちえ》と神通《じんづう》という最上《さいじょう》の悉地《シツジ》の果《か》（を得《え》しめんがため）の故《ゆえ》に、その羯磨金剛《カツマこんごう》を、かの一切如来金剛羯磨大菩薩《いっさいにょらいヴァジュラカルマンだいボサツ》に対《たい》して、（それは彼《かれ》に、やがて）一切業転輪王《サルヴァカルマンてんりんおう》の位《くらい》（に即《つ》くべき）一切如来金剛灌頂《いっさいにょらいこんごうかんじょう》を授《さず》け（たことに他《ほか》ならないのであるが）、その両手《りょうて》に授《さず》けた。すると一切《いっさい》の如来《にょらい》たちは、

「（汝《なんじ》は）金剛毘首《ヴァジュラヴィシュヴァ》である、金剛毘首《ヴァジュラヴィシュヴァ》である。」

と（言《い》ってかれ一切如来毘首羯磨菩薩《いっさいにょらいヴィシュヴァカルマンボサツ》に）金剛名灌頂《こんごうみょうかんじょう》を授《さず》けた。（**118**）

そこで金剛毘首菩薩摩訶薩《ヴァジュラヴィシュヴァボサツマカサツ》は、その（羯磨《カツマ》）金剛《こんごう》を自《みずか》らの心蔵《フリダヤ》（のところ）に安《あん》じて一切《いっさい》の如来《にょらい》たちを（毘首《ヴィシュヴァ》）羯磨《カルマン》(25)たらしめつつ、次《つぎ》の如《ごと》き頌《ウダーナ》をもって内心《ないしん》の喜《よろこ》びを表明《ひょうめい》したのであった。

「まさに此《これ》こそは一切諸仏《いっさいしょブツ》を毘首羯磨《ヴィシュヴァカルマン》たらしめる最勝《さいしょう》のものである。毘首《ヴィシュヴァ》（羯磨《カルマン》）たらしめる（この）羯磨《カツマ》が、まさにこの我《わ》が手《て》に与《あた》えられたり。」（**119**）

【⑭ 金剛護菩薩《こんごうごボサツ》】 そこで世尊《せそん》（毘盧遮那《ビルシャナ》）は次《つぎ》に難敵精進大菩薩《なんてきしょうじんだいボサツ》の三昧耶《サマヤ》より出現《しゅつげん》した羯磨加持金剛《カツマかじこんごう》と名《な》づける三昧《サンマイ》に入《はい》って、此《こ》の〈一切如来《いっさいにょらい》の防護《ぼうご》の三昧耶《サマヤ》〉と名《な》づける一切如来《いっさいにょらい》の心呪《フリダヤ》を自《みずか》らの心蔵《フリダヤ》より出《い》だした。

「金剛護《ヴァジュララクシャ》よ。」(120)

こ（の心呪《フリダヤ》）が出現《しゅつげん》すると、それに呼応《こおう》してかの尊《とうと》き金剛手《こんごうしゅ》は諸《もろもろ》の堅固《けんご》な鎧《よろい》となって一切《いっさい》の如来《にょらい》たちの心蔵《フリダヤ》より出現《しゅつげん》し、世尊《せそん》・毘盧遮那《ビルシャナ》の心蔵《フリダヤ》に入《はい》って、一《ひと》つにかたまって大《だい》金剛鎧《こんごうがい》の形《かたち》となり、（再《ふたた》びそこから出《い》でて）世尊《せそん》の手《て》の上《うえ》に安立《あんりゅう》した。(121)

ついでその金剛鎧《こんごうがい》より一切《いっさい》世界《せかい》の極微塵《ごくみじん》に等《ひと》しき（数《かず》の）如来《にょらい》の身《しん》が出現《しゅつげん》して、一切如《いっさいにょ》来《らい》の防護《ぼうご》の広大《こうだい》儀軌《ぎき》の業《カルマン》等《とう》の一切《いっさい》諸仏《しょブツ》の神通力《じんづうりき》の神変《じんべん》を現《げん》じ（た。ついでそれら如来《にょらい》たちは）金剛薩埵《こんごうサッタ》の三昧《サンマイ》が難敵精進《なんてきしょうじん》であることからして、そして（それが）きわめて堅固《けんご》であることからして、凝《こ》って一《ひと》つになり、難敵精進大菩薩《なんてきしょうじんだいボサツ》の身《しん》となって世尊《せそん》・毘盧遮那《ビルシャナ》の心蔵《フリダヤ》に住《じゅう》して、次《つぎ》の如《ごと》き頌《ウダーナ》をもって内心《なんしん》の喜《よろこ》びを表明《ひょうめい》したのであった。

「ああ、我《われ》はその心《こころ》が堅固《けんご》な人々《ひとびと》の精進《しょうじん》というきわめて堅固《けんご》なる鎧《よろい》である。

なぜなら（我《われ》が体現《たいげん》する一切如来《いっさいにょらい》の精進《しょうじん》は）姿《すがた》なきものたちに金剛身《こんごうしん》を齎《もたら》すところの最《さい》勝《しょう》のものであるからである。」(122)

ついでその難敵精進大菩薩《なんてきしょうじんだいボサツ》の身《しん》は世尊《せそん》の心蔵《フリダヤ》より出《い》でて一切《いっさい》の如来《にょらい》たちの（うちの北《ほっ》方《ぽう》・不空成就如来《ふくうじょうじゅにょらい》の）右方《うほう》の月輪《がちりん》に依止《えじ》し、あらためて教誡《きょうかい》を請求《せいきゅう》したのであった。(123)

そこで世尊《せそん》は一切如来堅固金剛《いっさいにょらいけんごこんごう》と名《な》づける三昧《サンマイ》に入《はい》り、一切如来《いっさいにょらい》の精進波羅蜜《しょうじんハラミツ》の三昧耶《サマヤ》

（たる金剛鎧《こんごうがい》を、すなわち）無余《むよ》一切《いっさい》の衆生界《しゅじょうかい》（の一切衆生《いっさいしゅじょう》）を遍《あまね》く救護《くご》し、一切《いっさい》の安楽《あんらく》と満足《まんぞく》とを領受《りょうじゅ》せしめ、乃至《ないし》、一切如来《いっさいにょらい》の金剛身《こんごうしん》の獲得《かくとく》という最上《さいじょう》の悉地《シッジ》（を得《え》しめんがため）の故《ゆえ》に、その金剛鎧《こんごうがい》を、かの難敵精進大菩薩《なんてきしょうじんだいボサツ》に対《たい》してその両手《りょうて》に授《さず》けた。すると一切《いっさい》の如来《にょらい》たちは、

「（汝《なんじ》は）金剛友《こんごうゆう》である、金剛友《こんごうゆう》である。」

と（言《い》ってかれ難敵精進菩薩《なんてきしょうじんボサツ》に）金剛名灌頂《こんごうみょうかんじょう》を授《さず》けた。（**124**）

そこで金剛友菩薩摩訶薩《こんごうゆうボサツマカサツ》は、その金剛鎧《こんごうがい》をもって一切《いっさい》の如来《にょらい》たちを披甲《ひこう》せしめつつ、次《つぎ》の如《ごと》き頌《ウダーナ》をもって内心《ないしん》の喜《よろこ》びを表明《ひょうめい》したのであった。

「まさに此《これ》こそは、一切諸仏《いっさいしょブツ》の最上《さいじょう》なる慈悲《じひ》の鎧《よろい》である。
（なぜなら）堅固《けんご》なる精進《しょうじん》という大《おお》いなる防護《ぼうご》は、大《おお》いなる友《とも》であると言《い》われる（からである）。」（**125**）

【⒂金剛牙菩薩《こんごうげボサツ》】 そこで世尊《せそん》（毘盧遮那《ビルシャナ》）は次《つぎ》に摧一切魔大菩薩《さいいっさいマだいボサツ》の三昧耶《サマヤ》より出現《しゅつげん》した羯磨加持金剛《カツマかじこんごう》という名《な》の三昧《サンマイ》に入《はい》って、此《こ》の〈一切如来《いっさいにょらい》の方便《ほうべん》の三昧耶《サマヤ》〉という名《な》の一《いっ》切如来《さいにょらい》の心呪《フリダヤ》をば自《みずか》らの心蔵《フリダヤ》より出《い》だした。

「金剛薬叉《ヴァジュラヤクシャ》よ。」（**126**）

こ（の心呪《フリダヤ》）が出現《しゅつげん》したとみるや、それに呼応《こおう》してかの尊《とうと》き持金剛《じこんごう》は諸《もろもろ》の大《おお》いなる牙《きば》の器仗《きじょう》となって一切《いっさい》の如来《にょらい》たちの心蔵《フリダヤ》より出現《しゅつげん》し、世尊《せそん》・毘盧遮那《ビルシャナ》の心蔵《フリダヤ》に入《はい》り、一《ひと》つにかたまって金剛牙《こんごうげ》の形《かたち》となって（、再《ふたた》びそこから出《い》でて）世尊《せそん》の手《て》の上《うえ》に安立《あんりゅう》した。（**127**）

ついでその金剛牙《こんごうげ》より一切世界《いっさいせかい》の極微塵《ごくみじん》に等《ひと》しき（数《かず》の）如来《にょらい》の身《しん》が出現《しゅつげん》して、一切如来《いっさいにょらい》の猛悪《みょうあく》の調伏等《ぢょうぶくとう》の一切諸仏《いっさいしょブツ》の神通力《じんづうりき》の神変《じんぺん》を現《げん》じ（た。ついでそれら如来《にょらい》たちは）金剛薩埵《こんごうサッタ》の三昧《サンマイ》が一切《いっさい》の魔碍《マげ》をよく摧破《さいは》するものであることからして、そして（それが）きわめて堅固《けんご》であることからして、凝《こ》って一《ひと》かたまりの摧一切魔大菩薩《さいいっさいマだいボサツ》の身《しん》となって世尊毘盧遮那《せそんビルシャナ》の心蔵《フリダヤ》に住《じゅう》して、次《つぎ》の如《ごと》き頌《ウダーナ》をもってその内心《ないしん》の喜《よろこ》びを表明《ひょうめい》したのであった。

「ああ、我《われ》こそは悲愍《ひみん》をその本性《ほんしょう》とする諸仏《しょブツ》の大方便《だいほうべん》である。

なぜなら、（諸仏《しょブツ》は本来《ほんらい》）寂静《じゃくじょう》なりと雖《いえど》も衆生利益《しゅじょうりやく》のためならば暴悪《ぼうあく》の形《かたち》をもとりたまうからである。」（**128**）

ついでその摧一切魔大菩薩《さいいっさいマだいボサツ》の身《しん》は世尊《せそん》の心蔵《フリダヤ》より出《い》でて一切《いっさい》の如来《にょらい》たちの（うちの北方《ほっぽう》・不空成就如来《ふくうじょうじゅにょらい》の）左方《さほう》の月輪《がちりん》に依止《えじ》して、あらためて教誡《きょうかい》を請求《せいきゅう》した。（**129**）

そこで世尊《せそん》は一切如来《いっさいにょらい》の猛悪金剛《みょうあくこんごう》という名《な》の三昧《サンマイ》に入《はい》り、一切《いっさい》の如来《にょらい》たちの悪《あ》しきものを調伏《ちょうぶく》する三昧耶《サマヤ》（たる金剛牙《こんごうげ》を、すなわち）、無余《むよ》一切《いっさい》の衆生界《しゅじょうかい》に無畏《むい》（を施《ほどこ》し、）一切《いっさい》の安楽《あんらく》と満足《まんぞく》とを領受《りょうじゅ》せしめんがため、乃至《ないし》、一切如来《いっさいにょらい》の大方便《だいほうべん》の智慧《ちえ》と（その）神通《じんづう》を獲得《かくとく》するという最上《さいじょう》の悉地《シツジ》の果《か》（を得《え》しめんがため）の故《ゆえ》に、その金剛牙《こんごうげ》の器仗《きじょう》を、かの摧一切魔大菩薩《さいいっさいマだいボサツ》に対《たい》して（前《まえ》の場合《ばあい》と）同様《どうよう》にその両手《りょうて》に授《さず》けた。すると一切《いっさい》の如来《にょらい》たちは、

「（汝《なんじ》は）金剛暴悪《こんごうぼうあく》である、金剛暴悪《こんごうぼうあく》である。」

と（言《い》ってかれ摧一切魔菩薩《さいいっさいマボサツ》に）金剛名灌頂《こんごうみょうかんじょう》を授《さず》けた。（130）

そこで金剛暴悪菩薩摩訶薩《こんごうぼうあくボサツマカサツ》は、その金剛牙《こんごうげ》の器仗《きじょう》を自《みずか》らの口《くち》に擬《ぎ》して一切《いっさい》の如来《にょらい》たちを恐怖《くふ》せしめつつ、次《つぎ》の如《ごと》き頌《ウダーナ》をもって内心《ないしん》の喜《よろこ》びを表明《ひょうめい》したのであった。

「此《これ》こそは一切諸仏《いっさいしょブツ》がすべての悪《あ》しきものを調伏《ちょうぶく》したまう最上《さいじょう》のものである。

（なぜなら、この）鋭利《えいり》なる金剛牙《こんごうげ》の器仗《きじょう》こそは（彼《かれ》ら）悲愍《ひみん》をその本性《ほんしょう》とするものたちの方便《ほうべん》であるからである。」（131）

【⒃金剛拳菩薩《こんごうけんボサツ》】　そこで世尊《せそん》（毘盧遮那《ビルシャナ》）は、次《つぎ》に一切如来拳大菩薩《いっさいにょらいけんだいボサツ》の三昧耶《サマヤ》より出現《しゅつげん》した羯磨加持金剛《カツマかじこんごう》という名《な》の三昧《サンマイ》に入《はい》って、此《こ》の〈一切如来《いっさいにょらい》の身語心金剛縛《しんごしんこんごうばく》の三昧耶《サマヤ》〉

という名《な》の一切如来《いっさいにょらい》の心呪《フリダヤ》を自《みずか》らの心蔵《フリダヤ》より出《い》だした。

「金剛結《ヴァジュラサンディ》よ。」(132)

こ(の心呪《フリダヤ》)が出現《しゅつげん》したとみるや、それに呼応《こおう》してかの尊《とうと》き持金剛《じこんごう》は一切如来《いっさいにょらい》の一切印《いっさいいん》の結《けつ》となって一切《いっさい》の如来《にょらい》たちの心蔵《フリダヤ》より出現《しゅつげん》して、世尊《せそん》・毘盧遮那《ビルシャナ》の心蔵《フリダナ》に入《はい》り、一《ひと》つにかたまって金剛縛《こんごうばく》の形《かたち》となって(、再《ふたた》びそこから出《い》でて)世尊《せそん》の手《て》の上《うえ》に安立《あんりゅう》した。(133)

ついでその金剛縛《こんごうばく》より一切世界《いっさいせかい》の極微塵《ごくみじん》に等《ひと》しき(数《かず》の)如来《にょらい》の身《しん》が出現《しゅつげん》して、一切《いっさい》諸《もろもろ》の世界《せかい》において一切如来《いっさいにょらい》の印契智等《いんげいちとう》の一切諸仏《いっさいしょブツ》の神通力《じんづうりき》の神変《じんぺん》を現《げん》じ(た。ついでそれら如来《にょらい》たちは)金剛薩埵《こんごうサッタ》の三昧《サンマイ》が一切如来《いっさいにょらい》の拳《けん》としてよく結《むす》ばれていることからして、また(それが)きわめて堅固《けんご》であることからして、一《ひと》かたまりに凝《こ》って、一切如来拳大菩薩《いっさいにょらいけんだいボサツ》の身《しん》となって世尊毘盧遮那《せそんビルシャナ》の心蔵《フリダヤ》に住《じゅう》して、次《つぎ》の如《ごと》き頌《ウダーナ》を以《も》ってその内心《ないしん》の喜《よろこ》びを表明《ひょうめい》したのであった。

「ああ、我《われ》こそは心《こころ》が堅固《けんご》なる人々《ひとびと》の三昧耶《サマヤ》たるきわめて堅固《けんご》なる縛《ばく》である。
なぜなら、(そは、衆生《しゅじょう》の)一切《いっさい》の意楽《いぎょう》を完全《かんぜん》に実現《じつげん》せしめるためには、すでに解脱《げだつ》した人々《ひとびと》をすら縛《ばく》するからである。」(134)

ついで一切如来拳大菩薩《いっさいにょらいけんだいボサツ》の身《しん》は世尊《せそん》の心蔵《フリダヤ》より出《い》でて一切《いっさい》の如来《にょらい》たちの(うちの北方《ほっぽう》・

不空成就如来《ふくうじょうじゅにょらい》の）後方《こうほう》の月輪《がちりん》に依止《えじ》して、あらためて教誡《きょうかい》を請求《せいきゅう》した。（135）

そこで世尊《せそん》は一切如来《いっさいにょらい》の三昧耶《サマヤ》金剛《こんごう》という名《な》の三昧《サンマイ》に入《はい》り、一切如来《いっさいにょらい》の印契《いんげい》を結《むす》ぶ三昧耶《サマヤ》（たる金剛縛《こんごうばく》を、すなわち）、無余《むよ》一切《いっさい》の衆生界《しゅじょうかい》（の一切衆生《いっさいしゅじょう》をしてその）一切《いっさい》の如来《にょらい》たちと天衆《てんしゅ》とに会遇《えぐう》しようという意図《いと》を成就《じょうじゅ》せしめ、一切《いっさい》の安楽《あんらく》と満足《まんぞく》とを領受《りょうじゅ》せしめんがため、乃至《ないし》、一切如来《いっさいにょらい》の一切智智《いっさいちち》の印契《いんげい》の増上位《ぞうじょうい》（に到達《とうたつ》するという）最上《さいじょう》の悉地《シッジ》の果《か》（を得《え》しめんがため）の故《ゆえ》に、その金剛縛《こんごうばく》を、かの一切如来拳大菩薩《いっさいにょらいけんだいボサツ》に対《たい》して（前《まえ》の場《ば》合《あい》と）同様《どうよう》にその両手《りょうて》に授《さず》けた。すると一切《いっさい》の如来《にょらい》たちは、

「（汝《なんじ》は）金剛拳《こんごうけん》である、金剛拳《こんごうけん》である。」

と（言《い》ってかれ一切如来拳大菩薩《いっさいにょらいけんだいボサツ》に）金剛名灌頂《こんごうみょうかんじょう》を授《さず》けた。（136）

そこで金剛拳菩薩摩訶薩《こんごうけんボサツマカサツ》は、その金剛縛《こんごうばく》をもって一切《いっさい》の如来《にょらい》たちを縛《ばく》しつつ、次《つぎ》の如《ごと》き頌《ウダーナ》をもって内心《ないしん》の喜《よろこ》びを表明《ひょうめい》したのであった。

「此《これ》こそは一切諸仏《いっさいしょブツ》の大《おお》いにして堅固《けんご》なる拳《けん》の縛《ばく》である。
なぜなら、一切諸仏《いっさいしょブツ》の速疾《そくしつ》の悉地《シッジ》のためにこの越過《おっか》し難《がた》き三昧耶《サマヤ》があるからである。」

（137）

（北方《ほっぽう》・不空成就如来《ふくうじょうじゅにょらい》の四親近《ししんごん》であるところの）一切如来《いっさいにょらい》の供養《くよう》の広大儀軌《こうだいぎき》の業《カルマン》（たる金剛業菩薩《こんごうごうボサツ》）、大精進《だいしょうじん》の堅固《けんご》の鎧《よろい》（たる金剛護菩薩《こんごうごボサツ》）、一切如来《いっさいにょらい》の大方便《だいほうべん》（たる金剛牙菩薩《こんごうげボサツ》）、そして、一切印契智《いっさいいんげいち》（たる金剛拳菩薩《こんごうけんボサツ》）、以上《いじょう》は一切如来《いっさいにょらい》の大羯磨《だいカツマ》の薩埵《サッタ》である。**(138)**

2 四波羅蜜《シハラミツ》の出生《しゅっしょう》

【(1) 金剛波羅蜜《こんごうハラミツ》】 そこで（四方四如来《しほうしにょらい》のうち、中尊《ちゅうそん》・毘盧遮那《ビルシャナ》の前方《ぜんぽう》に居《こ》する東方《とうぼう》・）阿閦如来《アシュクにょらい》は、世尊《せそん》・毘盧遮那《ビルシャナ》（をしてそ）の〈一切如来《いっさいにょらい》〉（として具有《ぐゆう》すべき）智慧《ちえ》を具足《ぐそく》せしめ、（それらの）一切如来智《いっさいにょらいち》に印《いん》を押《お》す(26)ために、金剛波羅蜜《こんごうハラミツ》より出現《しゅつげん》した金剛加持《こんごうかじ》という名《な》の三昧《サンマイ》に入《はい》って、此《こ》の、〈一切如来《いっさいにょらい》の金剛《こんごう》の三昧耶女《サマヤにょ》〉という名《な》の一切如来印契女《いっさいにょらいいんげいにょ》(27)（の心呪《フリダヤ》）をば、自《みずか》らの心蔵《フリダヤ》より出《い》だした。

「薩埵金剛女《サットヴァヴァジュリー》よ。」**(139)**

（阿閦如来《アシュクにょらい》の心蔵《フリダヤ》より）こ（の印契女《いんげいにょ》の心呪《フリダヤ》）が出現《しゅつげん》したとみるや、それに呼応《こおう》して一切《いっさい》の如来《にょらい》たちの心蔵《フリダヤ》より、諸《もろもろ》の金剛光明《こんごうこうみょう》が放《はな》たれた。そしてそれらの金剛光明《こんごうこうみょう》より、かの尊《とうと》き持金剛《じこんごう》は一切世界《いっさいせかい》の極微塵《ごくみじん》に等《ひと》しき（数《かず》の）如来《にょらい》の身《しん》となって（出現《しゅつげん》して、世尊《せそん》・

毘盧遮那《ビルシャナ》のそれら）一切如来智《いっさいにょらいち》に金剛波羅蜜《こんごうハラミツ》の印《いん》を押《お》して、(28)再《ふたた》び一《ひと》つにかたまって一切世《いっさいせ》界《かい》を合《がっ》した（ほどに広大《こうだい》な）量《りょう》の大金剛《だいこんごう》（杵《しょ》）の形《かたち》をとって出現《しゅつげん》して、世尊《せそん》・毘盧遮那《ビルシャナ》の前方《ぜんぽう》において月輪《がちりん》に依止《えじ》し、次《つぎ》の如《ごと》き頌《ウダーナ》をもってその内心《ないしん》の喜《よろこ》びを表明《ひょうめい》したのであった。

(140)

「ああ、実《げ》に我《われ》は堅固《けんご》なるもの、一切諸仏《いっさいしょブツ》の薩埵金剛《サットヴァヴァジュラ》である。(29)
なぜなら、（我《われ》が体現《たいげん》する一切諸仏《いっさいしょブツ》の実在性《じつざいせい》は）(30)堅固《けんご》であるが故《ゆえ》に（本来《ほんらい》）身体《しんたい》なきものであるにもかかわらず（我《われ》は）金剛身《こんごうしん》を有《ゆう》するものとして顕現《けんげん》したからである。」

(141)

【(2) 金剛宝波羅蜜《こんごうほうハラミツ》】 つぎに（中尊《ちゅうそん》・毘盧遮那《ビルシャナ》の右方《うほう》に居《こ》する）世尊《せそん》・宝生如来《ほうしょうにょらい》は、世尊《せそん》・毘盧遮那如来《ビルシャナにょらい》の一切如来智《いっさいにょらいち》に（自《みずか》らの）印《いん》を押《お》すために、宝波羅蜜《ほうハラミツ》の三昧耶《サマヤ》より出現《しゅつげん》した金剛加持《こんごうかじ》という名《な》の三昧《サンマイ》に入《はい》って、此《こ》の、〈金剛宝三昧耶女《こんごうほうサマヤにょ》〉という名《な》の自《みずか》らの示契《いんげい》女《にょ》をば、自《みずか》らの心蔵《フリダヤ》より出《い》だした。

「宝金剛女《ラトナヴァジュリー》よ。」(142)

（宝生如来《ほうしょうにょらい》の心蔵《フリダヤ》より）こ（の印契女《いんげいにょ》）が出現《しゅつげん》したとみるや、それに呼応《こおう》して一切《いっさい》の如《にょ》来《らい》たちの心蔵《フリダヤ》より諸《もろもろ》の宝光明《ほうこうみょう》が放《はな》たれた。（そして）それらの宝光明《ほうこうみょう》より、かの尊《とうと》き持《じ》金剛《こんごう》は一切世界《いっさいせかい》の極微塵《ごくみじん》に等《ひと》しき（数《かず》の）如来《にょらい》の身《しん》となって（出現《しゅつげん》して、世尊《せそん》・毘盧遮那《ビルシャナ》のそれら）一切如来智《いっさいにょらいち》に（金剛宝波羅蜜《こんごうほうハラミツ》の）印《いん》を押《お》して、再《ふたた》び一《ひと》つにかたまって一切世界《いっさいせかい》を合《がっ》した（ほどに広大《こうだい》な）量《りょう》の大金剛宝《だいこんごうほう》の形《かたち》をとって出現《しゅつげん》して、世尊《せそん》・毘盧遮那《ビルシャナ》の右側《みぎがわ》の月輪《がちりん》に依止《えじ》して、次《つぎ》の如《ごと》き頌《ウダーナ》をもって内心《ないしん》の喜《よろこ》びを表明《ひょうめい》したのであった。（**143**）

「ああ、実《げ》に我《われ》は一切諸仏《いっさいしょブツ》の宝金剛《ほうこんごう》であると思念《しねん》される。
なぜなら、一切《いっさい》の印契女《いんげいにょ》たちの灌頂《かんじょう》の理趣《りしゅ》は堅固《けんご》であるからである。」（**144**）

【(3) 金剛法波羅蜜《こんごうほうハラミツ》】 つぎに（中尊《ちゅうそん》・毘盧遮那《ビルシャナ》の後方《こうほう》に居《こ》する）世尊《せそん》・世自在王如来《せじざいおうにょらい》は、世尊《せそん》・毘盧遮那如来《ビルシャナにょらい》の一切如来智《いっさいにょらいち》に（自《みずか》らの）印《いん》を押《お》すために、法波羅蜜《ほうハラミツ》の三昧耶《サマヤ》より出《しゅつ》現《げん》した金剛加持《こんごうかじ》という名《な》の三昧《サンマイ》に入《はい》って、此《こ》の、〈法三昧耶女《ほうサマヤにょ》〉という名《な》の自《みずか》らの印契女《いんげいにょ》をば、自《みずか》らの心蔵《フリダヤ》より出《い》だした。

「法金剛女《ダルマヴァジュリー》よ。」（**145**）

（世自在王如来《せじざいおうにょらい》の心蔵《フリダヤ》より）こ（の印契女《いんげいにょ》）が出現《しゅつげん》したとみるや、それに呼応《こおう》して一切《いっさい》の如来《にょらい》たちの心蔵《フリダヤ》より、諸《もろもろ》の蓮華光明《れんげこうみょう》が放《はな》たれた。（そして）それらの蓮華光明《れんげこうみょう》より、かの尊《とうと》き持金剛《じこんごう》は一切世界《いっさいせかい》の極微塵《ごくみじん》に等《ひと》しき（数《かず》の）如来《にょらい》の身《しん》となって（出現《しゅつげん》して、世尊《せそん》・毘盧遮那《ビルシャナ》のそれら）一切如来智《いっさいにょらいち》に（金剛法波羅蜜《こんごうほうハラミツ》の）印《いん》を押《お》して、再《ふたた》び一《ひと》つにかたまって一切世界《いっさいせかい》を合《がっ》した（ほどに広大《こうだい》な）量《りょう》の大金剛蓮華《だいこんごうれんげ》の形《かたち》をとって出現《しゅつげん》して、世尊《せそん》・毘盧遮那《ビルシャナ》の後方《こうほう》において月輪《がちりん》に依止《えじ》して、次《つぎ》の如《ごと》き頌《ウダーナ》をもってその内心《ないしん》の喜《よろこ》びを表明《ひょうめい》したのであった。（**146**）

「ああ、実《げ》に我《われ》は一切諸仏《いっさいしょブツ》の清浄《しょうじょう》なる法金剛《ほうこんごう》である。

なぜなら、まさに（一切諸仏《いっさいしょブツ》の）自性《じしょう》が清浄《しょうじょう》であることによって貪欲《とんよく》すらも極無垢《ごくむく》であるからである。」（**147**）

【(4) 金剛羯磨波羅蜜《こんごうカツマハラミツ》】 次《つぎ》に（中尊《ちゅうそん》・毘盧遮那《ビルシャナ》の左方《さほう》に居《こ》する）世尊《せそん》・不空成就如来《ふくうじょうじゅにょらい》は、世尊《せそん》・毘盧遮那如来《ビルシャナにょらい》の一切如来智《いっさいにょらいち》に（自《みずか》らの）印《いん》を押《お》すために、一切羯磨波羅蜜《いっさいカツマハラミツ》の三昧耶《サマヤ》より出現《しゅつげん》した金剛加持《こんごうかじ》という名《な》の三昧《サンマイ》に入《はい》って、此《こ》の、〈一切如来羯磨三昧耶女《いっさいにょらいカツマサマヤにょ》〉という名《な》の自《みずか》らの印契女《いんげいにょ》を、自《みずか》らの心蔵《フリダヤ》より出《い》だした。

「羯磨金剛女《カルマヴァジュリー》よ。」（**148**）

（不空成就如来《ふくうじょうじゅにょらい》の心蔵《フリダヤ》より）こ（の印契女《いんげいにょ》）が出現《しゅつげん》したとみるや、それに呼応《こおう》して一切《いっさい》の如来《にょらい》たちの心蔵《フリダヤ》より、諸《もろもろ》の一切《いっさい》羯磨《カツマ》光明《こうみょう》が放《はな》たれた。そしてそれらの一切《いっさい》如来《にょらい》羯磨《カツマ》光《こう》明《みょう》より、かの尊《とうと》き持金剛《じこんごう》は一切《いっさい》世界《せかい》の極微塵《ごくみじん》に等《ひと》しき（数《かず》の）如来《にょらい》の身《しん》となって（出現《しゅつげん》して、世尊《せそん》・毘盧遮那《ビルシャナ》のそれら）一切《いっさい》如来智《にょらいち》に（金剛羯磨波羅蜜《こんごうカツマハラミツ》の）印《いん》を押《お》して、再《ふたた》び一《ひと》つにかたまって一切《いっさい》世界《せかい》を合《がっ》した（ほどに広大《こうだい》な）量《りょう》の、一切《いっさい》の方角《ほうがく》に（その尖先《さき》を）向《む》けた大羯磨金剛《だいカツマこんごう》の形《かたち》をとって出現《しゅつげん》して、世尊《せそん》・毘盧遮那《ビルシャナ》の左《ひだり》の側《がわ》において月輪《がちりん》に依止《えじ》して、次《つぎ》の如《ごと》き頌《ウダーナ》をもってその内心《ないしん》の喜《よろこ》びを表明《ひょうめい》したのであった。（149）

「ああ、実《げ》に我《われ》は一切諸仏《いっさいしょブツ》の多《た》なる羯磨金剛《カツマこんごう》である。
なぜなら（我《われ》は）一《ひと》つでありつつ無余《むよ》の衆生界《しゅじょうかい》のためによき業《カルマン》を作《な》すからである。」
（150）

一切如来智三昧耶女《いっさいにょらいちサマヤにょ》、大灌頂女《だいかんじょうにょ》、金剛法性女《こんごうほっしょうにょ》、そして一切供養女《いっさいくようにょ》、（これらは）一切《いっさい》如来《にょらい》の大波羅蜜女《だいハラミツにょ》たちである。（151）

3 八供養菩薩《はっくようボサツ》の出生《しゅっしょう》

（内《ない》の四供養《しくよう》）

【(1) 金剛嬉《こんごうき》】 次《つぎ》に世尊《せそん》・毘盧遮那《ビルシャナ》は再《ふたた》び一切如来《いっさいにょらい》を歓喜《かんぎ》せしめることによって供養《くよう》す

る三昧耶《サマヤ》より出現《しゅつげん》した金剛《こんごう》という名《な》の三昧《サンマイ》に入《はい》って、此《こ》の、一切如来《いっさいにょらい》の族《ぞく》の大天女《だいてんにょ》（の心呪《フリダヤ》）をば、自《みずか》らの心蔵《フリダヤ》より出《い》だした。

「金剛嬉戯女《ヴァジュララースヤー》よ。」（**152**）

（毘盧遮那《ビルシャナ》の心蔵《フリダヤ》より）こ（の印契《いんげい》）(31)が出現《しゅつげん》したとみるや、それに呼応《こおう》して一切《いっさい》の如来《にょらい》たちの心蔵《フリダヤ》より、諸《もろもろ》の金剛印契女《こんごういんげいにょ》が出現《しゅつげん》した。（そしてさらに）それら金剛印契女《こんごういんげいにょ》の口《くち》より、かの尊《とうと》き持金剛《じこんごう》は一切世界《いっさいせかい》の極微塵《ごくみじん》に等《ひと》しき（数《かず》の）如来身《にょらいしん》となって（出現《しゅつげん》した。そしてそれらは）再《ふたた》び一《ひと》つにかたまって、（かの）大天女《だいてんにょ》、その器量《きりょう》(32)において（まことに）金剛薩埵《こんごうサッタ》に似合《にあ》いであり、多様《たよう》な色《いろ》かたちの標徴《ひょうちょう》と威儀路《いぎろ》あり、あらゆる荘厳《しょうごん》によって厳飾《ごんしょく》され、一切如来《いっさいにょらい》の族《ぞく》(33)の統合《とうごう》（の新《あら》たな原理《げんり》(34)）となったる（金剛嬉戯女《ヴァジュララースヤー》）は、金剛薩埵《こんごうサッタ》の愛人《あいじん》(35)となって出現《しゅつげん》して、世尊《せそん》・阿閦《アシュク》（如来《にょらい》）の曼荼羅《マンダラ》の左側《ひだりがわ》(36)において月輪《がちりん》に依止《えじ》し、次《つぎ》の如《ごと》き頌《ウダーナ》をもってその内心《ないしん》の喜《よろこ》びを表明《ひょうめい》したのであった。（**153**）

「ああ、諸《もろもろ》の自生《スヴァヤムブー》なる者たちを供養《くよう》することにかけて我《われ》に等《ひと》しきものはない。なぜなら、（我《われ》がかくなす如《ごと》くに）愛欲《カーマ》の歓《よろこ》びをもって供養《くよう》することがあってこそ、一切《いっさい》の供養《くよう》（の行為《こうい》）が存在《そんざい》し得《う》るからである。」（**154**）

【(2) 金剛鬘《こんごうマン》】ついで世尊《せそん》(毘盧遮那《ビルシャナ》)は再《ふたた》びまた一切如来《いっさいにょらい》を宝鬘《ほうマン》をもって灌頂《かんじょう》しようという三昧耶《サマヤ》より出現《しゅつげん》した金剛《こんごう》という名《な》の三昧《サンマイ》に入《はい》って、此《こ》の、一切如来《いっさいにょらい》の族《ぞく》の大天女《だいてんにょ》(の心呪《フリダヤ》)を、自《みずか》らの心蔵《フリダヤ》より出《い》だした。

「金剛鬘女《ヴァジュラマーラー》よ。」(155)

(毘盧遮那《ビルシャナ》の心蔵《フリダヤ》より)こ(の心呪《フリダヤ》)が出現《しゅつげん》したとみるや、それに呼応《こおう》して一切《いっさい》の如来《にょらい》たちの心蔵《フリダヤ》より、諸《もろもろ》の大《おお》いなる宝《たから》の印契女《いんげいにょ》が出現《しゅつげん》した。(そしてさらに)それら大宝印《だいほういん》契女《げいにょ》より、かの尊《とうと》き持金剛《じこんごう》は一切世界《いっさいせかい》の極微塵《ごくみじん》に等《ひと》しき(数《かず》の)如来《にょらい》の身《しん》となって(出《しゅつ》現《げん》した。そしてそれらは)再《ふたた》び一《ひと》つにかたまって、金剛鬘大天女《こんごうマンだいてんにょ》の姿《すがた》をとって(前《まえ》の金剛嬉戯女《ヴァジュララースヤー》の場合《ばあい》と)全《まった》く同様《どうよう》に出現《しゅつげん》して、世尊《せそん》・宝生如来《ほうしょうにょらい》の曼荼羅《マンダラ》の左側《ひだりがわ》において満《まん》月輪《がちりん》に依止《えじ》して、次《つぎ》の如《ごと》き頌《ウダーナ》をもってその内心《ないしん》の喜《よろこ》びを表明《ひょうめい》したのであった。(156)

「ああ、実《げ》に、宝供養女《ほうくようにょ》と称《しょう》される我《われ》こそは無等《むとう》である。
なぜなら、(我《われ》によって)供養《くよう》されたものたちは(自《みずか》ら)三界《さんがい》における最高《さいこう》の王権《おうけん》を(有《ゆう》すと)宣言《せんげん》することができるからである。」(157)

【(3) 金剛歌《こんごうか》】ついで世尊《せそん》(毘盧遮那《ビルシャナ》)は再《ふたた》びまた一切如来《いっさいにょらい》を歌詠《かえい》をもって(供養《くよう》しよ

うという）三昧耶《サマヤ》より出現《しゅつげん》した金剛《こんごう》という名《な》の三昧《サンマイ》に入《はい》って、此《こ》の、一切如来《いっさいにょらい》の族《ぞく》の大天《だいてん》女《にょ》（の心呪《フリダヤ》）を、自《みずか》らの心蔵《フリダヤ》より出《い》だした。

「金剛歌女《ヴァジュラギーター》よ。」(158)

（毘盧遮那《ビルシャナ》の心蔵《フリダヤ》より）こ（の心呪《フリダヤ》）が出現《しゅつげん》したとみるや、それに呼応《こおう》して一切《いっさい》の如来《にょらい》たちの心蔵《フリダヤ》より、諸《もろもろ》の一切如来法印契女《いっさいにょらいほういんげいにょ》が出現《しゅつげん》した。そしてさらにそれら一切如来法印《いっさいにょらいほういん》契女《げいにょ》より、かの尊《とうと》き持金剛《じこんごう》は一切世界《いっさいせかい》の極微塵《ごくみじん》に等《ひと》しき（数《かず》の）如来《にょらい》の身《しん》となって（出現《しゅつげん》した。そしてそれらは）再《ふたた》び一《ひと》つにかたまって金剛歌大天女《こんごうかだいてんにょ》になり、世尊《せそん》・世自在王《せじざいおう》（如《にょ》来《らい》）の曼荼羅《マンダラ》の左《ひだり》の側《がわ》において月輪《がちりん》に依止《えじ》して、次《つぎ》の如《ごと》き頌《ウダーナ》をもってその内心《ないしん》の喜《よろこ》びを表明《ひょうめい》した。(159)

「ああ、実《げ》に我《われ》は諸《もろもろ》の一切見者《いっさいけんじゃ》たちに対《たい》する歌詠《かえい》をもってする供養《くよう》である。
なぜなら（歌詠《かえい》は、それらが）こだまに譬《たと》うべきものであるにもかかわらず、（その）供養《くよう》によって（彼《かれ》らを）喜《よろこ》ばしめるからである。」(160)

【(4) 金剛舞《こんごうぶ》】さらに世尊《せそん》（毘盧遮那《ビルシャナ》）は再《ふたた》びまた一切如来《いっさいにょらい》を舞踊《ぶよう》をもって供養《くよう》しようという三昧耶《サマヤ》より出現《しゅつげん》した金剛《こんごう》という名《な》の三昧《サンマイ》に入《はい》って、此《こ》の、一切如来《いっさいにょらい》の族《ぞく》の大天女《だいてんにょ》

(の心呪《フリダヤ》)を、自《みずか》らの心蔵《フリダヤ》より出《い》だした。

「金剛舞女《ヴァジュラヌリトヤー》よ。」(161)

(毘盧遮那《ビルシャナ》の心蔵《フリダヤ》より)こ(の心呪《フリダヤ》)が出現《しゅつげん》したとみるや、それに呼応《こおう》して一切《いっさい》の如来《にょらい》たちの心蔵《フリダヤ》より、諸《もろもろ》の一切如来《いっさいにょらい》に対《たい》する舞《まい》による供養《くよう》の広大儀軌《こうだいぎき》(印契女《いんげいにょ》)が出現《しゅつげん》した。そしてさらにそれら一切如来一切舞供養広大儀軌《いっさいにょらいいっさいぶくようこうだいぎき》(印契女《いんげいにょ》)より、かの尊《とうと》き持金剛《じこんごう》は一切《いっさい》世界《せかい》の極微塵《ごくみじん》に等《ひと》しき(数《かず》の)如来《にょらい》の身《しん》となって(出現《しゅつげん》した。そしてそれらは)再《ふたた》び一《ひと》つにかたまって金剛舞大天女《こんごうぶだいてんにょ》となり、世尊《せそん》・不空成就如来《ふくうじょうじゅにょらい》の曼荼羅《マンダラ》の左側《ひだりがわ》において満月輪《まんがちりん》に依止《えじ》して、次《つぎ》の如《ごと》き頌《ウダーナ》をもってその内心《ないしん》の喜《よろこ》びを表明《ひょうめい》したのであった。(162)

「ああ、実《げ》に我《われ》は一切《いっさい》の供養《くよう》をもって利益《りやく》を作《な》さんとする者《もの》たちにとっての広大《こうだい》の供養《くよう》である。

なぜなら、金剛舞《こんごうぶ》の儀軌《ぎき》によって仏《ブツ》に対《たい》する供養《くよう》が作《な》されるからである。」(163)

一切如来《いっさいにょらい》の無上《むじょう》の安楽《あんらく》と満足《まんぞく》の三昧耶女《サマヤにょ》(たる金剛嬉女《こんごうきにょ》)、一切如来《いっさいにょらい》の鬘《マン》(の三昧耶女《サマヤにょ》たる金剛鬘女《こんごうマンにょ》)、一切如来《いっさいにょらい》の偈頌《げじゅ》(の三昧耶女《サマヤにょ》たる金剛歌女《こんごうかにょ》)、そして、一切如来《いっさいにょらい》に対《たい》して無上《むじょう》の供養業《くようごう》を作《な》す(ことの三昧耶女《サマヤにょ》たる金剛舞女《こんごうぶにょ》)、以上《いじょう》は一切如来《いっさいにょらい》に対《たい》する秘密供養《ひみつくよう》

女《にょ》たちである。（**164**）

（外《げ》の四供養《しくよう》）

【(1) 金剛香女《こんごうこうにょ》】 次《つぎ》に、再《ふた》びまた（東方《とうぼう》の）世尊《せそん》・阿閦如来《アシュクにょらい》は、世尊《せそん》・毘盧遮那《ビルシャナ》の（内《ない》の四供養女《しくようにょ》をもってする）供養《くよう》に対《たい》して供養《くよう》を返《かえ》すために、一切如来《いっさいにょらい》を〝歓《よろこ》ばしめる女《おんな》〟(37)（をもって供養《くよう》しようという）三昧耶《サマヤ》より出現《しゅつげん》した金剛《こんごう》という名《な》の三昧《サンマイ》に入《はい》って、此《こ》の、一切如来《いっさいにょらい》の婬女《いんにょ》(38)（の心呪《フリダヤ》）をば、自《みずか》らの心蔵《フリダヤ》より出《い》だした。

「金剛焼香女《ヴァジュラドゥーパー》よ。」（**165**）

（阿閦如来《アシュクにょらい》の心蔵《フリダヤ》より）こ（の心呪《フリダヤ》）が出現《しゅつげん》したとみるや、それに呼応《こおう》して一切《いっさい》の如来《にょらい》たちの心蔵《フリダヤ》より、かの尊《とうと》き持金剛《じこんごう》は一切金剛界《いっさいこんごうかい》に遍満《へんまん》する多《おお》くの種類《しゅるい》の焼香《しょうこう》による供養雲《くよううん》の荘厳《しょうごん》となって出現《しゅつげん》した。そしてさらにそれら雲《くも》や海《うみ》の如《ごと》くに広大《こうだい》の焼香《しょうこう》による供養《くよう》より、一切世界《いっさいせかい》の微塵《みじん》に等《ひと》しき（数《かず》の）如来《にょらい》の身《しん》が出現《しゅつげん》し（た。そしてそれらは）再《ふた》びまた一《ひと》つにかたまって金剛焼香天女《こんごうしょうこうてんにょ》の身《しん》になり、世尊《せそん》（毘盧遮那《ビルシャナ》）の金剛摩尼宝頂楼閣《こんごうマニほうちょうろうかく》の（阿閦《アシュク》如来《にょらい》の曼荼羅《マンダラ》の）左側《ひだりがわ》の隅《すみ》において月輪《がちりん》に依止《えじ》して、次《つぎ》の如《ごと》き頌《ウダーナ》をもってその内心《ないしん》の喜《よろこ》びを表明《ひょうめい》したのであった。（**166**）

「ああ、実《げ》に我《われ》は大供養女《だいくようにょ》、（一切如来《いっさいにょらい》を）歓《よろこ》ばせる善《よ》き女《おんな》である。
なぜなら、衆生《しゅじょう》を魅惑《みわく》する仕方《しかた》によってこそ、速疾《そくしつ》に菩提《ボダイ》が獲得《かくとく》されるからである。」
（**167**）

【(2) 金剛華女《こんごうけにょ》】 つづいて（南方《なんぽう》の）世尊《せそん》・宝生如来《ほうしょうにょらい》は、世尊《せそん》・毘盧遮那《ビルシャナ》の供養《くよう》に対《たい》して供養《くよう》を返《かえ》すために、（一切如来《いっさいにょらい》を）宝荘厳《ほうしょうごん》をもって供養《くよう》しようという三昧耶《サマヤ》より出現《しゅつげん》した金剛《こんごう》という名《な》の三昧《サンマイ》に入《はい》って、此《こ》の、一切如来《いっさいにょらい》の護門女《ごもんにょ》（の心呪《フリダヤ》）をば、自《みずか》らの心蔵《フリダヤ》より出《い》だした。
「金剛華女《ヴァジュラプシュパー》よ。」（**168**）
（宝生如来《ほうしょうにょらい》の心蔵《フリダヤ》より）こ（の心呪《フリダヤ》）が出現《しゅつげん》したとみるや、それに呼応《こおう》して一切《いっさい》の如来《にょらい》たちの心蔵《フリダヤ》より、かの尊《とうと》き持金剛《じこんごう》は一切虚空界《いっさいこくうかい》に遍満《へんまん》する一切《いっさい》（種《しゅ》の）華《はな》による供養《くよう》の荘厳《しょうごん》となって出現《しゅつげん》した。そしてさらにそれら一切華供養荘厳《いっさいけくようしょうごん》より、一切世界《いっさいせかい》の極微塵《ごくみじん》に等《ひと》しき（数《かず》の）如来《にょらい》の身《しん》が出現《しゅつげん》し（た。そしてそれらは）再《ふた》びまた一《ひと》つにかたまって金剛華《こんごうけ》天女《てんにょ》の身《しん》になり、世尊《せそん》（毘盧遮那《ビルシャナ》）の金剛摩尼宝頂楼閣《こんごうマニほうちょうろうかく》の（宝生如来《ほうしょうにょらい》の曼荼羅《マンダラ》の）左側《ひだりがわ》の隅《すみ》において月輪《がちりん》に依止《えじ》して、次《つぎ》の如《ごと》き頌《ウダーナ》をもってその内心《ないしん》の喜《よろこ》びを表明《ひょうめい》したのであっ

た。(169)

「ああ、実《げ》に我《われ》は華《け》供養女《くようにょ》、一切《いっさい》の荘厳《しょうごん》を作《な》す女《おんな》である。なぜなら、（我《われ》が）供養《くよう》するからこそ、速疾《そくしつ》に如来《にょらい》の宝性《ほうしょう》が獲得《かくとく》されるからである。」(170)

【(3) 金剛燈女《こんごうとうにょ》】 つづいて（西方《さいほう》の）世尊《せそん》・世自在王如来《せじざいおうにょらい》は、世尊《せそん》・毘盧遮那《ビルシャナ》の供養《くよう》に対《たい》して供養《くよう》を返《かえ》すために、一切如来《いっさいにょらい》を燈明《とうみょう》をもって供養《くよう》せんとする三昧耶《サマヤ》より出現《しゅつげん》した金《こん》剛《ごう》という名《な》の三昧《サンマイ》に入《はい》って、此《こ》の、一切如来《いっさいにょらい》の女使者《おんなししゃ》(39)（の心呪《フリダヤ》）をば、自《みずか》らの心蔵《フリダヤ》より出《い》だした。

「金剛燈明女《ヴァジュラアーローカー》よ。」(171)

（世自在王如来《せじざいおうにょらい》の心蔵《フリダヤ》より）こ（の心呪《フリダヤ》）が出現《しゅつげん》したとみるや、それに呼応《こおう》して一切《いっさい》の如来《にょらい》たちの心蔵《フリダヤ》より、かの尊《とうと》き持金剛《じこんごう》は全法界《ぜんほっかい》に遍満《へんまん》する諸《もろもろ》の一切《いっさい》の燈明《とうみょう》による供養《くよう》の荘厳《しょうごん》となって出現《しゅつげん》した。そしてさらにそれら一切燈明供養荘厳《いっさいとうみょうくようしょうごん》より、一切世界《いっさいせかい》の極微塵《ごくみじん》に等《ひと》しき（数《かず》の）如来《にょらい》の身《しん》が出現《しゅつげん》し（た。そしてそれらは）再《ふたた》びまた一《ひと》つにかたまって金《こん》剛燈明天女《ごうとうみょうてんにょ》の身《しん》になり、世尊《せそん》（毘盧遮那《ビルシャナ》）の金剛摩尼宝頂楼閣《こんごうマニほうちょうろうかく》の（世自在王如来《せじざいおうにょらい》の曼荼《マンダ》

羅《ラ》の）左側《ひだりがわ》の隅《すみ》において月輪《がちりん》に依止《えじ》して、次《つぎ》の如《ごと》き頌《ウダーナ》をもってその内心《ないしん》の喜《よろこ》びを表明《ひょうめい》したのであった。（172）

「ああ、実《げ》に我《われ》は燈《とう》をその本性《ほんしょう》とする広大《こうだい》にして善美《ぜんび》なる供養女《くようにょ》である。

なぜなら、燈明《とうみょう》を有《ゆう》する人《ひと》(40)は速疾《そくしつ》に一切《いっさい》の仏眼《ブツげん》を得《う》るであろうからである。」（173）

【(4)金剛塗香女《こんごうずこうにょ》】つづいて（北方《ほっぽう》の）世尊《せそん》・不空成就如来《ふくうじょうじゅにょらい》は、世尊《せそん》・毘盧遮那《ビルシャナ》の供養《くよう》に対《たい》して供養《くよう》を返《かえ》すために、一切如来《いっさいにょらい》を塗香《ずこう》をもって供養《くよう》しようという三昧耶《サマヤ》より出現《しゅつげん》した金剛《こんごう》という名《な》の三昧《サンマイ》に入《はい》って、此《こ》の一切如来《いっさいにょらい》の使女《つかいめ》（の心呪《フリダヤ》）をば、自《みずか》らの心蔵《フリダヤ》より出《い》だした。

「金剛塗香女《ヴァジュラガンダー》よ。」（174）

（不空成就如来《ふくうじょうじゅにょらい》の心蔵《フリダヤ》より）こ（の心呪《フリダヤ》）が出現《しゅつげん》したとみるや、それに呼応《こおう》して一切《いっさい》の如来《にょらい》たちの心蔵《フリダヤ》より、かの尊《とうと》き持金剛《じこんごう》は一切世界《いっさいせかい》に遍満《へんまん》する諸《もろもろ》の一切《いっさい》の塗香《ずこう》による供養《くよう》の荘厳《しょうごん》となって出現《しゅつげん》した。そしてさらにそれらの塗香供養荘厳《ずこうくようしょうごん》より、一切世界《いっさいせかい》の極微塵《ごくみじん》に等《ひと》しき（数《かず》の）如来《にょらい》の身《しん》が出現《しゅつげん》し（た。そしてそれらは）再《ふたた》びまた一《ひと》つにかたまって金剛塗香天女《こんごうずこうてんにょ》の身《しん》になり、世尊《せそん》（毘盧遮那《ビルシャナ》）の金剛摩尼宝頂楼閣《こんごうマニほうちょうろうかく》の（不空成就如来《ふくうじょうじゅにょらい》の曼荼《マンダ》

羅《ラ》の）左側《ひだりがわ》の隅《すみ》において月輪《がちりん》に依止《えじ》して、次《つぎ》の如《ごと》き頌《ウダーナ》をもってその内心《ないしん》の喜《よろこ》びを表明《ひょうめい》したのであった。(175)

「ああ、我《われ》こそは塗香《ずこう》をその本性《ほんしょう》とする供養女《くようにょ》、天妙《てんみょう》にして適意《てきい》なる女《おんな》である。なぜなら、（我《われ》は）如来《にょらい》の塗香《ずこう》を(41)一切《いっさい》（衆生《しゅじょう》の）身《しん》に与《あた》えるからである。」(176)

一切如来《いっさいにょらい》の智慧《ちえ》に没入《もつにゅう》した（金剛香女《こんごうこうにょ》）、大菩提分《だいボダイぶん》より出現《しゅつげん》した（金剛華女《こんごうけにょ》）、一切如来《いっさいにょらい》の法《ほう》の燈明《とうみょう》（たる金剛燈女《こんごうとうにょ》）、そして、（仏《ブッ》の五分法身《ごぶんほっしん》、すなわち）戒《かい》・定《じょう》・慧《え》・解脱《げだつ》・解脱知見《げだつちけん》を現見《げんけん》せしむる塗香《ずこう》（たる金剛塗香女《こんごうずこうにょ》）、以上《いじょう》は一切如来《いっさいにょらい》の命令《めいれい》を実行《じっこう》する女《おんな》たちである。(177)

4 四摂菩薩《ししょうボサツ》の出生《しゅっしょう》

【(1) 金剛鉤《こんごうこう》】次《つぎ》に、世尊《せそん》・毘盧遮那如来《ビルシャナにょらい》は一切如来《いっさいにょらい》の三昧耶《サマヤ》を鉤《かぎ》（によって召集《しょうじゅう》しようという）三昧耶《サマヤ》より出現《しゅつげん》した金剛《こんごう》という三昧《サンマイ》に入《はい》って、此《こ》の、一切如来《いっさいにょらい》の一切《いっさい》の印契女《いんげいにょ》たちの聚《ガナ》の主《パティ》（の心呪《フリダヤ》）をば、自《みず》らの心蔵《フリダヤ》より出《い》だした。

「金剛鉤《ヴァジュラアンクシャ》よ。」(178)

（世尊《せそん》・毘盧遮那《ビルシャナ》の心蔵《フリダヤ》より）こ（の心呪《フリダヤ》）が出現《しゅつげん》したとみるや、それに呼応《こおう》して一切《いっさい》

の如来《にょらい》たちの心蔵《フリダヤ》より、かの尊《とうと》き持金剛《じこんごう》は一切如来《いっさいにょらい》の一切《いっさい》の印契女《いんげいにょ》の聚《しゅう》となって出現《しゅつげん》した。さらにそれら一切如来《いっさいにょらい》の一切《いっさい》の印契女《いんげいにょ》の聚《しゅう》より、一切世界《いっさいせかい》の極微塵《ごくみじん》に等《ひと》しき（数《かず》の）如来《にょらい》の身《しん》が出現《しゅつげん》し（た。そしてそれらは）再《ふた》びまた一《ひと》つにかたまって金剛鈎大菩薩《こんごうこうだいボサツ》の身《しん》になって、世尊《せそん》（毘盧遮那《ビルシャナ》）の金剛摩尼宝頂楼閣《こんごうマニほうちょうろうかく》の（東正面《ひがししょうめん》の）金剛門《こんごうもん》の中央《ちゅうおう》において月輪《がちりん》に依止《えじ》して、一切《いっさい》の如来《にょらい》たちの三昧耶《サマヤ》をば鉤召《こうちょう》しつつ、次《つぎ》の如《ご》き頌《ウダーナ》をもってその内心《ないしん》の喜《よろこ》びを表明《ひょうめい》したのであった。（**179**）

「ああ、実《げ》に我《われ》は一切諸仏《いっさいしょブツ》の召集《しょうじゅう》、堅固《けんご》なる者《もの》である。
なぜなら、我《われ》によって召集《しょうじゅう》された者《もの》たちは一切曼荼羅《いっさいマンダラ》（たるこの金剛界大曼荼羅《こんごうかいだいマンダラ》）に帰《き》入《にゅう》するからである。」（**180**）

【(2) 金剛索《こんごうさく》】ついで世尊《せそん》（毘盧遮那《ビルシャナ》）は再《ふた》び一切如来《いっさいにょらい》の三昧耶《サマヤ》を入《い》れしめる（という）大薩埵《だいサッタ》の三昧耶《サマヤ》より出現《しゅつげん》した金剛《こんごう》という名の三昧《サンマイ》に入《はい》って、此《こ》の、一切如来《いっさいにょらい》の印契《いんげい》を(42)入《い》れしめる門番《もんばん》（の心呪《フリダヤ》）を、自《みずか》らの心蔵《フリダヤ》より出《い》だした。

「金剛索《ヴァジュラパーシャ》よ。」（**181**）

（世尊《せそん》・毘盧遮那《ビルシャナ》の心蔵《フリダヤ》より）こ（の心呪《フリダヤ》）が出現《しゅつげん》したとみるや、それに呼応《こおう》して一切《いっさい》

の如来《にょらい》たちの心蔵《フリダヤ》より、かの尊《とうと》き持金剛《じこんごう》は一切如来《いっさいにょらい》の三昧耶《サマヤ》をば入《い》れしめる印契《いんげい》の聚《しゅう》となって出現《しゅつげん》した。そしてさらにそれら一切如来《いっさいにょらい》の三昧耶《サマヤ》をば入《い》れしめる印契《いんげい》の聚《しゅう》より、一切世界《いっさいせかい》の極微塵《ごくみじん》に等《ひと》しき（数《かず》の）如来《にょらい》の身《しん》が出現《しゅつげん》し（た。そしてそれらは）再《ふた》びまた一《ひと》つにかたまって金剛索大菩薩《こんごうさくだいボサツ》の身《しん》になって、世尊《せそん》（毘盧遮那《ビルシャナ》）の金剛摩尼宝頂楼閣《こんごうマニほうちょうろうかく》の（南面《なんめん》の）宝門《ほうもん》の中央《ちゅうおう》において月輪《がちりん》に依止《えじ》して、（索《さく》をもって）一切《いっさい》の如来《にょらい》たち（の三昧耶《サマヤ》）をば入《い》れしめつつ、次《つぎ》の如《ごと》き頌《ウダーナ》をもってその内心《ないしん》の喜《よろこ》びを表明《ひょうめい》したのであった。（**182**）

「ああ、実《げ》に我《われ》は一切諸仏《いっさいしょブツ》の金剛索《こんごうさく》、堅固《けんご》なる者《もの》である。
なぜならば、一切《いっさい》の（すでに）微塵《みじん》（の如《ごと》き三昧耶《サマヤ》の状態《じょうたい》）に入《はい》った者《もの》たちすらも我《われ》によって再《ふた》び（曼荼羅《マンダラ》に）入《い》らしめられるからである。」（**183**）

【(3) 金剛鏁《こんごうさ》】 ついで世尊《せそん》（毘盧遮那《ビルシャナ》）は再《ふた》びまた一切如来《いっさいにょらい》の三昧耶《サマヤ》（を）鏁《くさり》（で縛《しば》るという）大薩埵《だいサッタ》の三昧耶《サマヤ》より出現《しゅつげん》した薩埵金剛《サッタこんごう》という名《な》の三昧《サンマイ》に入《はい》って、此《こ》の、一切如来《いっさいにょらい》の三昧耶《サマヤ》の結縛《けつばく》という名《な》の一切如来《いっさいにょらい》の使者《ししゃ》（の心呪《フリダヤ》）を、自《みずか》らの心蔵《フリダヤ》より出《い》だした。

「金剛鏁《ヴァジュラスポータ》よ。」（**184**）

（世尊《せそん》・毘盧遮那《ビルシャナ》の心蔵《フリダヤ》より）こ（の心呪《フリダヤ》）が出現《しゅつげん》したとみるや、それに呼応《こおう》して一切《いっさい》

の如来《にょらい》たちの心蔵《フリダヤ》より、かの尊《とうと》き持金剛《じこんごう》は一切如来《いっさいにょらい》の三昧耶《サマヤ》を結縛《けつばく》する印契《いんげい》の聚《しゅう》となって出現《しゅつげん》した。そしてさらにそれら一切如来《いっさいにょらい》の三昧耶《サマヤ》を結縛《けつばく》する一切印契《いっさいいんげい》の聚《しゅう》より、一切世《いっさいせ》界《かい》の極微塵《ごくみじん》に等《ひと》しき（数《かず》の）如来《にょらい》の身《しん》が出現《しゅつげん》し（た。そしてそれらは）再《ふた》びまた一《ひと》つにかたまって金剛鏁大菩薩《こんごうさだいボサツ》の身《しん》になって、世尊《せそん》（毘盧遮那《ビルシャナ》）の金剛摩尼宝頂楼閣《こんごうマニほうちょうろうかく》の（西面《さいめん》の）法門《ほうもん》の中央《ちゅうおう》において月輪《がちりん》に依止《えじ》して、一切《いっさい》の如来《にょらい》たち（の三昧耶《サマヤ》）をば結縛《けつばく》しつつ、次《つぎ》の如《ごと》き頌《ウダーナ》をもってその内心《ないしん》の喜《よろこ》びを表明《ひょうめい》したのであった。（**185**）

「ああ、実《げ》に我《われ》は一切諸仏《いっさいしょブツ》の金剛鏁《こんごうさ》、堅固《けんご》なる者《もの》である。
なぜなら（すでに）一切《いっさい》の結縛《けつばく》を解脱《げだつ》した者《もの》たちにとっても、衆生利益《しゅじょうりやく》のために結縛《けつばく》が必要《ひつよう》であるからである。」（**186**）

【(4) 金剛鈴《こんごうれい》】 ついで世尊《せそん》（毘盧遮那《ビルシャナ》）は再《ふた》びまた一切如来《いっさいにょらい》（の三昧耶《サマヤ》）を（魅《み》せられた状態《じょうたい》に）入《い》れしめる大薩埵《だいサッタ》の三昧耶《サマヤ》より出現《しゅつげん》した薩埵金剛《サッタこんごう》という名《な》の三昧《サンマイ》に入《はい》って、此《こ》の、一切如来《いっさいにょらい》の印契《いんげい》の奴隷《どれい》（の心呪《フリダヤ》）を、自《みずか》らの心蔵《フリダヤ》より出《い》だした。

「金剛入《ヴァジュラアーヴェーシャ》よ。」（**187**）

（世尊《せそん》・毘盧遮那《ビルシャナ》の心蔵《フリダヤ》より）こ（の心呪《フリダヤ》）が出現《しゅつげん》したとみるや、それに呼応《こおう》して一切《いっさい》

の如来《にょらい》たちの心蔵《フリダヤ》より、かの尊《とうと》き持金剛《じこんごう》は一切如来《いっさいにょらい》の一切《いっさい》の印契《いんげい》の聚《しゅう》となって出現《しゅつげん》した。そしてさらにそれら一切如来《いっさいにょらい》の一切《いっさい》の印契《いんげい》の聚《しゅう》より、一切世界《いっさいせかい》の極微塵《ごくみじん》に等《ひと》しき（数《かず》の）如来《にょらい》の身《しん》が出現《しゅつげん》し（た。そしてそれらは）再《ふたた》びまた一《ひと》つにかたまって金剛入《こんごうにゅう》（大菩薩《だいボサツ》）の身《しん》になって出現《しゅつげん》して、世尊《せそん》（毘盧遮那《ビルシャナ》）の金剛摩尼宝頂楼閣《こんごうマニほうちょうろうかく》の（北面《ほくめん》の）羯磨門《カツマもん》の中央《ちゅうおう》において月輪《がちりん》に依止《えじ》して、一切《いっさい》の如来《にょらい》たち（の三昧耶《サマヤ》）をば（魅《み》せられた状態《じょうたい》に）入《い》らしめつつ、次《つぎ》の如《ごと》き頌《ウダーナ》をもってその内心《ないしん》の喜《よろこ》びを表明《ひょうめい》したのであった。（188）

「ああ、実《げ》に我《われ》は一切諸仏《いっさいしょブツ》の金剛入《こんごうにゅう》、堅固《けんご》なる者《もの》である。
なぜなら、我《われ》は一切《いっさい》の（人々《ひとびと》の）主人《しゅじん》となって、しかも（同時《どうじ》に彼《かれ》らの）奴隷《どれい》でもあるからである。」（189）

一切如来《いっさいにょらい》の召集《しょうじゅう》（たる金剛鉤《こんごうこう》）、引入《いんにゅう》（たる金剛索《こんごうさく》）、縛《ばく》（たる金剛鏁《こんごうさ》）、そして、敬愛《きょうあい》(43)（金剛鈴《こんごうれい》）は、一切《いっさい》の如来《にょらい》たちの教令《きょうりょう》を実行《じっこう》する者《もの》たちである。（190）

3　一切《いっさい》如来《にょらい》の集会《しゅうえ》

そこで世尊《せそん》・毘盧遮那《ビルシャナ》は一切《いっさい》の如来《にょらい》たちの集会《しゅうえ》を加持《かじ》せんとして金剛弾指《こんごうだんじ》の仕方《しかた》で合図《あいず》をした。そして此《こ》の、一切《いっさい》の如来《にょらい》たちの集会《しゅうえ》を加持《かじ》する心呪《フリダヤ》を発音《はっとん》した。

「金剛集会《ヴァジュラサマージャ》よ。」（**191**）

するとまさにその一刹那《いっセツナ》に、〈一切如来《いっさいにょらい》〉（たる毘盧遮那《ビルシャナ》）の（その金剛《こんごう》）弾指《だんじ》の合図《あいず》によって歓発《かんぽつ》されて、（それぞれに）一切世界《いっさいせかい》に遍満《へんまん》する諸《もろもろ》の雲海《うんかい》において、一切世界《いっさいせかい》の極微塵《ごくみじん》に等《ひと》しき（数《かず》の）如来《にょらい》たちは（それぞれに自《みずか》らの）眷属《けんぞく》たる菩薩《ボサツ》の聚《マンダラ》と倶《とも》に集会《しゅうえ》（の状態《じょうたい》）に入《はい》っ（た。それから彼《かれ》らはうち揃《そろ》っ）て、金剛摩尼宝頂楼閣《こんごうマニほうちょうろうかく》に在《ま》します世尊《せそん》・毘盧遮那《ビルシャナ》の許《もと》にやってきた。（そして世尊《せそん》の御前《みまえ》に）近づいて、（それぞれに）

オーム・サルヴァタターガタパーダヴァンダナーム・カローミ

（オーム、我《われ》は〈一切如来《いっさいにょらい》〉の御足《みあし》に頂礼《ちょうらい》したてまつる）。（**192**）

という本性成就《ほんしょうじょうじゅ》(44)の真言《しんごん》を（それぞれ）意楽《いぎょう》に随《したが》って誦《じゅ》しつつ〈一切如来《いっさいにょらい》〉の御足《みあし》に頂礼《ちょうらい》して、次《つぎ》の如《ごと》き頌《ウダーナ》をもってそ（れぞれ）の内心《ないしん》の喜《よろこ》びを表明《ひょうめい》したのであった。

「ああ、普賢菩薩《ふげんボサツ》(45)に歓待《かんたい》されるということは（何《なん》と素晴《すば》らしいことであろうか）。実《げ》に、（一切《いっさい》の）如来《にょらい》たちの輪《りん》の中央《ちゅうおう》に（〈一切如来《いっさいにょらい》〉たる毘盧遮那《ビルシャナ》）如来《にょらい》は輝《かがや》きたまう。」(193)

この（頌《ウダーナ》）を発音《はっとん》してから、それら、十方一切《じっぽういっさい》の世界《せかい》から参集《さんしゅう》してきた一切《いっさい》の如来《にょらい》たちは（阿閦如来以下《アシュクにょらいいか》の）一切如来《いっさいにょらい》たちの加持《かじ》によって世尊《せそん》・毘盧遮那《ビルシャナ》の心蔵《フリダヤ》に入《はい》った。そしてさらにそれら一切《いっさい》の如来《にょらい》たちの心蔵《フリダヤ》からそれぞれに菩薩《ボサツ》の眷属衆《けんぞくしゅ》が出現《しゅつげん》して、世尊《せそん》（毘盧遮那《ビルシャナ》）の金剛摩尼宝頂楼閣《こんごうマニほうちょうろうかく》の周囲《しゅうい》をぐるりと取《と》り囲《かこ》んで曼荼羅《マンダラ》を形成《けいせい》し、（一斉《いっせい》に三昧《サンマイ》に）入《はい》って（その三昧《サンマイ》）に住《じゅう》しつつ、次《つぎ》の如《ごと》き頌《ウダーナ》をもってその内心《ないしん》の喜《よろこ》びを表明《ひょうめい》した。(194)

「ああ、実《げ》に一切諸仏《いっさいしょブツ》（の集会《しゅうえ》）は広大《こうだい》、無始《むし》（無《む》）生《しょう》である。なぜなら、一切《いっさい》（世界《せかい》の）極微塵数《ごくみじんじゅ》の諸仏《しょブツ》が（ここにこうして集会《しゅうえ》して全《ぜん》）一《いっ》なる状態《じょうたい》に到達《とうたつ》しているからである。」(195)

4 灌頂《かんじょう》作法《さほう》

1 百八名勧請《ひゃくはちみょうかんじょう》

そこでさらに尊《とうと》き一切《いっさい》の如来《にょらい》たちは、改《あらた》めて再《ふたた》び集会《しゅうえ》して、(46) この金剛界大曼荼羅《こんごうかいだいマンダラ》を加持《かじ》せんがために、そして、無余一切《むよいっさい》の衆生界《しゅじょうかい》を遍《あまね》く救済《きゅうさい》し、一切《いっさい》（衆生《しゅじょう》）を利益《りやく》し（彼《かれ》らをして）安楽《あんらく》を獲得《かくとく》せしめんがために、乃至《ないし》、〈一切如来《いっさいにょらい》との平等性《びょうどうしょう》〉の智慧《ちえ》と（その智《ち》慧《え》にもとづく）神通《じんづう》と（そして）現等覚《げんとうがく》という最上《さいじょう》の悉地《シツジ》（を獲得《かくとく》せしめんがため）の故《ゆえ》に、世尊《せそん》・一切如来主《いっさいにょらいしゅ》、自《おのずか》らなる金剛薩埵《こんごうサッタ》、(47) 無始無終《むしむしゅう》なる大持金剛《だいじこんごう》をば以下《いか》の如《ごと》き百八名《ひゃくはちみょう》をもって勧請《かんじょう》した。**(196)**

「金剛薩埵《こんごうサッタ》よ、大薩埵《だいサッタ》よ、金剛《こんごう》よ、一切如来《いっさいにょらい》よ、
普賢《ふげん》よ、金剛本初《こんごうほんじょ》よ、金剛手《こんごうしゅ》よ、御身《おんみ》に帰命《きみょう》あれ。
金剛王《こんごうおう》よ、妙覚者《みょうがくしゃ》のうちの最上《さいじょう》なる者《もの》よ、金剛鉤《こんごうこう》よ、如来《にょらい》よ、
不空王《ふくうおう》よ、金剛最上者《こんごうさいじょうしゃ》よ、金剛鉤召《こんごうこうちょう》よ、御身《おんみ》に帰命《きみょう》あれ。
金剛愛《こんごうあい》よ、大安楽《たいあんらく》よ、金剛箭《こんごうせん》よ、征服者《せいふくしゃ》よ、

大愛欲《だいあいよく》よ、大金剛《だいこんごう》よ、金剛弓《こんごうきゅう》よ、御身《おんみ》に帰命《きみょう》あれ。
金剛善哉《こんごうぜんざい》よ、善《よ》き人々《ひとびと》のうちの最上《さいじょう》なる者《もの》よ、金剛喜《こんごうき》よ、大《おお》いなる適悦《ちゃくえつ》よ、
歓喜王《かんぎおう》よ、金剛最上者《こんごうさいじょうしゃ》よ、金剛喜悦《こんごうきえつ》よ、御身《おんみ》に帰命《きみょう》あれ。（**197**）
金剛宝《こんごうほう》よ、善金剛利益《ぜんこんごうりやく》よ、金剛虚空《こんごうこくう》よ、大摩尼《だいマニ》よ、
虚空蔵《こくうぞう》よ、金剛富《こんごうふ》よ、金剛蔵《こんごうぞう》よ、御身《おんみ》に帰命《きみょう》あれ。
金剛威光《こんごういこう》よ、金剛光焔《こんごうこうえん》よ、金剛日《こんごうにち》よ、勝者《しょうじゃ》の光《ひかり》よ、
金剛光明《こんごうこうみょう》よ、大威光《だいいこう》よ、金剛光《こんごうこう》よ、御身《おんみ》に帰命《きみょう》あれ。
金剛幢《こんごうとう》よ、善衆生利益《ぜんしゅじょうりやく》よ、金剛幢幡《こんごうとうばん》よ、よく喜《よろこ》ばしむる者《もの》よ、
宝幢《ほうとう》よ、大金剛《だいこんごう》よ、金剛竿《こんごうかん》よ、御身《おんみ》に帰命《きみょう》あれ。
金剛笑《こんごうしょう》よ、大笑《だいしょう》よ、金剛微笑《こんごうみしょう》よ、大奇有《だいけう》よ、
喜楽《きらく》よ、金剛最上者《こんごうさいじょうしゃ》よ、金剛喜《こんごうき》よ、御身《おんみ》に帰命《きみょう》あれ。（**198**）
金剛法《こんごうほう》よ、善衆生利益《ぜんしゅじょうりやく》よ、金剛蓮華《こんごうれんげ》よ、よく清浄《しょうじょう》ならしむる者《もの》よ、
世自在《せじざい》よ、善金剛眼《ぜんこんごうげん》よ、金剛眼《こんごうげん》よ、御身《おんみ》に帰命《きみょう》あれ。
金剛利《こんごうり》よ、大乗《だいじょう》よ、金剛鞘《こんごうしょう》よ、大《おお》いなる器仗《きじょう》よ、
文殊師利《モンジュシリ》よ、金剛甚深《こんごうじんじん》よ、金剛覚慧《こんごうかくえ》よ、御身《おんみ》に帰命《きみょう》あれ。

金剛因《こんごういん》よ、大曼荼《だいマンダ》よ、金剛輪《こんごうりん》よ、大理趣《だいりしゅ》よ、
よく（法輪《ほうりん》を）転《てん》ぜしむる者《もの》よ、金剛起《こんごうき》よ、金剛曼荼《こんごうマンダ》よ、御身《おんみ》に帰命《きみょう》あれ。
金剛語《こんごうご》よ、よき明知《みょうち》の最上《さいじょう》なるものよ、金剛念誦《こんごうねんじゅ》よ、よく悉地《シッジ》をもたらすものよ、
無言《むごん》なるものよ、金剛悉地《こんごうシッジ》の最上《さいじょう》なるものよ、金剛語言《こんごうごごん》よ、御身《おんみ》に帰命《きみょう》あれ。**(199)**
金剛業《こんごうごう》よ、よき金剛教令《こんごうきょうりょう》よ、羯磨金剛《カツマこんごう》よ、よく一切処《いっさいしょ》に遍《へん》ずるものよ、
金剛不空《こんごうふくう》よ、極広大《ごくこうだい》なるものよ、金剛毘首《こんごうヴィシュヴァ》（羯磨《カルマン》）よ、御身《おんみ》に帰命《きみょう》あれ。
金剛護《こんごうご》よ、きわめて堅忍《けんにん》なるものよ、金剛鎧《こんごうがい》よ、大堅固《だいけんご》よ、
無敵《むてき》なるものよ、勇猛精進《ゆうみょうしょうじん》なるもののうちの最上者《さいじょうしゃ》よ、金剛精進《こんごうしょうじん》よ、御身《おんみ》に帰命《きみょう》あれ。
金剛薬叉《こんごうヤクシャ》よ、大方便《だいほうべん》よ、金剛牙《こんごうげ》よ、大怖畏《だいふい》よ、
摧大《ざいだい》（力魔《りきま》）よ、金剛最上者《こんごうさいじょうしゃ》よ、金剛暴悪《こんごうぼうあく》よ、御身《おんみ》に帰命《きみょう》あれ。
金剛結《こんごうけつ》よ、善聚集《ぜんしゅじゅう》よ、金剛結縛《こんごうけつばく》よ、解縛《げばく》よ、
金剛拳最上三昧耶《こんごうけんさいじょうサマヤ》よ、金剛拳《こんごうけん》よ、御身《おんみ》に帰命《きみょう》あれ。**(200)**
誰《だれ》にせよこの吉祥《きちじょう》なる百八名《ひゃくはちみょう》を持《じ》するであろうところのもの、その人《ひと》は金剛名《こんごうみょう》
灌頂等《かんじょうとう》の一切《いっさい》の最上《さいじょう》（の灌頂《かんじょう》）をもって灌頂《かんじょう》される。

誰《だれ》にせよ大持金剛《だいじこんごう》の徳《とく》を表現《ひょうげん》するこの（百八《ひゃくはち》の）名《な》を
不断《ふだん》に詠唱《えいしょう》し、讃唱《さんしょう》するなら、その人《ひと》もまた持金剛《じこんごう》と等《ひと》しきものとなるであろう。
我々《われわれ》によって（御身《おんみ》は）この百八《ひゃくはち》の名《な》をもって讃嘆《さんだん》せられたり。
（しからば、御身《おんみ》は）大乗《だいじょう》の現証《げんしょう》という大《おお》いなる理趣《りしゅ》をば開示《かいじ》したまえ。
主《しゅ》よ、我々《われわれ》は御身《おんみ》に請求《せいきゅう》し奉《たてまつ》る、説《と》きたまえ、最上《さいじょう》の儀軌《ぎき》を、
一切諸仏《いっさいしょブツ》の大《おお》いなる輪《チャクラ》を、最上《さいじょう》なる曼荼羅《マンダラ》を……。」（201）

2 図絵曼荼羅《ずえマンダラ》としての金剛界大曼荼羅《こんごうかいだいマンダラ》の説示《せつじ》

そこで世尊持金剛《せそんじこんごう》は一切《いっさい》の如来《にょらい》たちの勧請《かんじょう》の語《ことば》を聴《き》いて、一切如来《いっさいにょらい》の三昧耶《サマヤ》から出現《しゅつげん》した金剛加持《こんごうかじ》という名《な》の三昧《サンマイ》に入《はい》って、金剛界《こんごうかい》という名《な》の大曼荼羅《だいマンダラ》を次《つぎ》の如《ごと》くに宣説《せんぜい》した。

（202）
「では、これから我《われ》は最上《さいじょう》なる曼荼羅《マンダラ》を説示《せつじ》しよう、
金剛界《こんごうかい》と相似《そうじ》なる、（48）（したがって）金剛界《こんごうかい》（そのもの）であると思念《しねん》されたる（曼荼羅《マンダラ》）を……。
規則《きそく》に従《したが》って曼荼羅《マンダラ》の中央《ちゅうおう》に坐《ざ》して、

大薩埵《だいサッタ》の大印契女《だいいんげいにょ》を観想《かんそう》し、そして加持《かじ》すべし(49)。

（まずこのように）印契女《いんげいにょ》（の瑜伽《ユガ》）に住《じゅう》した者《もの》は次《つぎ》に（その瑜伽《ユガ》から）起《た》って四方《しほう》を顧視《こし》しつつ、
傲慢《ごうまん》な様子《ようす》で歩《ある》き廻《まわ》り、『（我《われ》こそは）金剛薩埵《こんごうサッタ》なり』と宣言《せんげん》しつつ（、次《つぎ》の如《ごと》くに曼荼羅《マンダラ》を区画《くかく》すべし）。

新《あたら》しい、よく紡《つむ》がれ、正《ただ》しい量《りょう》ある、美《うつく》しき線《スートラ》をもって聡慧《そうえ》の者《もの》は出来得《できう》るかぎりに善美《ぜんび》なる曼荼羅《マンダラ》の線引《せんび》きをなすべし。(**203**)

（まず、）四角形《しかくけい》で四門《しもん》あり、四《よ》つの鳥居《トーラナ》によって厳飾《ごんしょく》され、
四線《しせん》をもって交絡《こうらく》し、綾布《あやぬの》と華鬘《けまん》によりて厳《かざ》られ、

（四《よ》）隅《すみ》のすべて（と、そしてすべての）門《もん》と櫓《やぐら》の境界部分《きょうかいぶぶん》において金剛宝《こんごうほう》をちりばめた曼荼羅《マンダラ》の外廓《がいかく》を線引《せんび》きすべし。

その（四角形《しかくけい》の外廓《がいかく》を）内《うち》に入《はい》ると（そこは）輪《チャクラ》の外観《がいかん》をした（円形《えんけい》の）城市《じょうし》である。

（そは）金剛線《こんごうせん》によって取《と》り囲《かこ》まれ、八柱《はっちゅう》をもって厳飾《ごんしょく》され、

（それら）金剛柱《こんごうちゅう》が形成《けいせい》する（中央及《ちゅうおうおよ》び東《ひがし》・南《みなみ》・西《にし》・北《きた》の）区画《くかく》(50)に（それぞれ収《おさ》まる）

五《いつ》つの月輪《がちりん》にて飾《かざ》られている。

（それらの月輪《がちりん》のうちの）中央《ちゅうおう》の（月《がち》）輪《りん》の中央《ちゅうおう》に仏《ブツ》の影像《すがた》を入《い》らしむべし。（204）

（その）仏《ブツ》（の月輪《がちりん》）の四方《しほう》に位置《いち》する（それぞれの月《がち》）輪《りん》の中央《ちゅうおう》に、順《じゅん》に四人《よにん》の三昧《サマ》耶最勝女《ヤさいしょうにょ》を画《えが》くべし。

そして金剛勢《こんごうせい》をもって歩《あゆ》み寄《よ》って四《し》（方《ほう》）の曼荼羅《マンダラ》（のそれぞれの中央《ちゅうおう》）に阿閦《アシュク》以下《いか》の四尊《しそん》の〈一切如来《いっさいにょらい》〉を入《い》れしむべし。

（東方《とうぼう》の阿閦《アシュク》が住《じゅう》する月輪《がちりん》に）持金剛《じこんごう》(51)以下《いか》（の四親近《ししんごん》）を加《くわ》えて（そを）阿閦《アシュク》（如来《にょらい》の）曼荼羅《マンダラ》となすべし。

（南方《なんぽう》・）宝生《ほうしょう》（如来《にょらい》の）曼荼羅《マンダラ》は金剛蔵《こんごうぞう》以下《いか》（の四親近《ししんごん》）によって満《み》たされる。

（西方《さいほう》・）無量寿《むりょうじゅ》（如来《にょらい》）の曼荼羅《マンダラ》は金剛眼《こんごうげん》以下《いか》（の四親近《ししんごん》）によって清《きよ》められる。

（北方《ほっぽう》・）不空成就《ふくうじょうじゅ》（如来《にょらい》）の（曼荼羅《マンダラ》）は金剛羯磨《こんごうカツマ》以下《いか》（を四親近《ししんごん》とする）曼荼羅《マンダラ》として正《ただ》しく画《えが》かるべきである。（205）

輪《チャクラ》の（内《うち》の四《よ》）隅《すみ》の部分《ぶぶん》には（内《ない》の四供養《しくよう》たる嬉《き》・鬘《マン》・歌《か》・舞《ぶ》の四人《よにん》の）金剛天女《こんごうてんにょ》を画《えが》くべし。

曼荼羅《マンダラ》（の四角《しかく》い）外廓《がいかく》の（内側《うちがわ》の四《よ》）隅《すみ》には（外《げ》の四供養《しくよう》たる香《こう》・華《げ》・燈《とう》・塗《ず》の四人《よにん》の）供養女《くようにょ》を画《えが》くべし。

（四《し》）門《もん》には（それぞれその）中央《ちゅうおう》に四人《よにん》の護門者《ごもんしゃ》（すなわち四摂《ししょう》の菩薩《ボサツ》たる鉤《こう》・索《さく》・鏁《さ》・鈴《れい》）を（画《えが》くべし）。

曼荼羅《マンダラ》外廓《がいかく》の部分《ぶぶん》に諸《もろもろ》の大薩埵《だいサッタ》(52)を入《い》れしむべし。」**(206)**

3 金剛阿闍梨《こんごうアジャリ》が曼荼羅《マンダラ》に入《はい》る作法《さほう》

「それから、儀軌《ぎき》に従《したが》って三昧耶最勝女《サマヤさいしょうにょ》の印契《いんげい》を結《むす》んで(53)、金剛阿闍梨《こんごうアジャリ》は（曼荼羅《マンダラ》に）入《はい》って、（次《つ》いでその印《いん》を）散《さん》じてから印契《いんげい》（女《にょ》との瑜伽《ユガ》の状態《じょうたい》）に入《はい》るべし。

その場合《ばあい》、此《これ》が、一切《いっさい》（の印契女《いんげいにょ》との瑜伽《ユガ》の状態《じょうたい》）に入《はい》る心呪《フリダヤ》である。アハ（啞《アク》）。

然《しか》るべき（手続《てつづ》きに従《したが》って）教誡《きょうかい》を請求《せいきゅう》し、同様《どうよう》にして自加持《じかじ》をなして、自《みずか》らの名前《なまえ》を告《つ》げて、その後《のち》に金剛《こんごう》をもって成就《じょうじゅ》せしむべし。

それから次《つぎ》に金剛阿闍梨《こんごうアジャリ》は薩埵金剛鉤《サッタこんごうこう》（印《いん》）を結《むす》んで、弾指《だんじ》と拍掌《はくしょう》を作《な》しつつ一切諸仏《いっさいしょブツ》を集会《しゅうえ》せしむべし。**(207)**

その刹那《セツナ》に金剛薩埵《こんごうサッタ》に伴《ともな》われたる一切諸仏《いっさいしょブツ》は、一切曼荼羅《いっさいマンダラ》を満《み》たす（に足《た》る大勢《おおぜい》の仏《ブツ》）たちは（この金剛界大《こんごうかいだい》）曼荼羅《マンダラ》において集会《しゅうえ》

（の状態《じょうたい》）に入《はい》る。
それから速《すみ》やかに大印《だいいん》を修習《しゅじゅう》して、金剛薩埵《こんごうサッタ》の最上《さいじょう》なる百八名《ひゃくはちみょう》を一度《いちど》だけ発音《はっとん》すべし。
かくて（その）集会《しゅうえ》によって歓喜《かんぎ》せる諸《もろもろ》の如来《にょらい》たちは堅固《けんご》（なる状態《じょうたい》）になる。
自《みずか》ら悉地《シッジ》を得《え》たる金剛薩埵《こんごうサッタ》は（それら如来《にょらい》たち）に対《たい》して友《とも》として近侍《きんじ》する。（**208**）
次《つぎ》に（四《し》）門《もん》のすべてにおいて鉤等《こうとう》をもって（鉤召等《こうちょうとう》の）業《ごう》を作《な》して、
大羯磨最勝印《だいカツマさいしょういん》をもって諸《もろもろ》の三昧耶《サマヤ》（薩埵《サッタ》）を入《い》らしむべし。
諸《もろもろ》の三昧耶最勝印《サマヤさいしょういん》をもって、同様《どうよう》に薩埵金剛《サッタこんごう》（印《いん》）等《とう》をもって、
ジャハ・フーン・バン・ホーホ（弱《ジャク》・吽《ウン》・鑁《バン》・斛《コク》）（と四摂《ししょう》の心呪《フリダヤ》を）発音《はっとん》しつつ、
諸《もろもろ》の大薩埵《だいサッタ》を成就《じょうじゅ》せしむべし。
すると仏等《ブッとう》の一切《いっさい》の大薩埵《だいサッタ》たちは（それぞれの本処《ほんじょ》における）集会《しゅうえ》より
鉤召《こうちょう》され、（その曼荼羅《マンダラ》に）よく入《い》れしめられ、縛《ばく》せられて、かれ（金剛阿闍梨《こんごうアジャリ》）に支《し》配《はい》されるであろう。
そこで（かれ金剛阿闍梨《こんごうアジャリ》は）秘密《ひみつ》の供養等《くようとう》をもって（それら）大威徳《だいいとく》ある者《もの》たちを歓喜《かんぎ》せしめて、請求《せいきゅう》すべし、『（一切衆生《いっさいしゅじょう》をして）一切《いっさい》の悉地《シッジ》（を獲得《かくとく》せしめんがため）の故《ゆえ》に一切衆生《いっさいしゅじょう》の利益《りやく》を作《な》したまえ』と。」

以上《いじょう》の如《ごと》きが、一切《いっさい》の曼荼羅《マンダラ》における金剛阿闍梨《こんごうアジャリ》の業《ごう》であるといわれる。(209)

4 弟子《でし》の入壇作法《にゅうだんさほう》

【(1) 金剛界大曼荼羅《こんごうかいだいマンダラ》に入《はい》る根器《こんき》】

そこで次《つぎ》に、金剛弟子《こんごうでし》が金剛界大曼荼羅《こんごうかいだいマンダラ》に入《はい》るための広大儀軌《こうだいぎき》がある。

その場合《ばあい》、まず最初《さいしょ》に（くるのが、その）入《はい》る、ということ（なのであるが、それ）は、無余一切《むよいっさい》の衆生界《しゅじょうかい》を完全《かんぜん》に救済《きゅうさい》すること、一切《いっさい》（衆生《しゅじょう》）を利益《りやく》し、安楽《あんらく》にするという最上《さいじょう》の悉地《シッジ》を達成《たっせい》することを目指《めざ》してのことなのである。

その場合《ばあい》、大曼荼羅《だいマンダラ》に入《はい》るについて、（その弟子《でし》がその）器《うつわ》であるか器《うつわ》でないかということは問題《もんだい》にはされない。なぜかというなら、(210)

尊《とうと》き如来方《にょらいがた》よ(54)、ある人々《ひとびと》がいて、それが仮《かり》に大《おお》いなる罪悪《ざいあく》を作《な》すものであったとしても、その人々《ひとびと》がこの金剛界大曼荼羅《こんごうかいだいマンダラ》を観《み》、（それに）入《はい》るなら、彼《かれ》らは一切《いっさい》の罪悪《ざいあく》を離《はな》れたものとなるであろうからである。

また、尊《とうと》き如来方《にょらいがた》よ、ある人々《ひとびと》がいて、それがあらゆる財物《ざいもつ》や食《た》べものや飲《の》みもの（等《など》の）欲望《よくぼう》の対象《たいしょう》に貪著《とんじゃく》し、誓戒《サマヤ》を（守《まも》ることを）嫌悪《けんお》し、前行等《ぜんぎょうとう》（をなす）に当《あた》って無《む》能《のう》であったとしても、こ（の金剛界曼荼羅《こうごうかいマンダラ》）に入《はい》るならば、それら欲望《よくぼう》のままに行動《こうどう》する人々《ひとびと》にとってすら、一切《いっさい》の願望《がんぼう》が完全《かんぜん》に満《み》たされることがあるであろう。(211)

尊《とうと》き如来方《にょらいがた》よ、また、ある人々《ひとびと》は踊《おど》りや歌《うた》、笑劇《しょうげき》や歌舞劇《かぶげき》、（あるいは美《び》）食《しょく》（等《など》）のあらゆる娯楽《ごらく》に耽《ふけ》り、（また）一切如来《いっさいにょらい》の大乗《だいじょう》の現証《げんしょう》と法性《ほっしょう》とに覚《めざ》めていないことからして、他《た》（教《きょう》）の神々《かみがみ》の族《ぞく》の曼荼羅《マンダラ》に入《はい》り、（その）一切《いっさい》の意楽《いぎょう》を満足《まんぞく》せしめ（て衆生《しゅじょう》を）摂取《せっしゅ》する（活動《かつどう》が、そこにおいて）現実《げんじつ》（に作《な》されており）、（それら衆生《しゅじょう》に）無上《むじょう》の歓喜《かんぎ》と満《まん》足《ぞく》と喜《よろこ》びを生《しょう》ぜしめ（てい）るところの一切如来《いっさいにょらい》の族《ぞく》の曼荼羅《マンダラ》には、学処《がくしょ》(55)（を課《か》せられること）を恐《おそ》れて、入《はい》ろうとしない。しかし、それら（人々《ひとびと》を）悪趣《あくしゅ》（に堕《だ》せしめる外教《げきょう》）の曼荼羅《マンダラ》に入《はい》る道《みち》に顔《かお》を向《む》けている人々《ひとびと》にとっても、この、金剛界大曼荼羅《こんごうかいだいマンダラ》に入《はい》ることは、まことに適《よ》切《い》ことなのである。（なぜなら、それは必《かなら》ずや彼《かれ》らに）一切《いっさい》の歓喜《かんぎ》と満足《まんぞく》（を齎《もたら》すところ）の最上《さいじょう》の悉地《シッジ》（を実現《じつげん》せしめ、）安楽《あんらく》と幸福《こうふく》とを領受《りょうじゅ》せしめ、そして、（彼《かれ》らが現《げん》にその方向《ほうこう》に）向《む》いて（歩《あゆ》んで）いるところのあらゆる悪趣《あくしゅ》に入《はい》る道《みち》を翻転《ほんてん》せしめるからである。(212)

さらに、尊《とうと》き（如来方《にょらいがた》）よ、あるいは（正《しょう》）法《ぼう》に従《したが》う人々《ひとびと》がいて、一切如来《いっさいにょらい》の戒《かい》と定《じょう》と慧《え》という最上《さいじょう》の悉地《シッジ》（を実現《じつげん》せしめる筈《はず》）の諸方便《しょほうべん》をもって仏《ブッ》の菩提《ボダイ》を求《もと》めて、（四《し》）禅《ぜん》と（八《はち》）解脱等《げだつとう》の、（あるいは菩薩《ボサツ》の十《じゅう》）地等《じとう》（の階梯《かいてい》を履《ふ》んで）奮励努力《ふんれいどりょく》しつつ、（しかもその菩提《ボダイ》に到達《とうたつ》し得《え》ずして徒《いたず》らに）労苦《ろうく》するであろう。しかし、もしそれらの人々《ひとびと》が金剛界大曼荼羅《こんごうかいだいマンダラ》に入《はい》るなら、そのことだけでまさにその場《ば》で（仏《ブツ》の菩提《ボダイ》は得《え》られるであろうし）〈一切如来性《いっさいにょらいしょう》〉すら得難《えがた》きものではない。いわんやその他《ほか》の悉地《シツジ》においてをや。（**213**）

【(2) 四礼《しらい》】

そこで（金剛阿闍梨《こんごうアジャリ》は）まず最初《さいしょ》に（金剛弟子《こんごうでし》に、四方《しほう》に在《ま》します）一切如来《いっさいにょらい》（とその族《ぞく》）に対《たい》して四礼《しらい》を作《な》さしめるべきである。

すなわち、（金剛弟子《こんごうでし》は、）まず次《つぎ》の如《ごと》き真言《しんごん》とともに金剛合掌《こんごうがっしょう》（したその両手《りょうて》）を（頭上《ずじょう》に）伸《の》ばし、全身《ぜんしん》を（投地《とうち》）して、（東方《とうぼう》・阿閦如来《アシュクにょらい》とその族《ぞく》を）礼拝《らいはい》するであろう。

「オーム・サルヴァタターガタプージャーウパスターナーヤ・アートマナム・ニルヤータヤーミ・サルヴァタターガタ・ヴァジュラサトヴァ・アディティシュタスヴァ・マーム（オーム、一切如来《いっさいにょらい》に供養《くよう》し親近《しんごん》せんがために、我《われ》は我自《われみずか》らを捧《ささ》ぐ。一切如来《いっさいにょらい》よ、金剛薩埵《こんごうサッタ》よ、我《われ》を加持《かじ》せよ）。」（**214**）

それから起《た》ち上《あが》って、（今度《こんど》はその）金剛合掌《こんごうがっしょう》を心蔵《しんぞう》のところに置《お》いて、次《つぎ》の如《ごと》き真言《しんごん》ともに額《ひたい》（を地《ち》に着《つ》けて、南方《なんぽう》・宝生如来《ほうしょうにょらい》とその族《ぞく》を）礼拝《らいはい》するであろう。

「オーム・サルヴァタターガタプージャーアビシェーカーヤ・アートマーナム・ニルヤータヤーミ・サルヴァタターガタ・ヴァジュララトナ・アビシンチャ・マーム（オーム、一切如来《いっさいにょらい》に供養《くよう》〔し、もってかれらより〕灌頂《かんじょう》〔を獲得《かくとく》せんがため〕の故《ゆえ》に、我《われ》は我自《われみずか》らを捧《ささ》ぐ。一切如来《いっさいにょらい》よ、金剛宝《こんごうほう》よ、我《われ》を灌頂《かんじょう》せよ）。」（**215**）

それから（前《まえ》と）同様《どうよう》に起《た》ち上《あが》って、（その）金剛合掌《こんごうがっしょう》を頭《あたま》に載《の》せ、次《つぎ》の如《ごと》き真言《しんごん》とともに顔面《がんめん》（を地《ち》に着《つ》けて、西方《さいほう》・世自在王《せじざいおう》、すなわち、阿弥陀如来《アミダにょらい》とその族《ぞく》を）礼拝《らいはい》する。

「オーム・サルヴァタターガタプージャープラヴァルタナーヤ・アートマーナム・ニルヤータヤーミ・サルヴァタターガタ・ヴァジュラダルマ・プラヴァルタヤ・マーム（オーム、一切如来《いっさいにょらい》に供養《くよう》し、〔法輪《ほうりん》を〕転《てん》ぜしめんがために、我《われ》は我自身《われじしん》を捧《ささ》ぐ。一《いっ》切如来《さいにょらい》よ、金剛法《こんごうほう》よ、我《わ》〔がため〕に〔法輪《ほうりん》を〕転《てん》ぜよ）。」（**216**）

さらに（前《まえ》と）同様《どうよう》に起《た》ち上《あが》って、（その）金剛合掌《こんごうがっしょう》を頭《あたま》から下《お》ろして心蔵《しんぞう》のところに保《たも》って、次《つぎ》の如《ごと》き真言《しんごん》とともに頭頂《ずちょう》（を地《ち》に着《つ》けて北方《ほっぽう》・不空成就如来《ふくうじょうじゅにょらい》とその族《ぞく》とを）礼拝《らいはい》するであろう。

「オーム・サルヴァタターガタプージャーカルマネー・アートマーナム・ニルヤータ

ヤーミ・サルヴァタターガタ・ヴァジュラカルマ・クル・マーム（オーム、一切如来《いっさいにょらい》に供養《くよう》し、〔もって衆生《しゅじょう》利益《りやく》の〕業《カルマン》〔を作《な》さしめんがため〕の故《ゆえ》に、我《われ》は我自《われみずか》らを捧《ささ》ぐ。一切如来《いっさいにょらい》よ、金剛羯磨《こんごうカツマ》よ、我《わ》〔がため〕に〔業《カルマン》を〕作《な》せ）。」（**217**）

【(3) **覆面《ふくめん》・執華《しゅうげ》**】

次《つぎ》に、赤《あか》い衣《ころも》と上衣《じょうえ》を着《つ》け、面《おもて》を赤《あか》い布《ぬの》で覆《おお》われた（弟子《でし》）は、次《つぎ》の如《ごと》き心呪《フリダヤ》とともに薩埵金剛印《サッタこんごういん》(56)を結《むす》ぶであろう。

「サマヤス・トヴァム（汝《なんじ》は三昧耶《サマヤ》なり）。」（**128**）

それから（阿闍梨《アジャリ》は弟子《でし》のその薩埵金剛印《サッタこんごういん》を結《むす》んだ）両《りょう》（手《て》）の中指《ちゅうし》に華鬘《けまん》を結《むすび》びつけて、次《つぎ》の如《ごと》き心呪《フリダヤ》とともに（弟子《でし》を曼荼羅《マンダラ》に）入《い》らしめるであろう。

「サマヤ・フーム（三昧耶《サマヤ》よ、フーム）。」（**219**）

【(4) **誓誡《せいかい》・誓水《せいすい》**】

ついで（弟子《でし》を曼荼羅《マンダラ》に）入《い》らしめた（金剛阿闍梨《こんごうアジャリ》はかれに）次《つぎ》の如《ごと》くに告《つ》げるべきである。

「今日《こんにち》、汝《なんじ》は一切如来《いっさいにょらい》の族《ぞく》に入《はい》った。それ故《ゆえ》、我《われ》は汝《なんじ》に金剛智《こんごうち》を生起《しょうき》せしめるであろう。そしてその知慧《ちえ》によって汝《なんじ》は〈一切如来《いっさいにょらい》〉の悉地《シッジ》をすら獲得《かくとく》するであろう。いわんや他《た》の諸《もろもろ》の悉地《シッジ》においてをや。しかし、汝《なんじ》は（それを）いまだ大曼荼羅《だいマンダラ》を見《み》ていない人《ひと》には語《かた》ってはならない。（語《かた》るなら）汝《なんじ》の三昧耶《サマヤ》が敗壊《はいえ》してしまうから……。」

(220) 次《つぎ》に金剛阿闍梨《こんごうアジャリ》は（今度《こんど》は）自《みずか》ら薩埵金剛印《サッタこんごういん》を結《むす》び、そ（の印《いん》）を下《した》に向《む》けて金剛弟子《こんごうでし》の頭頂《ずちょう》に着《つ》け、次《つぎ》の如《ごと》くに告《つ》げるであろう。

「此《こ》は汝《なんじ》の金剛《こんごう》の（如《ごと》くに堅固《けんご》なる）三昧耶《サマヤ》である。もし汝《なんじ》が誰《だれ》かに（このことを）語《かた》るなら、（此《こ》は）汝《なんじ》の頭《あたま》を破裂《はれつ》せしめるであろう。」

次《つぎ》に同様《どうよう》にして（その）三昧耶《サマヤ》の印《いん》をもって水《みず》を（加持《かじ》し、）呪《のろ》いの心呪《フリダヤ》を一遍誦《いっぺんじゅ》して（その誓水《せいすい》を）その弟子《でし》に飲《の》ませる。**(221)** その呪《のろ》いの心呪《フリダヤ》とは次《つぎ》の如《ごと》きものである

「ヴァジュラサトヴァハ・スヴァヤム・テー・アドヤ・フリダエー・サムアヴァスティタハ・ニルブヒドヤ・タットクシャナム・ヤーヤード・ヤディ・ブルーヤード・イマム・ナヤム・ヴァジュローダカ・タハ（金剛薩埵《こんごうサッタ》は今《いま》や汝《なんじ》の心蔵《しんぞう》に自《おのずか》ら正《ただ》しく確立《かくりつ》されている。汝《なんじ》がもしこの理趣《りしゅ》を〔他《た》に〕語《かた》るなら、その刹那《セツナ》に〔そは〕汝《なんじ》の心《しん》

蔵《ぞう》を破《やぶ》って出《で》て行《い》ってしまうであろう。金剛水《こんごうすい》よ、タハ)。」(222)

次《つぎ》に(阿闍梨《アジャリ》は)弟子《でし》に次《つぎ》の如《ごと》くに語《かた》るであろう。

「今日以後《こんにちいご》、我《われ》は汝《なんじ》にとっては金剛手《こんごうしゅ》(菩薩《ボサツ》)である。汝《なんじ》に我《われ》がこれを作《な》せと命《めい》じるであろうことは(汝《なんじ》によって必《かなら》ず)作《な》されねばならない。また、汝《なんじ》は我《われ》を軽侮《けいぶ》してはならない。汝《なんじ》が(我《われ》に事《つか》える)労《ろう》を惜《お》しむ(ならばその)ことによって汝《なんじ》は死《し》して地獄《じごく》に堕《お》ちる(であろうが、決《けっ》してそのような)ことが無《な》いように。」

このように言《い》い聞《き》かせてから(金剛阿闍梨《こんごうアジャリ》は弟子《でし》に次《つぎ》の如《ごと》くに)告《つ》げる。

「汝《なんじ》は表白《ひょうびゃく》せよ、『一切諸如来《いっさいしょにょらい》は(我《われ》を)加持《かじ》したまえ、金剛薩埵《こんごうサッタ》は我《われ》に入《い》りたまえ』と。」(223)

【(5) 加持護念《かじごねん》・同真言《どうしんごん》】

次《つぎ》に金剛阿闍梨《こんごうアジャリ》はとり急《いそ》ぎ薩埵金剛印《サッタこんごういん》を結《むす》びつつ、次《つぎ》の如《ごと》き(偈《シュローカ》)を説《と》くべきである。

「まさにこの三昧耶金剛《サマヤこんごう》こそは金剛薩埵《こんごうサッタ》(に他《ほか》ならず)と思念《しねん》される。

(此《こ》は、金剛薩埵《こんごうサッタ》は)まさに今《いま》、無上《むじょう》なる金剛智《こんごうち》をば汝《なんじ》に入《い》らしめよ。

ヴァジュラアーヴェーシャ・アハ(金剛入《こんごうにゅう》よ、アハ)。」(224)

次に（阿闍梨《アジャリ》は）忿怒拳《ふんぬけん》を結《むす》んで（弟子《でし》の）薩埵金剛印《サッタこんごういん》を散《さん》ぜしめ、そして随意《ずいい》に金剛《こんごう》語《ご》をもって大乗《だいじょう》の現証《げんしょう》を（弟子《でし》に）宣説《せんぜい》する。(225)

そこで（金剛智《こんごうち》が弟子《でし》に）入《はい》る。（金剛智《こんごうち》が）入《はい》るや（弟子《でし》の心《こころ》には）直《ただ》ちに天妙《てんみょう》の智《ち》慧《え》が生《しょう》ずる。（弟子《でし》は）その智慧《ちえ》によって他人《たにん》の心《こころ》を知《し》る。過去《かこ》・未来《みらい》・現在《げんざい》において（自《みずか》ら）作《な》すべきすべての事《こと》を顕《あき》らかに知《し》る。そしてその心《こころ》は一切如来《いっさいにょらい》の教法《きょうほう》（を信解《しんげ》すること）において堅固《けんご》となる。またこ（の弟子《でし》）のすべての苦《く》は滅《めつ》する。また（彼《かれ》は）すべての怖《おそ》れを離《はな》れたもの（となり）、いかなる人々《ひとびと》の間《あいだ》にあっても害《がい》されることなく、また一切《いっさい》の如来《にょらい》たちは（彼《かれ》を）加持《かじ》（し、守護《しゅご》）する。また、一切《いっさい》の悉地《シツジ》がこ（の弟子《でし》）に現前《げんぜん》する。そしてこ（の弟子《でし》）には以前《いぜん》に（は経験《けいけん》したことも）なかったような無因《むいん》の喜《よろこ》び・歓喜《かんぎ》・満足《まんぞく》をもたらすところの諸《もろもろ》の楽《らく》が生《しょう》ずる。それらの楽《らく》に加《くわ》えて、（弟子《でし》のうちの）ある人々《ひとびと》には一切《いっさい》の意楽《いぎょう》が満足《まんぞく》されるであろうし、乃至《ないし》、ある人々《ひとびと》には〈一切如来《いっさいにょらい》性《しょう》〉さえもが円満《えんまん》される。(226)

そこで（弟子《でし》は）その（薩埵金剛《サッタこんごう》）印《いん》を結《むす》んで（それを）自《みずか》らの心蔵《しんぞう》のところで次《つぎ》の如《ごと》き心呪《フリダヤ》とともに散《さん》ずる。

「ティシュタ・ヴァジュラ・ドリドー・メー・ブハヴァ・シャーシュヴァトー・

メー・ブハヴァ・フリダヤム・メー・アディティシュタ・サルヴァシッディム・チャ・メー・プラヤッチャ・フーム・ハ・ハ・ハ・ハ・ホーホ（金剛《ヴァジュラ》よ、安立《あんりゅう》せよ。我《われ》にとって堅固《けんご》であれ。我《われ》にとって永遠《えいえん》であれ。我《われ》に心要《フリダヤ》を加持《かじ》せよ、そして我《われ》に一《いっ》切《さい》悉地《シッジ》を与《あた》えよ、フーム、ハ、ハ、ハ、ハ、ホーホ）。」（**227**）

【(6) 投華得仏《とうげとくブツ》】

次《つぎ》に（弟子《でし》は）その華鬘《けまん》を次《つぎ》の如《ごと》き心呪《フリダヤ》とともに大曼荼羅《だいマンダラ》に投《とう》ずるであろう。

「プラティイッチャ・ヴァジュラ・ホーホ（受《う》けよ、金剛《ヴァジュラ》よ、ホーホ）。」（**228**）

かくて（この華《はな》が）その上《うえ》に落《お》ちたところのそ（の尊《そん》）がこ（の弟子《でし》）に成就《じょうじゅ》する。

次《つ》いで（阿闍梨《アジャリ》は）その華鬘《けまん》を取《と》って次《つぎ》の如《ごと》き心呪《フリダヤ》とともにか（の弟子《でし》）の頭《あたま》に結《むす》ばしめる。

「オーム・プラティグリフナ・トヴァム・イマム・サットヴァム・マハーバラハ（オーム、汝《なんじ》はこの者《もの》を嘉納《かのう》せよ、〔汝《なんじ》〕大力《だいりき》ある者《もの》は）。」

その（華鬘《けまん》が頭《あたま》に）結《むす》ばれたことによって（弟子《でし》は）その大薩埵《だいサッタ》によって安住《あんじゅう》せられた(57)者《もの》となる。そしてこ（の弟子《でし》）には速疾《そくしつ》に悉地《シッジ》が実現《じつげん》する。（**229**）

【(7) 覆面《ふくめん》を解《と》く真言《しんごん》】

次《つぎ》に(阿闍梨《アジャリ》は)その様《よう》にして(曼荼羅中《マンダラちゅう》の特定《とくてい》の一尊《いっそん》と入我我《にゅうがが》)入《にゅう》した(弟子《でし》)の顔《がん》面《めん》の覆《おお》いを次《つぎ》の如《ごと》き心呪《フリダヤ》とともに解《と》く。

「オーム・ヴァジュラサトヴァハ・スヴァヤム・テー・アドヤ・チャクシュウドグハータナタットパラハ・ウドグハータヤティ・サルヴァークショー・ヴァジュラチャクシュル・アヌッタラム・ヘー・ヴァジュラ・パシュヤ(オーム、金剛薩埵《こんごうサッタ》は自《みずか》ら、今日《こんにち》、汝《なんじ》の眼《まなこ》を開《ひら》かしむることに専心《せんしん》したまう。一切眼者《いっさいげんじゃ》は無上《むじょう》なる金剛眼《こんごうげん》をば〔汝《なんじ》に〕開《ひら》かしむ。へー、金剛《ヴァジュラ》よ。見《み》よ)。」(230)

【(8) 曼荼羅《マンダラ》を見《み》る功徳《くどく》】

次《つぎ》に(阿闍梨《アジャリ》は弟子《でし》に)大曼荼羅《だいマンダラ》を(金剛鉤《こんごうこう》から毘盧遮那《ビルシャナ》に至《いた》るその生起《しょうき》の)次第《しだい》を(逆《ぎゃく》に)辿《たど》って観見《かんけん》せしめるであろう。そして、大曼荼羅《だいマンダラ》を観見《かんけん》するやただちに(弟子《でし》は)一切《いっさい》の如来《にょらい》たちによって加持《かじ》され、また金剛薩埵《こんごうサッタ》はかれの心蔵《しんぞう》に安住《あんじゅう》する。そして(弟子《でし》は金剛薩埵《こんごうサッタ》が)光明輪《こうみょうりん》を示現《じげん》する等《など》の種々《しゅじゅ》なる奇迹《きじゃく》や神変《じんぺん》を(現《げん》じたまうのを)見《み》る。（彼《かれ》はすでに）一切《いっさい》の如来《にょらい》たちによって加持《かじ》されているが故《ゆえ》に、時《とき》としては世尊《せそん》・大《だい》持金剛《じこんごう》が（彼《かれ》に対《たい》して）その真実《しんじつ》の姿《すがた》を示現《じげん》したまう（こともある）。（もちろん）如来《にょらい》は（彼《かれ》にその姿《すがた》を示現《じげん》する）。

それより以後《いご》、（この弟子《でし》には）一切《いっさい》の利益《りやく》が（成就《じょうじゅ》するであろう。彼《かれ》が）なすべき事《こと》柄《がら》はすべて（彼《かれ》にとって）意《こころ》に適《かな》う（ものとなり）、そして、一切《いっさい》の悉地《シッジ》が（実現《じつげん》するで）あろう。乃至《ないし》、持金剛《じこんごう》であることも、また、如来《にょらい》であることも（欲《ほっ》するままに実現《じつげん》するで）あろう。**(231)**

【(9) 瓶灌頂《びょうかんじょう》】

そこで、大曼荼羅《だいマンダラ》を（弟子《でし》に）観見《かんけん》せしめてから、（阿闍梨《アジャリ》は）水瓶《すいびょう》に入《い》れた香水《こうずい》を金《こん》剛《ごう》（杵《しょ》）をもって加持《かじ》し、それをもって次《つぎ》の如《ご》き心呪《フリダヤ》とともに灌頂《かんじょう》するであろう。

「ヴァジュラ・アブヒシンチャ（金剛《ヴァジュラ》よ、灌頂《かんじょう》せよ）。」**(232)**

【(10) 金剛主灌頂《こうごうしゅかんじょう》】

次《つぎ》に（阿闍梨《アジャリ》は曼荼羅《マンダラ》に投華《とうげ》して得《え》られた）特定《とくてい》の一《いっ》（尊《そん》の）印《いん》（を弟子《でし》に結《むす》ばせ、それ）に華鬘《けまん》を結《むす》びつけて（それを）自《みずか》らの標幟《ひょうじ》として（その）手《て》に安置《あんち》せしめて、（次《つぎ》の如《ごと》くに）告《つ》げるであろう。

「今日《こんにち》、汝《なんじ》は諸仏《しょブツ》によって金剛灌頂《こんごうかんじょう》よりして灌頂《かんじょう》せられたり。こ（の標幟《ひょうじ》）は汝《なんじ》の一切仏性《いっさいブッしょう》なり。よき悉地《シツジ》（を得《え》んがため）の故《ゆえ》に（この）金剛《こんごう》を握持《あくじ》せよ。

オーム・ヴァジュラアディパティトヴァム(58)・アブヒシンチャーミ・ティシュタ・ヴァジュラ・サマヤス・トヴァム（オーム、我《われ》は〔汝《なんじ》に〕金剛主性《こんごうしゅしょう》を灌頂《かんじょう》せん。安立《あんりゅう》せよ、金剛《ヴァジュラ》よ。汝《なんじ》は三昧耶《サマヤ》である）。」**(233)**

【(11) 金剛名灌頂《こんごうみょうかんじょう》】

さらに（阿闍梨《アジャリ》は）次《つぎ》の如《ごと》き真言《しんごん》とともに、金剛名灌頂《こんごうみょうかんじょう》をもって（弟子《でし》を）灌頂《かんじょう》するであろう。

「オーム・ヴァジュラサトヴァ・トヴァーム・アブヒシンチャーミ・ヴァジュラナーマアブヒシェーカタハ・ヘー・ヴァジュラ（ナーマ）（オーム、金剛薩埵《こんごうサッタ》よ、汝《なんじ》を我《われ》は金剛名灌頂《こんごうみょうかんじょう》よりして灌頂《かんじょう》すべし。ヘー、金剛某甲《こんごうなにがし》よ）。」

（この場合《ばあい》、）その人《ひと》に与《あた》えられるであろうところの（金剛《こんごう》）名《みょう》に対《たい》して「へー」という（呼《よ》びかけの）言葉《ことば》が発《はっ》せられるべきである。

以上《いじょう》、一切曼荼羅《いっさいマンダラ》に入《い》る広大儀軌《こうだいぎき》。（**234**）

5 悉地《シツジ》を成就《じょうじゅ》する智慧《ちえ》

1 四種悉地智《ししゅシツジち》

次《つぎ》に（阿闍梨《アジャリ》は弟子《でし》に次《つぎ》の如《ごと》くに）言《い》うであろう。

「何《なに》が殊《こと》に汝《なんじ》の意《こころ》に適《かな》うものなのであるか。利益《りやく》を生起《しょうき》せしめる悉地《シツジ》の智慧《ちえ》か、それとも神通《じんづう》の悉地《シツジ》を成就《じょうじゅ》せしむる智慧《ちえ》か、あるいは持明《じみょう》の悉地《シツジ》を成就《じょうじゅ》せしむる智慧《ちえ》か、ないしは一切如来《いっさいにょらい》の最上悉地《さいじょうシツジ》を成就《じょうじゅ》せしむる智慧《ちえ》か。」

そ（れら）のうちでか（の弟子《でし》）が欲《ほっ》するところ（の悉地智《シツジち》）が彼《かれ》に授《さず》けられるべきである。（**235**）

【(1) 利益《りやく》の悉地《シツジ》を成就《じょうじゅ》せしむる智慧《ちえ》】

そこで（阿闍梨《アジャリ》は弟子《でし》に先《ま》ず）利益《りやく》を成就《じょうじゅ》せしむる智慧《ちえ》を次《つぎ》の如《ごと》くに学《まな》ばしめるであろう。

「伏蔵《ふくぞう》(59)の中《うち》に存《そん》する金剛杵《こんごうしょ》の形《かたち》を（自《みずか》らの）心蔵《しんぞう》において観想《かんそう》すべし。

（そを）観想《かんそう》するなら、そ（の人《ひと》）は地中《ちちゅう》に存《そん》する諸《もろもろ》の伏蔵《ふくぞう》を見《み》る（ことができる）。

金剛杵《こんごうしょ》の形《かたち》を描《えが》いて（そを）虚空中《こくうちゅう》に観想《かんそう》すべし、

（それが）落《お》ちつつあるところの場所《ばしょ》を見《み》るならば、（それは）そこに伏蔵《ふくぞう》（があること）を指《さ》し示《しめ》すであろう。

覚慧《かくえ》ある人《ひと》は金剛杵《こんごうしょ》の形《かたち》を（自《みずか》らの）舌《した》の上《うえ》に観想《かんそう》すべし、

（その舌《した》は）自《おの》ずと『ここに（伏蔵《ふくぞう》が）ある』と語《かた》る（が、それは常《つね》に）真実《しんじつ》である。

自分自身《じぶんじしん》の身体《しんたい》を金剛杵《こんごうしょ》の形《かたち》そのものであると観想《かんそう》せよ、
その観《かん》が完全《かんぜん》になったところで（その金剛杵《こんごうしょ》は地面《じめん》に）落《お》ちるであろうが、それはその場所《ばしょ》に伏蔵《ふくぞう》（があること）を示《しめ》すであろう。」（**236**）

それら（伏蔵《ふくぞう》を知《し》るための）心呪《フリダヤ》は次《つぎ》の如《ごと》くである。


「ヴァジュラニディ（金剛伏蔵《こんごうふくぞう》よ）(60)。」

「ラトナニディ（宝伏蔵《ほうふくぞう》よ）。」

「ダルマニディ（法伏蔵《ほうふくぞう》よ）。」

「カルマニディ（羯磨《カツマ》伏蔵《ふくぞう》よ）。」（**237**）

【(2) 金剛神通《こんごうじんづう》の悉地《シツジ》を成就《じょうじゅ》せしむる印契《いんげい》の智慧《ちえ》】

次《つぎ》に（阿闍梨《アジャリ》は弟子《でし》に）金剛神通《こんごうじんづう》の悉地《シツジ》を成就《じょうじゅ》せしめる印契《いんげい》の智慧《ちえ》を次《つぎ》の如《ごと》くに学《まな》ばしむべし。

「金剛入《こんごうにゅう》(61)が成立《せいりつ》したところで（人《ひと》が）水《みず》を金剛杵《こんごうしょ》の形《かたち》であると、観想《かんそう》するならば、（その人《ひと》は）速疾《そくしつ》に成就者《じょうじゅしゃ》となって水《みず》の上《うえ》を（自由《じゆう》に）歩《ある》き廻《まわ》ることができるであろう。

同様《どうよう》に（金剛《こんごう》）入《にゅう》（の境地《きょうち》）において（その観想裡《かんそうり》に）自《みずか》ら自身《じしん》の正《ただ》しい姿《すがた》を生起《しょうき》せしめて、

それを仏《ブツ》の姿《すがた》であると観《かん》じつつあるならば、その人《ひと》は自《みずか》ら仏《ブツ》の姿《すがた》となる。

同様《どうよう》にして（金剛入《こんごうにゅう》に）入《はい》った自身《じしん》を『我《われ》は虚空《こくう》なり』と観想《かんそう》しつつある者《もの》は、欲《ほっ》するかぎりの間《あいだ》（他人《たにん》に）見《み》られない状態《じょうたい》で歩《ある》き廻《まわ》ることができるであろう。自《みずか》ら金剛《こんごう》（入《にゅう》の状態《じょうたい》）に入《い》れるものとなって『我《われ》は金剛《こんごう》なり』と観想《かんそう》しつつある者《もの》は、その境地《きょうち》(62)に登《のぼ》っている間《あいだ》、虚空《こくう》を行《ゆ》くものであるであろう。」(**238**)

それら（神通《じんづう》を得《え》るため）の心呪《フリダヤ》は次《つぎ》の如《ごと》くである。

「ヴァジュラジャラ（金剛水《こんごうすい》よ）。」

「ヴァジュラルーパ（金剛色身《こんごうしきしん》よ）。」

「ヴァジュラアーカーシャ（金剛虚空《こんごうこくう》よ）。」

「ヴァジュラム・アハム（我《われ》は金剛《こんごう》なり）。」（239）

【(3) 金剛持明者《こんごうじみょうしゃ》の悉地《シツジ》を成就《じょうじゅ》せしむる印契《いんげい》の智慧《ちえ》】

次《つぎ》に（阿闍梨《アジャリ》は弟子《でし》に）金剛持明者《こんごうじみょうしゃ》の悉地《シツジ》を成就《じょうじゅ》せしむる印契《いんげい》の智慧《ちえ》を次《つぎ》の如《ごと》くに学《まな》ばしむべし。


「月《つき》の形《かたち》を画《えが》いて（そを）虚空頂《こくうちょう》に昇《のぼ》（らしむ）べし。

（その状態《じょうたい》で自《みずか》らの）手《て》に金剛杵《こんごうしょ》を観想《かんそう》するなら、（その人《ひと》は）金剛持明者《こんごうじみょうしゃ》となるであろう。

月《つき》の形《かたち》（を画《えが》いてそを虚空頂《こくうちょう》）に昇《のぼ》（らしめ）て（そこに）金剛宝《こんごうほう》をば観想《かんそう》すべし。

（この観想《かんそう》によって）自《みずか》ら（の心《こころ》）を清浄《しょうじょう》ならしめたなら、その刹那《セツナ》に（空中《くうちゅう》に）浮《ふ》揚《よう》し、欲《ほっ》するかぎりの間《あいだ》（留《とど》まることができる）。（240）

月《つき》の形《かたち》（を虚空頂《こくうちょう》に観想《かんそう》してそこ）に登《のぼ》り、（自《みずか》らの）手《て》に存《そん》する金剛蓮華《こんごうれんげ》をば金剛《こんごう》眼《げん》なりと観想《かんそう》するならば、（その人《ひと》は自《みずか》らに）持明者《じみょうしゃ》たちの位《くらい》を与《あた》えることになろう。

郵 便 は が き

料金受取人払郵便

神田局
承認

3340

差出有効期限
平成30年 8 月
31日まで
（切手不要）

101-8791

535

千代田区外神田
二丁目十八―六

春 秋 社

愛読者カード係

＊お送りいただいた個人情報は、書籍の発送および小社のマーケティングに利用させていただきます。

(フリガナ) お名前	(男・女)	歳	ご職業
ご住所 〒			
E-mail		電話	

※**新規注文書** ↓（本を新たに注文する場合のみご記入下さい。）

ご注文方法	□**書店で受け取り**	□**直送(宅配便)** ※本代+送料210円(一回に
書店名	地区	書名
取次	この欄は小社で記入します	

購読ありがとうございます。このカードは、小社の今後の出版企画および読者の皆
とのご連絡に役立てたいと思いますので、ご記入の上お送り下さい。
希望の方には、月刊誌「**春秋**」(最新号)を差し上げます。　＜ **要・不要** ＞

〉タイトル〉※必ずご記入下さい

●お買い上げ書店名(　　　　地区　　　　　　書店　)

書に関するご感想、小社刊行物についてのご意見

※上記感想をホームページなどでご紹介させていただく場合があります。(諾・否)

読新聞	●本書を何でお知りになりましたか	●お買い求めになった動機
朝日 読売 日経 毎日 その他 　　　)	1. 書店で見て 2. 新聞の広告で 　(1)朝日 (2)読売 (3)日経 (4)その他 3. 書評で(　　　　紙・誌) 4. 人にすすめられて 5. その他	1. 著者のファン 2. テーマにひかれて 3. 装丁が良い 4. 帯の文章を読んで 5. その他 (　　　　　)

容	●定価	●装丁
満足 □普通 □不満足	□安い □普通 □高い	□良い □普通 □悪い

近読んで面白かった本　(著者)　　　　(出版社)

名)

㈱春秋社 電話03・3255・9611 FAX03・3253・1384 振替 00180-6-24861
E-mail:aidokusha@shunjusha.co.jp

月輪《がちりん》（を虚空頂《こくうちょう》に観想《かんそう》してそ）の中央《ちゅうおう》に住《じゅう》し、（自《みずか》らの手中《しゅちゅう》に）羯磨金剛《カツマこんごう》を観想《かんそう》すべし。

羯磨金剛《カツマこんごう》を持《じ》することによって彼《かれ》は速疾《そくしつ》に一切持明者《いっさいじみょうしゃ》となるであろう。」

それら（持明者《じみょうしゃ》となるため）の心呪《フリダヤ》は次《つぎ》の如《ごと》くである。

「ヴァジュラダラ（持金剛者《じこんごうしゃ》よ）。」

「ラトナダラ（持宝者《じほうしゃ》よ）。」

「パドマダラ（持蓮華者《じれんげしゃ》よ）。」

「カルマダラ（持羯磨者《じカツマしゃ》よ）。」（**241**）

【(4) 一切如来《いっさいにょらい》の最上《さいじょう》の悉地《シツジ》を成就《じょうじゅ》せしむる印契《いんげい》の智慧《ちえ》】

次《つぎ》に（阿闍梨《アジャリ》は弟子《でし》に）一切如来《いっさいにょらい》の最上《さいじょう》の悉地《シツジ》を成就《じょうじゅ》せしむる印契《いんげい》の智慧《ちえ》を次《つぎ》の如《ごと》く学《まな》ばしむべし。

「虚空界《こくうかい》において一切金剛三昧《いっさいこんごうザンマイ》を思念《しねん》して、（それによって）自己《じこ》を金剛《こんごう》（の体性《たいしょう》たらしめるなら、その人《ひと》）は（その）刹那《セツナ》に（空中《くうちゅう》に）浮揚《ふよう》し、欲《ほっ》するかぎりの間《あいだ》（そこに留《とど》まることができる）。

同様《どうよう》に（虚空界《こくうかい》において）最上《さいじょう》なる一切清浄三昧《いっさいしょうじょうザンマイ》を観想《かんそう》するなら、（その人《ひと》は）五神通《ごじんづう》を獲得《かくとく》する。（そしてその人《ひと》は）速疾《そくしつ》に（一切清浄《いっさいしょうじょう》の）智慧《ちえ》を完《かん》成《せい》させる。

『一切虚空《いっさいこくう》は金剛薩埵《こんごうサッタ》よりなるものである』と念《ねん》じつつあるものは、（その）堅固《けんご》なる随念《ずいねん》あるものは、速疾《そくしつ》に自《みずか》ら持金剛《じこんごう》となるであろう。（**242**）

虚空界《こくうかい》において（その）全体《ぜんたい》を仏《ブツ》の影像《すがた》よりなるものであると信解《しんげ》して、一切仏三昧《いっさいブツザンマイ》を（修《しゅ》するものは）仏性《ぶっしょう》（を成就《じょうじゅ》せる）者《もの》となるであろう。」（**243**）

それら（一切如来《いっさいにょらい》の最上《さいじょう》の悉地《シツジ》を得《う》るため）の心呪《フリダヤ》は次《つぎ》の如《ごと》くである。

「ヴァジュラヴァジュラ（金剛《こんごう》の中《なか》の金剛《こんごう》よ）。」

「シュッダシュッダ（清浄《しょうじょう》なるもののうちの最《もっと》も清浄《しょうじょう》なるものよ）。」

「サトヴァサトヴァ（金剛薩埵《こんごうサッタ》の中《なか》の金剛薩埵《こんごうサッタ》よ）。」

「ブッダブッダ（仏《ブツ》の中《なか》の仏《ブツ》よ）。」（**244**）

（以上《いじょう》が）一切《いっさい》の悉地《シツジ》の智慧《ちえ》を成就《じょうじゅ》（せしむる儀軌《ぎき》である）。

2 秘密法《ひみつほう》

【(1) 誓誡《せいかい》・心真言《しんしんごん》】

次《つぎ》に（その弟子《でし》が）秘密《ひみつ》を保持《ほじ》することができるものである（ならば、その弟子《でし》に対《たい》して秘密法《ひみつほう》が伝授《でんじゅ》される）。まず最初《さいしょ》にそ（の弟子《でし》）に（次《つぎ》の如《ごと》き）誓《ちか》いの心呪《フリダヤ》(63)を説《と》くべきである。

「オーム・ヴァジュラサトヴァハ・スヴァヤム・テー・アドヤ・フリダエー・サムアヴァスティタハ・ニルブヒドヤ・タットクシャナム・ヤーヤード・ヤディ・ブルーヤード・イダム・ナヤム（オーム、金剛薩埵《こんごうサッタ》は自《みずか》ら今《いま》や汝《なんじ》の心蔵《しんぞう》に住《じゅう》したまう。もし汝《なんじ》がこの理趣《りしゅ》を〔他人《ひと》に〕もらすなら〔金剛薩埵《こんごうサッタ》は〕その刹那《セツナ》に〔汝《なんじ》の心蔵《しんぞう》を〕破《やぶ》って出《で》て行《い》ってしまうであろう）。」（**245**）

ついで次《つぎ》の如《ごと》くに誡《おし》えるべきである、「汝《なんじ》はこの誓《ちか》いの心呪《フリダヤ》を決《けっ》して越過《おっか》してはならない。（もし誓《ちか》いを破《やぶ》るなら汝《なんじ》の身《み》に）危険《きけん》（が迫《せま》ってもそれを）防止《ぼうし》することができず、非時《ひじ》の死《し》があるであろうし、その身《み》ながらに地獄《じごく》に堕《お》ちる（ことになるであろう。であるからそういうことにならないように）。」（**246**）

【(2) 秘密印契智《ひみついんげいち》】

次《つぎ》に秘密《ひみつ》の印契《いんげい》の智慧《ちえ》を教《おし》えるべきである。

「金剛入《こんごうにゅう》を生起《しょうき》せしめてから、等引《とういん》せる（汝《なんじ》）金剛合掌《こんごうがっしょう》したその手掌《てのひら》を、（ほとんど聞《き》こえないほど）微《かす》かに[64]打拍《だはく》すべし。しからば山《やま》をも意《い》に従《したが》わせることができるであろう。」

金剛拍印《こんごうはくいん》（の儀軌《ぎき》は次《つぎ》の如《ごと》くである）。

「金剛入《こんごうにゅう》の儀軌《ぎき》を応用《おうよう》して、金剛縛《こんごうばく》にした手掌《てのひら》を（左右《さゆう》から圧《お》しつけるように）持《じ》すべし。

（ついでそれを）微《かす》かに打拍《だはく》する（なら、その）仕方《しかた》によって山《やま》ですら（圧《お》しつぶされた状態《じょうたい》に）なるであろう。

同様《どうよう》に（金剛《こんごう》）入《にゅう》の儀軌《ぎき》に従《したが》って、金剛縛《こんごうばく》（にした両手《りょうて》）を伸《の》ばして、先端《せんたん》の（両《りょう》）指《ゆび》を等《ひと》しく伸《の》ばして（それを拍《う》つなら）、刹那《セツナ》に百族《ひゃくぞく》（の侵攻《しんこう》）をも抑《よく》止《し》することができるであろう。

金剛入《こんごうにゅう》の儀軌《ぎき》の仕方《しかた》で微《かす》かに（拍掌《はくしょう》してから）金剛縛《こんごうばく》を解《と》いて、すべての指《ゆび》を一《ひと》つに

合《がっ》するなら、それは一切《いっさい》の苦《く》を破壊《はかい》する最勝《さいしょう》の印《いん》である。」（247）

【(3) 秘密成就法《ひみつじょうじゅほう》】

次《つぎ》に秘密成就法《ひみつじょうじゅほう》がある。

「愛欲《あいよく》の心《こころ》をもって女人《にょにん》(65)の、あるいは男《おとこ》の身《しん》に入《い》るべし。意《こころ》で完全《かんぜん》に入《はい》った（と想像《そうぞう》するなら、現実《げんじつ》に）相手《あいて》の身体《しんたい》に等《ひと》しく遍満《へんまん》することになるであろう。」（248）

同様《どうよう》にして拍掌《はくしょう》の心呪《フリダヤ》は次《つぎ》の如《ごと》くである。

「ヴァジュラ・ヴァシャ（金剛《こんごう》よ、支配《しはい》せよ）。

ヴァジュラ・ヴィシャ（金剛《こんごう》よ、入《い》れ）。

ヴァジュラ・ハナ（金剛《こんごう》よ、殺《ころ》せ）。

ヴァジュラ・ハラ（金剛《こんごう》よ、圧《お》しつぶせ）。」（249）

6 大《だい》三《さん》法《ほう》羯《カツ》・四《し》種《しゅ》印《いん》の智《ち》慧《え》

次《つぎ》に（阿《ア》闍《ジャ》梨《リ》は弟《で》子《し》に）心《フ》呪《リダヤ》を授《さず》けてから、（弟《で》子《し》）自《じ》身《しん》の族《ぞく》の天《てん》尊《そん》の四《し》印《いん》の智《ち》慧《え》を学《まな》ばしむべきである。次《つぎ》の如《ごと》き儀《ぎ》軌《き》をもって（弟《で》子《し》に）告《つ》げるべきである。「それが誰《だれ》であろうとも、これらの印《いん》契《げい》に通《つう》達《だつ》していない者《もの》には、汝《なんじ》はたとえ一《ひと》つたりとも印《いん》契《げい》を示《しめ》してはならない。なぜなら、いまだ大《だい》曼《マン》荼《ダ》羅《ラ》を見《み》ていない人《ひと》々《びと》が印《いん》契《げい》を結《むす》んだところで、彼《かれ》には決《けっ》してその様《よう》な悉《シッ》地《ジ》は出《しゅっ》来《たい》しないからである。さすれば彼《かれ》らは必《かな》ず懐《かい》疑《ぎ》に陥《おちい》り、災《わざ》禍《わい》を招《まね》き、速《すみ》やかに死《し》に至《いた》って無《む》間《げん》地《じ》獄《ごく》に堕《お》ちるであろう。また汝《なんじ》は（その科《とが》によって死《し》して）悪《あく》趣《しゅ》に赴《おもむ》くことであろう。」（250）

1 大《だい》印《いん》の智《ち》慧《え》

【(1) 一《いっ》切《さい》如《にょ》来《らい》薩《サッ》埵《タ》成《じょう》就《じゅ》法《ほう》における大《だい》印《いん》の智《ち》慧《え》】

そこで（まず）一《いっ》切《さい》如《にょ》来《らい》薩《サッ》埵《タ》成《じょう》就《じゅ》法《ほう》における大《だい》印《いん》の智《ち》慧《え》が（次《つぎ》の如《ごと》くに教《おし》えられる）。

「心《しん》を知《し》ることから始《はじ》めて、金《こん》剛《ごう》日《にち》をば成《じょう》就《じゅ》せしむべし。

自《みずか》らを仏《ブツ》の姿《すがた》（あるものなりと観《かん》じて、そを）金剛界《こんごうかい》として転《てん》ぜしむべし。」

（弟子《でし》が）この儀軌《ぎき》によって成就《じょうじゅ》するなら、（彼《かれ》は）ただちに智慧《ちえ》と（長《ちょう》）寿《じゅ》と力《ちから》と若《わか》さとを（獲《え》、また）一切処《いっさいしょ》に行《い》く（能力《のうりょく》）を得《う》ることであろう。また（彼《かれ》にとっては）仏《ブツ》であることすら得難《えがた》きものではない。

これが一切如来《いっさいにょらい》の現等覚《げんとうがく》の印契《いんげい》である。（**251**）

【(2) 金剛薩埵成就法《こんごうサッタじょうじゅほう》における大印《だいいん》の智慧《ちえ》】


次《つぎ》に金剛薩埵成就法《こんごうサッタじょうじゅほう》において大印《だいいん》を結《むす》ぶ（儀軌《ぎき》）がある。

「（自《みずか》ら金剛薩埵《こんごうサッタ》の如《ごと》き）誇《ほこ》りに満《み》ちて金剛杵《こんごうしょ》を抽擲《ちゅうてき》し、金剛慢《こんごうまん》（印《いん》）を示《しめ》すならば、（その）身《しん》・語《ご》・心《しん》（のすべて）に亘《わた》って（その人《ひと》は）自《みずか》ら金剛薩埵《こんごうサッタ》（そのもの）となる。

この遍行《へんぎょう》（印《いん》を結《むす》ぶ）なら、（彼《かれ》は）一切《いっさい》の愛欲《あいよく》の主《しゅ》・楽《らく》あるもの（となる）。

（彼《かれ》は）神通力《じんづうりき》と（長《ちょう》）寿《じゅ》と力《ちから》と容色《ようしょく》において（衆《しゅう》に）勝《すぐ》れ、（それらの点《てん》で）金剛薩《こんごうサッ》埵《タ》に等《ひと》しくなるであろう。」（**252**）

「身《しん》・語《ご》・心金剛《しんこんごう》（のすべて）を以《も》って画《え》に（描《えが》かれているのに）随《したが》って（修習《しゅじゅう》する

なら、それらの）標幟《ひょうじ》や印契《いんげい》に対応《たいおう》した[66]諸《もろもろ》の大薩埵《だいサッタ》を成就《じょうじゅ》する（ことができる）であろう。

（我《われ》は）まさに一切諸《いっさいもろもろ》の細軌《カルパ》を成就《じょうじゅ》せしめる（儀軌《ぎき》）と（それらの）悉地《シッジ》[67]とを（説《と》くべし）、（また、それらを）成就《じょうじゅ》せる者《もの》たちの大《おお》いなる業《ごう》を次第《しだい》して説《と》くべし。初《はじ》めは日毎《ひごと》に（正《ただ》しき）時《とき》に随《したが》って（それらを修習《しゅじゅう》し）、同様《どうよう》に自加持等《じかじとう》（の儀軌《ぎき》）を作《な》すならば、一切《いっさい》を成就《じょうじゅ》するであろう。それ以後《いご》は（すべて）欲《ほっ》するままに（行《ぎょう》じてよい）。」**(253)**

【(3) 大印《だいいん》成就《じょうじゅ》法《ほう》広大《こうだい》儀軌《ぎき》】

次《つぎ》に大印《だいいん》を成就《じょうじゅ》するための広大儀軌《こうだいぎき》がある。

「金剛入《こんごうにゅう》を生起《しょうき》せしめ、儀軌《ぎき》に従《したが》って大印《だいいん》を結《むす》んで、（その）面前《めんぜん》においてかの大薩埵《だいサッタ》を出現《しゅつげん》せしむべし。

そを智慧薩埵《ちえサッタ》（なり）と見《み》て、自《みずか》らの身体《しんたい》（の中《うち》）に出現《しゅつげん》せしむべし。（行者《ぎょうじゃ》はそを）鉤召《こうちょう》し、入《い》らしめ、縛《ばく》し、支配《しはい》して（自《みずか》らの身内《しんない》に）成就《じょうじゅ》せしめるであろう。」**(254)**

次《つぎ》に以下《いか》の如《ごと》き諸《もろもろ》の心真言《フリダヤ》がある。

「ヴァジュラサットヴァ・アーハ（金剛薩埵《こんごうサッタ》よ、アーハ）。」

（此《こ》は）金剛入《こんごうにゅう》の心真言《フリダヤ》（である）。

「ヴァジュラサットヴァ・ドリシュヤ（金剛薩埵《こんごうサッタ》よ、見《み》よ）。」

（此《こ》は）大薩埵《だいサッタ》の随念《ずいねん》の心真言《フリダヤ》である。

「ジャハ・フーム・ヴァン・ホーホ（弱《ジャク》・吽《ウン》・鑁《バン》・斛《コク》）。」

（此《こ》は）大薩埵《だいサッタ》を鉤召《こうちょう》し、入《い》らしめ、縛《ばく》し、降伏《ごうぶく》（すなわち支配《しはい》）するための心真言《フリダヤ》である。(255)

「サマヤス・トヴァム（汝《なんじ》は三昧耶《サマヤ》なり）と（いう心真言《フリダヤ》を）発音《はっとん》して背後《はいご》から月輪《がちりん》に入《い》るべし。そして、自《みずか》らを(68)（三昧耶《サマヤ》）薩埵《サッタ》であると観想《かんそう》すべし、サマヤス・トヴァム・アハム（汝《なんじ》は三昧耶《サマヤ》なり、我《われ》は〔汝《なんじ》なり〕）と言《い》いつつ……。

その（三昧耶《サマヤ》）薩埵《サッタ》の印契《いんげい》であるところのものを、そを自分自身《じぶんじしん》であると観想《かんそう》すべし。（しからば）金剛念誦《こんごうねんじゅ》によって一切《いっさい》の印契《いんげい》をもって（自《みずか》らの身《しん》を）厳《かざ》ることを(69)成就《じょうじゅ》することができるであろう。

ジャハ・フーム・ヴァン・ホーホ（という心呪《フリダヤ》）を発音《はっとん》しつつ（自《みずか》らの）身《しん》に一切諸《いっさいしょ》

仏《ブツ》を入《い》らしむべし。意《こころ》に「善哉《サードウ》」（と満足《まんぞく》し得《う》る）仕方《しかた》によって（成就《じょうじゅ》されるが故《ゆえ》に、その）成就法《サーダナ》は他《ほか》に（比肩《ひけん》するもの）無《な》く(70)、偉大《いだい》なのである。

ここで（我《われ》は）以下《いか》の如《ごと》き諸《しょ》（尊《そん》の印契《いんげい》の成就《じょうじゅ》）のために無上《むじょう》なる金剛業《こんごうごう》を説《と》くであろう。（それに従《したが》って諸《しょ》）仏《ブツ》の随念《ずいねん》を成就《じょうじゅ》した者《もの》は、速疾《そくしつ》に仏《ブツ》である状態《じょうたい》に到達《とうたつ》するであろう。」（**256**）

（四波羅蜜菩薩《しハラミツボサツ》の大印《だいいん》）

「（金《こん》）薩埵金剛女《サッタこんごうにょ》（の印《いん》）を成就《じょうじゅ》した者《もの》は一切《いっさい》の印契《いんげい》（女《にょ》たち）の主人《しゅじん》となるであろう。

（宝《ほう》）宝金剛女印《ほうこんごうにょいん》（を成就《じょうじゅ》した場合《ばあい》）には、彼《かれ》は一切宝《いっさいほう》の主《しゅ》となる。

（法《ほう》）法金剛女《ほうこんごうにょ》（の印《いん》）をもって成就《じょうじゅ》した者《もの》は仏《ブツ》の法《ほう》を持《じ》するものとなり、

（羯《カツ》）羯磨金剛女印《カツマこんごうにょいん》（を成就《じょうじゅ》した場合《ばあい》）には金剛業《こんごうごう》を作《な》すものとなるであろう。（**257**）

（十六大菩薩《じゅうろくだいボサツ》の大印《だいいん》）

（薩《サツ》）金剛薩埵《こんごうサッタ》は薩埵《サッタ》（金剛《こんごう》）印《いん》を結《むす》ぶことによって成就《じょうじゅ》される。

（王《おう》）金剛鉤召《こんごうこうちょう》の加行《けぎょう》よりして持金剛《じこんごう》（印《いん》）を鉤召《こうちょう》すべし。

（愛《あい》）金剛貪愛《こんごうとんあい》の大印《だいいん》は一切諸仏《いっさいしょブツ》をも貪愛《とんあい》せしむるであろう。

（喜《き》）金剛善哉《こんごうぜんざい》の加行《けぎょう》よりしてよく一切諸仏《いっさいしょブツ》を喜《よろこ》ばしむるであろう。

（宝《ほう》）同様《どうよう》に、宝印《ほういん》の儀軌《ぎき》は諸《もろもろ》の仏《ブツ》の灌頂《かんじょう》を授《さず》けるであろう。

（光《こう》）金剛威光《こんごういこう》の加行《けぎょう》よりして速疾《そくしつ》に金剛光《こんごうこう》があるであろう。

（幢《とう》）金剛幢《こんごうとう》に承事《じょうじ》するならば、能《よ》く（自《みずか》らの）意願《いがん》を満《み》たし得《う》べし。

（笑《しょう》）金剛笑《こんごうしょう》の儀軌《ぎき》を行《ぎょう》ずるならば一切諸仏《いっさいしょブツ》と等《ひと》しく笑《わら》う（ことを得《う》べし）。（258）

（法《ほう》）金剛法《こんごうほう》の加行《けぎょう》よりして金剛法《こんごうほう》を持《じ》する者《もの》となるであろう。

（利《り》）金剛利《こんごうり》の加行《けぎょう》よりして一切諸仏《いっさいしょブツ》の最上位《さいじょうい》に立《た》つであろう。般若《ハンニャ》（の智慧《ちえ》の鋭利《えいり》なること）において。

（因《いん》）持金剛輪《じこんごうりん》に承仕《じょうじ》するならば彼《かれ》は能《よ》く法輪《ほうりん》を転《てん》ずるであろう。

（語《ご》）金剛語《こんごうご》の加行《けぎょう》よりして仏《ブツ》の語《ご》の悉地《シッジ》に到達《とうたつ》し得《う》べし。

（業《ごう》）金剛業最上《こんごうごうさいじょう》（成就法《じょうじゅほう》）を成就《じょうじゅ》するなら速疾《そくしつ》に金剛業《こんごうごう》があるであろう。

（護《ご》）金剛鎧《こんごうがい》を披甲《ひこう》するならば金剛《こんごう》（不壊《ふえ》の）身《しん》を獲得《かくとく》するであろう。

（牙《げ》）金剛薬叉《こんごうヤクシャ》に承仕《じょうじ》したならば、実《げ》に金剛薬叉《こんごうヤクシャ》と等《ひと》しくなるであろう。

（拳《けん》）金剛拳《こんごうけん》を結《むす》ぶならば一切《いっさい》の印契《いんげい》を成就《じょうじゅ》する。（259）

（内《ない》の四供養《しくよう》の大印《だいいん》）

（嬉《き》）金剛嬉戯女《こんごうきげにょ》（印《いん》）を成就《じょうじゅ》するなら大金剛歓喜《だいこんごうかんぎ》をば獲得《かくとく》すべし。

（鬘《マン》）金剛鬘女《こんごうマンにょ》（印《いん》）を結《むす》んだならば（それは）一切諸仏《いっさいしょブツ》の灌頂《かんじょう》を授《さず》ける。

（歌《か》）金剛歌女《こんごうかにょ》（印）を修習《しゅじゅう》するなら金剛歌女《こんごうかにょ》を瑜伽《ユガ》せしむべし。

（舞《ぶ》）金剛舞女《こんごうぶにょ》（印《いん》）を結《むす》ばしめるならば、彼《かれ》は一切諸仏《いっさいしょブツ》によって供養《くよう》される。（**260**）

（外《げ》の四供養《しくよう》の大印《だいいん》）

（香《こう》）金剛香女《こんごうこうにょ》（印《いん》）を修《しゅ》するならば能《よ》く一切世間《いっさいせけん》を悦《よろこ》ばしむべし。

（華《げ》）金剛華女《こんごうけにょ》（印《いん》）を修《しゅ》するならば、彼《かれ》は世間《せけん》を支配《しはい》し得《う》べし。

（燈《とう》）金剛燈大印《こんごうとうだいいん》を供養《くよう》するなら、（そは彼《かれ》に）眼《まなこ》をば与《あた》えるであろう。

（塗《ず》）金剛塗香《こんごうずこう》の加行《けぎょう》よりして能《よ》く一切《いっさい》の苦《く》を除《のぞ》く者《もの》となるであろう。（**261**）

（四摂《ししょう》の菩薩《ボサツ》の大印《だいいん》）

（鉤《こう》）金剛鉤《こんごうこう》を以《も》って鉤召《こうちょう》するなら、彼《かれ》は一切《いっさい》の鉤召《こうちょう》する者《もの》のうちで最勝《さいしょう》なる者《もの》となり得《え》よう。

（索《さく》）金剛羂索《こんごうけんじゃく》の加行《けぎょう》よりして彼《かれ》は能《よ》く一切《いっさい》を入《い》らしめる者《もの》となるであろう。

（鏁《さ》）金剛鏁《こんごうさ》を修《しゅ》するならば彼《かれ》は能《よ》く一切《いっさい》の結縛《けつばく》に堪《た》える者《もの》となるであろう。

(鈴《れい》)金剛入《こんごうにゅう》の儀軌《ぎき》を修《しゅ》すれば彼《かれ》は能《よ》く一切《いっさい》の能入《のうにゅう》を成就《じょうじゅ》するであろう。」(262)

2 三昧耶印《サマヤいん》の智慧《ちえ》

【(1) 一切如来《いっさいにょらい》の金剛三昧耶印《こんごうサマヤいん》の智慧《ちえ》】

次《つぎ》に一切如来《いっさいにょらい》の金剛三昧耶印《こんごうサマヤいん》の智慧《ちえ》がある。

「(両《りょう》)掌《て》を堅《かた》く合《がっ》してすべての指《ゆび》を(伸《の》ばしたまま相互《そうご》に)交錯《こうさく》させたものが金剛合《こんごうがっ》掌《しょう》と称《しょう》される。(それらの指《ゆび》を)完全《かんぜん》に(曲《ま》げて)結《むす》び合《あ》わせるとそれが金剛縛《こんごうばく》である。

一切《いっさい》の三昧耶印《サマヤいん》は(印母《いんも》たるこの)金剛縛《こんごうばく》から生《しょう》じたものである。(263)

我《われ》はそれら(諸《もろもろ》の三昧耶印《サマヤいん》を)結《むす》ぶ(仕方《しかた》)を説《と》くであろう。(まず)無上《むじょう》なる金《こん》剛縛《ごうばく》(を結《むす》ぶ)。

薩埵金剛《サッタこんごう》(印《いん》)を堅《かた》くして、(両《りょう》の)中指《ちゅうし》を合《がっ》して芽《が》の如《ごと》くに竪《た》てる(大日《だいにち》)。

(次《つぎ》にそれら伸《の》ばした両《りょう》の)中指《ちゅうし》を内側《うちがわ》に縮《ちぢ》めるようにすれば(それが)第二《だいに》の(阿《ア》閦《シュク》)仏《ブツ》(の印《いん》である)と称《しょう》される(阿閦《アシュク》)。

(両《りょう》の)中指《ちゅうし》と大指《だいし》を宝《ほう》(形《ぎょう》にするなら、それが第三《だいさん》の仏《ブツ》の印《いん》であり)(宝生《ほうしょう》)、(両《りょう》の中指《ちゅうし》を）曲《ま》げて蓮《れん》（葉《よう》のかたちにするなら、それが第四《だいよん》の仏《ブツ》の印《いん》である）（世自在王《せじざいおう》）。同様《どうよう》にして（両《りょう》の）頭指《ずし》を（内《うち》に向《む》けて）完全《かんぜん》に縮《ちぢ》めるならそれが第五《だいご》の仏《ブツ》の印《いん》である（不空成就《ふくうじょうじゅ》）。」（**264**）

【(2) 如来族《にょらいぞく》の三昧耶印《サマヤいん》】

「次《つぎ》に我《われ》は如来族《にょらいぞく》の三昧耶《サマヤ》を握持《あくじ》せしめる印《いん》の結《むす》び方《かた》と、（その）悉地《シツジ》と業《ごう》とを説《と》くべし。

（金剛縛《こんごうばく》にした）二手《にしゅ》を月輪《がちりん》（のかたち）にして（両《りょう》の）中指《ちゅうし》を放《はな》ち（両《りょう》の）小指《しょうし》の面《めん》を着《つ》けないなら（それが）薩埵金剛《サッタこんごう》（印《いん》）による金剛《こんごう》（薩埵《サッタ》）である（薩《サツ》）。（**265**）

（両《りょう》の）頭指《ずし》を鉤《かぎ》（の形《かたち》）にし（王《おう》）、その（頭指《ずし》の）先端《せんたん》を交《まじ》え（愛《あい》）、（弾指《だんじ》して）善哉《ぜんざい》（の相《そう》）を示《しめ》す（喜《き》）。これが（阿閦《アシュク》の四親近《ししんごん》たる）金剛薩埵《こんごうサッタ》（以下《いか》の）四《し》（菩《ボ》薩《サツ》の）悉地《シツジ》の印契《いんげい》の聚《しゅう》である。

（両《りょう》の）大指《だいし》を並《なら》べ（立《た》て）、（両《りょう》の）頭指《ずし》の面《めん》を合《がっ》（して宝形《ほうぎょう》に）するなら、（それが）宝金剛《ほうこんごう》（印《いん》）である（宝《ほう》）。

その同《おな》じ（宝金剛印《ほうこんごういん》）の（両《りょう》の）中指《ちゅうし》と無名指《むみょうし》と小指《しょうし》を（光《ひかり》を放《はな》つように）よく伸《の》

ばす（なら、それが金剛《こんごう》光《こう》の印《いん》である）（光《こう》）。**（266）**（その金剛光《こんごうこう》の印《いん》の両《りょう》の）無名指《むみょうし》と小指《しょうし》とを合《がっ》して幢《はた》の如《ごと》くにする（ならそれが金剛《こんごう》幢《とう》の印《いん》である）（幢《とう》）。

その同《おな》じ（金剛幢印《こんごうとういん》）を翻転《ほんてん》して笑処《しょうしょ》に置《お》く（ならそれが金剛笑《こんごうしょう》の印《いん》である）（笑《しょう》）。

（金剛縛《こんごうばく》から両《りょう》の）大指《だいし》を合《がっ》して伸《の》ばし、（二《に》）頭指《ずし》を（合《がっ》して内《うち》に）曲《ま》げる（なら、それが金剛法《こんごうほう》の印《いん》である）（法《ほう》）。

（金剛縛《こんごうばく》の二《に》）中指《ちゅうし》（を伸《の》ばしそ）の（先端《せんたん》の）面《めん》を合《がっ》して金剛剣《こんごうけん》（の如《ごと》くにするなら、それが金剛利《こんごうり》の印《いん》である）（利《り》）。**（267）**

その（金剛利《こんごうり》の印《いん》の）無名指《むみょうし》と小指《しょうし》とを合《がっ》し、（八輻《はっぷく》）輪《りん》（の形《かたち》）を示《しめ》した（ならそれが金剛因《こんごういん》の印《いん》である）（因《いん》）。

（金剛《こんごう》）縛《ばく》にした大指《だいし》を解《と》いて伸《の》ばし、口《くち》のところに置《お》く（ならそれが金剛語《こんごうご》の印《いん》である）（語《ご》）。

（金剛縛《こんごうばく》を伏《ふ》せて開《ひら》き）両《りょう》の小指《しょうし》と大指《だいし》との面《めん》を合《がっ》するなら、（それが）金剛業《こんごうごう》（の印《いん》である）（業《ごう》）。

その同《おな》じ（金剛縛《こんごうばく》）の（二《に》）頭指《ずし》を合《がっ》し伸《の》ばして心《しん》に当《あ》てる（なら、それが金剛護《こんごうご》の

印《いん》である）（護《ご》）。（268）

（金剛縛《こんごうばく》の二《に》）頭指《ずし》（を伸《の》ばして）の先《さき》を曲《ま》げ（同《おな》じく二《に》）小指《しょうし》の合《がっ》していたのを解《と》く（なら、それが金剛牙《こんごうげ》の印《いん》である）（牙《げ》）。

（金剛縛《こんごうばく》したその掌《て》の）中《なか》に（両《りょう》の）小指《しょうし》（を入《い》れ、両《りょう》の）頭指《ずし》を曲《ま》げて大指《だいし》に圧《お》しつける（なら、それが金剛拳《こんごうけん》の印《いん》である）（拳《けん》）。

（金剛縛《こんごうばく》の両《りょう》）大指《だいし》を合《がっ》して心《しん》に着《つ》け（るならそれが金剛嬉《こんごうき》の印《いん》であり）（嬉《き》）、（さらにその印《いん》はそのままに臂《ひじ》を）真直《まっす》ぐに展《の》べる（ならそれが金剛《こんごう》）鬘《マン》（の印《いん》である）（鬘《マン》）。

（金剛縛《こんごうばく》を解《と》いてその）指先《ゆびさき》を口《くち》のところで散《さん》ずる（ならそれが金剛歌《こんごうか》の印《いん》であり）（歌《か》）、（その散《さん》じた両《りょう》の掌《て》を）舞《ま》（いを舞《ま》）うようにして頭頂《ずちょう》で合《がっ》する（ならそれが金剛舞《こんごうぶ》の印《いん》である）（舞《ぶ》）。（269）

金剛縛《こんごうばく》を下《した》に向《む》けて散《さん》ずる（ならばそれが金剛香《こんごうこう》の印《いん》であり）（香《こう》）、再《ふたた》びそれを合《がっ》掌《しょう》して上《うえ》に向《む》かって散《さん》ずる（ならそれが金剛華《こんごうけ》の印《いん》である）（華《け》）。

（金剛縛《こんごうばく》の両《りょう》の）大指《だいし》を並《なら》べてよく圧《お》しつける（ならそれが金剛《こんごう》）光明《こうみょう》（の印《いん》であり）（燈《とう》）、（その印《いん》を解《と》いて指《ゆび》を）よく伸《の》ばすなら（それが金剛《こんごう》）塗香《ずこう》（の印《いん》である）（塗《ず》）。
（金剛縛《こんごうばく》の右《みぎ》の）一頭指《いちずし》をもって招《まね》く（ならそれが金剛鉤《こんごうこう》の印《いん》であり）（鉤《こう》）、両《りょう》の大《だい》指《し》を結《むす》び目《め》の如《ごと》くに結《むす》ぶ（ならそれは金剛索《こんごうさく》の印《いん》である）（索《さく》）。
（金剛縛《こんごうばく》の）大指《だいし》と頭指《ずし》とを釧環《うでわ》の如《ごと》くに結《むす》ぶ（なら、それは金剛鏁《こんごうさ》の印《いん》であり）（鏁《さ》）、金剛拳《こんごうけん》にした（両手《りょうて》の）頭指《ずし》を合《がっ》する（なら、それが金剛鈴《こんごうれい》の印《いん》である）（鈴《れい》）。」（**270**）

【(3) 成就法《じょうじゅほう》】

「次《つぎ》に我《われ》は（これら諸尊《しょそん》の三昧耶印《サマヤいん》を）成就《じょうじゅ》せしむる最上《さいじょう》の金剛成就法《こんごうじょうじゅほう》をば、心蔵《しんぞう》に住《じゅう》する自《みずか》らの大印《だいいん》とともに金剛薩埵《こんごうサッタ》の三昧《サンマイ》（に入《い》り、それ）によって、説《と》くべし。
ついで我《われ》はこれら（三昧耶印《サマヤいん》）の業《ごう》を、無上《むじょう》なる金剛業《こんごうごう》をば説《と》くべし。（**271**）
金剛界等《こんごうかいとう》（の三昧耶《サマヤ》）印《いん》（を結《むす》ぶなら、そこ）において一切諸如来《いっさいしょにょらい》は集会《しゅうえ》（したまい、それ）によって
その刹那《セツナ》に、曼荼羅阿闍梨《マンダラアジャリ》と（その）弟子達《でしたち》を加持《かじ》したまうであろう。
（曼荼羅阿闍梨《マンダラアジャリ》が）薩埵金剛印《サッタこんごういん》を結《むす》ぶならば彼《かれ》はそこにおいて持金剛《じこんごう》に等《ひと》しき者《もの》とな

るであろう（薩《サツ》）。

金剛鉤召印《こんごうこうちょういん》を結ぶだけで、彼《かれ》はただちに能《よ》く一切諸仏《いっさいしょブツ》を召集《しょうじゅう》するであろう（王《おう》）。

272

欲金剛《よくこんごう》（印《いん》の成就法《じょうじゅほう》）を修《しゅ》するならば、彼《かれ》は正覚者《しょうがくじゃ》をすら愛欲《あいよく》せしむるであろう（愛《あい》）。

金剛歓喜《こんごうかんぎ》（印《いん》の成就法《じょうじゅほう》を修《しゅ》すること）によって彼《かれ》は一切《いっさい》の勝者《しょうじゃ》たちによって『善哉《ぜんざい》』と称讃《しょうさん》される（であろう）（喜《き》）。

宝金剛《ほうこんごう》（印《いん》）を結《むす》ぶならば、彼《かれ》は諸仏《しょブツ》によって灌頂《かんじょう》される（であろう）（宝《ほう》）。

金剛日《こんごうにち》（の印《いん》）を結《むす》ぶなら仏《ブツ》に等《ひと》しき光円《こうえん》（を有《ゆう》する者《もの》）となるであろう（光《こう》）。

273

金剛幢《こんごうとう》（印《いん》）を持《じ》するものとなるならば、彼《かれ》は能《よ》く一切《いっさい》の意願《いがん》を満《み》たすであろう（幢《とう》）。

金剛笑《こんごうしょう》（の印《いん》）を修《しゅ》するならば、彼《かれ》は一切諸仏《いっさいしょブツ》と倶《とも》に笑《わら》う（ことができる）であろう（笑《しょう》）。

金剛法《こんごうほう》（印《いん》）を持《じ》するならば、彼《かれ》は金剛法《こんごうほう》（菩薩《ボサツ》）に等《ひと》しくなるであろう（法《ほう》）。

金剛剣《こんごうけん》（の印《いん》）を握持《あくじ》するならば、彼《かれ》は能《よ》く一切《いっさい》の煩悩《ぼんのう》を断《た》つであろう（利《り》）。（274）

金剛輪《こんごうりん》（の印《いん》）を堅固《けんご》になすならば、曼荼羅《マンダラ》の主宰者《しゅさいしゃ》となるであろう（因《いん》）。

金剛語《こんごうご》（の印《いん》）を修習《しゅじゅう》するならば、金剛語《こんごうご》の最上《さいじょう》の悉地《シツジ》（が実現《じつげん》する）（語《ご》）。

羯磨金剛《カツマこんごう》（印《いん》）を持《じ》するならば、金剛業《こんごうごう》（菩薩《ボサツ》）と等《ひと》しくなる（ことができる）であろう（業《ごう》）。

金剛鎧《こんごうがい》（の印《いん》）を堅固《けんご》にするならば、（その）身《しん》は金剛《こんごう》の如《ごと》くに（堅固《けんご》に）なるであろう（護《ご》）。（275）

金剛牙最勝印《こんごうげさいしょういん》をもってするなら、彼《かれ》は能《よ》く諸《もろもろ》の悪《あ》しき魔《マ》を摧毀《さいき》するであろう（牙《げ》）。

金剛拳《こんごうけん》を堅固《けんご》に握《にぎ》るならば一切《いっさい》の印契《いんげい》を支配《しはい》し得《う》るであろう（拳《けん》）。

（金剛《こんごう》）嬉《き》（女《にょ》の印《いん》）によって諸《もろもろ》の喜悦《きえつ》があり（嬉《き》）、（金剛《こんごう》）鬘《マン》（女《にょ》の印《いん》）をもってするなら諸《もろもろ》の荘厳《しょうごん》（を得《う》る）（鬘《マン》）。

（金剛《こんごう》）歌《か》（女《にょ》の印《いん》）をもってするなら（その語《ことば》は）常《つね》に明瞭《めいりょう》であり（歌《か》）、（金剛《こんごう》）舞《ぶ》（女《にょ》の印《いん》）をもってするなら供養《くよう》を得《う》る（舞《ぶ》）。（276）

（金剛《こんごう》）焼香《しょうこう》（女《にょ》の印《いん》）をもってするなら、能《よ》く世間《せけん》を悦《よろこ》ばしめるであろうし（香《こう》）、

（金剛《こんごう》）華《け》（女《にょ》の印《いん》）をもってするなら美《うつく》しき容色《ようしょく》によって荘厳《しょうごん》されることを（得《う》る

であろう）（華《げ》）。

（金剛《こんごう》）燈《とう》（女《にょ》の印《いん》）によって世間《せけん》は清浄《しょうじょう》ならしめられ（燈《とう》）、（金剛《こんごう》）塗香《ずこう》（女《にょ》の印《いん》）によって天妙《てんみょう》の香《かおり》（を放《はな》つに至《いた》るであろう）（塗《ず》）。

金剛鉤《こんごうこう》（の印《いん》）は普《あまね》く鉤召《こうちょう》せしめ（鉤《こう》）、金剛索《こんごうさく》（の印《いん》）は能《よ》く入《い》らしめる（索《さく》）。

金剛鏁《こんごうさ》（の印《いん》）は能《よ》く縛《ばく》せしむるであろうし（鏁《さ》）、金剛鈴《こんごうれい》（の印《いん》）は能《よ》く遍入《へんにゅう》せしむるであろう（鈴《れい》）。」（**277**）

3 法《ほう》印《いん》

【(1) 法《ほう》印《いん》】

「次《つぎ》に法印《ほういん》（、すなわち、三昧耶印《サマヤいん》に対応《たいおう》する真言《しんごん》）が説《と》かれる。

ヴァジュラジュニャーナ[71]（「金剛智《こんごうち》よ」）（という真言《しんごん》）は諸仏《しょブツ》の金剛界《こんごうかい》を堅固《けんご》ならしめる。

我《われ》はさらに、儀軌《ぎき》に従《したが》って（諸尊《しょそん》の）法印《ほういん》を説《と》くであろう。

サマヤス・トゥヴァム（「汝《なんじ》は三昧耶《サマヤ》なり」）と（いう真言《しんごん》を）発音《はっとん》するなら、その人《ひと》は一切印契女《いっさいいんげいにょ》たちの主宰者《しゅさいしゃ》となるであろう（薩《サツ》）。

アーナヤスヴァ（「汝《なんじ》は導《みちび》け」）と発音《はっとん》するなら、その人《ひと》は能《よ》く諸仏《しょブツ》を（も）鉤召《こうちょう》するであろう（王《おう》）。278

アホー・スッカ（「ああ、楽《らく》よ」）と発音《はっとん》するなら彼《かれ》は諸仏《しょブツ》をすらも能《よ》く愛欲《あいよく》せしむるであろう（愛《あい》）。

サードゥ・サードゥ（「善哉《ぜんざい》、善哉《ぜんざい》」）と発音《はっとん》するなら、彼《かれ》は能《よ》く（諸仏《しょブツ》をも）「善《ぜん》哉《ざい》」と喜《よろこ》ばしめるであろう（喜《き》）。

スマハット・トゥヴァム（「汝《なんじ》はきわめて大《おお》いなるものなり」）と発音《はっとん》するなら、彼《かれ》は一《いっ》切《さい》諸仏《しょブツ》によって灌頂《かんじょう》される（宝《ほう》）。

ルーポードヨータ（「容色《ようしょく》の輝《かがや》きあるものよ」）と発音《はっとん》するならば、彼《かれ》は法《ほう》の威光《いこう》あるものとなるであろう（光《こう》）。279

アルタプラープティル（「利益《りやく》の獲得《かくとく》ある者《もの》である」）と発音《はっとん》するなら、彼《かれ》は一切《いっさい》の意《い》願《がん》を能《よ》く成満《じょうまん》せしむるであろう（幢《とう》）。

ハ・ハ・フーム・ハと発音《はっとん》するなら、彼《かれ》は一切諸仏《いっさいしょブツ》と一同《いちどう》に笑《わら》うであろう（笑《しょう》）。

サルヴァカリ（「一切作者《いっさいさしゃ》よ」）と発音《はっとん》するなら、彼《かれ》は能《よ》く一切諸仏《いっさいしょブツ》をして（彼《かれ》の）罪《ざい》行《ぎょう》をすら浄《きよ》めしむるであろう（法《ほう》）。

ドゥッカチェーダ（「能《よ》く苦《く》を断《だん》ずるものよ」）と発音《はっとん》するならば、彼《かれ》は一切諸《いっさいもろもろ》の苦《く》を能《よ》く断除《だんじょ》する（利《り》）。

ブッダボーディル（「仏《ブツ》の菩提《ボダイ》は」）と発音《はっとん》するなら、彼《かれ》は曼荼羅《マンダラ》の主宰者《しゅさいしゃ》となることができるであろう（因《いん》）。

プラティシャブダ（「こだまよ」）と発音《はっとん》するなら、彼《かれ》は諸仏《しょブツ》と倶《とも》に能《よ》く論談《ろんだん》するであろう（語《ご》）。**(280)**

スヴァシ・トヴァム（「汝《なんじ》は完全《かんぜん》なる自在者《じざいしゃ》」）(72)と発音《はっとん》するなら、彼《かれ》は一切《いっさい》のものに対《たい》して支配力《しはいりょく》あるものとなるであろう（業《ごう》）。

ニルブハヤス・トヴァム（「汝《なんじ》は畏《おそ》れなき者《もの》なり」）と発音《はっとん》するなら、彼《かれ》はその刹那《セツナ》に畏《おそ》れなきものとなれ（護《ご》）。**(281)**

シャトルム(73)・ブハクシャ（「怨敵《おんてき》を啖《くら》え」）と発音《はっとん》するなら、彼《かれ》は能《よ》く一切《いっさい》の怨敵《おんてき》を啖《くら》う(74)であろう（牙《げ》）。

サルヴァシッディル（「一切《いっさい》の悉地《シツジ》が」）と発音《はっとん》するなら、（彼《かれ》に）一切《いっさい》の悉地《シツジ》が実現《じつげん》するであろう（拳《けん》）。

マハーラティ（「大《おお》いなる歓喜《かんぎ》」）（という真言《しんごん》）は天妙《てんみょう》の歓喜《かんぎ》（を齎《もたら》し）（嬉《き》）、ルーパショーブヘー(75)（「容色麗《ようしょくうるわ》しき女《おんな》よ」）という（真言《しんごん》）も同様《どうよう》である（鬘《マン》）。

シュロートラサウクフヤー（「耳《みみ》にとって悦《よろこ》ばしき女《おんな》は」）（という真言《しんごん》）は楽《らく》を齎《もたら》すであろうし（歌《か》）、サルヴァプージャー（「一切供養女《いっさいくようにょ》は」）（という真言《しんごん》）はよく供養《くよう》された状態《じょうたい》を（齎《もたら》す）（舞《ぶ》）。（**282**）

プラフラーディニ（「よろこばしむる女《おんな》よ」）（という真言《しんごん》）は意《こころ》を悦《よろ》こばしめ（香《こう》）、

プハラアーガミ（「果報《かほう》を齎《もたら》す女《おんな》よ」）（という真言《しんごん》）は果報《かほう》を得《え》しめる(76)（華《げ》）。

ステージャアグリ（「最上威光女《さいじょういこうにょ》よ」）（という真言《しんごん》）は大威光《だいいこう》（を得《え》しめ）（燈《とう》）、スガンダアンギ（「よき香《かおり》ある身体《しんたい》の女《おんな》よ」）（という真言《しんごん》）は（身《しん》に）よき香《かおり》ある状態《じょうたい》を（齎《もたら》す）（塗《ず》）。

アーヤーヒ・ジャーハ（「来《きた》れ、弱《ジャク》」）は普《あまね》く鉤召《こうちょう》する（真言《しんごん》であり）（鉤《こう》）、アーヒ・フーム・フーム（「アーヒ、吽《ウン》、吽《ウン》」）（という真言《しんごん》）は能《よ》く引入《いんにゅう》する（索《さく》）。

ヘー・スポータ・ヴァアン（「ヘー、鏁《さ》よ、鑁《バン》」）（という真言《しんごん》）は大《おお》いなる縛《ばく》（を齎《もたら》し）（鏁《さ》）、ガンター・アハ・アハ（「鈴《れい》は、啞《アク》、啞《アク》」）（という真言《しんごん》）はよく震動《しんどう》せしむる（鈴《れい》）。」（**283**）

【(2) 法印《ほういん》の成就法《じょうじゅほう》】

「次《つぎ》に我《われ》はこれら諸《しょ》(尊《そん》)の法印《ほういん》のよき(果報《かほう》を齎《もたら》す)成就法《じょうじゅほう》を説《と》くであろう。舌《した》(の上《うえ》)に金剛《こんごう》を観想《かんそう》すべし。そは(行者《ぎょうじゃ》をして能《よ》く)一切《いっさい》の業《ごう》を作《な》(さしめ)る。」

(**284**)

4 羯磨印《カツマいん》

【(1) 羯磨印《カツマいん》】

次《つぎ》に羯磨印《カツマいん》を縛《ばく》する(儀軌《ぎき》)がある。

「金剛拳《こんごうけん》を堅《かた》く握《にぎ》って、等引《とういん》せる者《もの》はそを両《ふたつ》になすべし。

(それらを)両《ふたつ》の金剛印《こんごういん》となして、それから縛《ばく》がなされる。

左《ひだり》の金剛指《こんごうし》が立《た》てられ、(それが)右《みぎ》(の金剛拳《こんごうけん》)によって握《にぎ》られる。

覚勝印《かくしょういん》という名《な》のこの印《いん》は(それを結《むす》ぶ者《もの》に)仏《ブツ》の菩提《ボダイ》を齎《もたら》す(大日《だいにち》)。(**285**)

阿閦《アシュク》(如来《にょらい》)の(印《いん》)は触地印《そくちいん》であり(阿閦《アシュク》)、同様《どうよう》に宝《ほう》(生如来《しょうにょらい》)に対《たい》しては施願《せがん》印《いん》がある(宝生《ほうしょう》)。

無量寿《むりょうじゅ》(如来《にょらい》)には定印《じょういん》(阿弥陀《アミダ》)、不空《ふくう》(成就如来《じょうじゅにょらい》)の(印《いん》)は施無畏《せむい》である(不《ふ》空成就《くうじょうじゅ》）。

次《つぎ》に我《われ》は羯磨印《カツマいん》を略説《りゃくせつ》すべし。

金剛薩埵等《こんごうサッタとう》の諸尊《しょそん》に能《よ》くその金剛業《こんごうごう》を成《じょう》ぜしむるところの（羯磨印《カツマいん》を……）。（**286**）二《に》（手《しゅ》）を以《も》って（左手《ひだりて》による金剛《こんごう》）慢《まん》と（右手《みぎて》による）抽擲《ちゅうてき》の勢《せい》を示《しめ》し（薩《サツ》）、鉤《こう》を握《にぎ》る（姿勢《しせい》）に安住《あんじゅう》し（王《おう》）、そして箭《や》を投《とう》ずる仕方《しかた》よりして（愛《あい》）、善哉《ぜんざい》（の印《いん》）を心《しん》に安《あん》ずる（喜《き》）。

灌頂《かんじょう》において両《りょう》の金剛拳《こんごうけん》あり（宝《ほう》）、心《しん》において日《にち》（輪《りん》の印《いん》）を示《しめ》す（光《こう》）。

左《さ》（拳《けん》の上《うえ》）に（右《みぎ》）肘《ひじ》を（立《た》てて）竿《さお》（の如《ごと》くにし）（幢《とう》）、同様《どうよう》にして（両《りょう》の金剛《こんごう》拳《けん》を）口《くち》において転《てん》ずる（笑《しょう》）。（**287**）

左《さ》（手《しゅ》に）水《すい》（生《しょう》(77)を持《じ》し）左《さ》（手《しゅ》にてそを）輝《かがや》かせ（法《ほう》）、左《さ》（手《しゅ》）は心《しん》（蔵《ぞう》のところに保《たも》ち右手《うしゅ》に）剣《けん》を持《じ》し（利《り》）、
炬火《こか》を転《てん》じて輪《りん》の如《ごと》くにし（因《いん》）、両《りょう》の金剛拳《こんごうけん》を口《くち》のところで仰向《あおむ》けて散《さん》ずる（語《ご》）。

（両《りょう》の）金剛《こんごう》（拳《けん》を）舞《ぶ》（の仕方《しかた》）で施転《せんでん》して頬《ほほ》のところで解《と》き、頂上《ちょうじょう》に安《やす》んず（業《ごう》）。

甲冑《かっちゅう》（印《いん》）（護《ご》）、小指《しょうし》の先端《せんたん》（を曲《ま》げて）牙《げ》（の如《ごと》くにし）（牙《げ》）、両《りょう》の（金剛《こんごう》）拳《けん》を（胸《むね》の前《まえ》で）圧《お》す（拳《けん》）。（**288**）

金剛《こんごう》慢《まん》の仕方《しかた》によって、意《こころ》を戦《おのの》かせつつ敬礼《きょうらい》すべし（嬉《き》）。

鬘《マン》を（両手《りょうて》に）繋《つな》げ（鬘《マン》）、（二拳《にけん》を）口《くち》より散《さん》じ（歌《か》）、（両手《りょうて》を）金剛《こんごう》舞《ぶ》の仕方《しかた》で施《せん》転《でん》する（舞《ぶ》）。

金剛《こんごう》拳《けん》の仕方《しかた》によって同様《どうよう》に焼香《しょうこう》等《とう》（の印《いん》）を与《あた》えるべし。

一切《いっさい》諸仏《しょブツ》に供養《くよう》するために（外《げ》の四《し》）供養《くよう》の印《いん》が規定《きてい》される（香《こう》・華《げ》・燈《とう》・塗《ず》）。

（**289**）

（両《りょう》の）頭指《ずし》を鉤《かぎ》の如《ごと》くにして縛《ばく》し、小指《しょうし》を大《おお》いなる鉤《かぎ》（の如《ごと》くにする）（鉤《こう》）。

（左《ひだり》の）臂《ひじ》を曲《ま》げて（腰《こし》に当《あ》て、右手《みぎて》に）索《さく》（を持《じ》し）（索《さく》）、両《りょう》の頭指《ずし》（を相《あ》い鉤《こう》して鏁《くさり》の如《ごと》くにし）（鏁《さ》）、両《りょう》（手《て》）の背面《はいめん》を圧《お》し合《あ》わせる（鈴《れい》）。」（**290**）

【(2) 羯磨印《カツマいん》の成就法《じょうじゅほう》】

「そこで次《つぎ》に我《われ》はこれら（諸印《しょいん》）の成就法《じょうじゅほう》を説《と》くべし。（それらを結《むす》ぶことの功徳《くどく》はそれらの）金剛業《こんごうごう》が（実際《じっさい》に）作《な》されたに等《ひと》しい。

まず一切《いっさい》の金剛《こんごう》よりなる金剛杵《こんごうしょ》を心蔵《しんぞう》の上《うえ》に観想《かんそう》すべし。

次《つぎ》にこれら諸《もろもろ》の羯磨印《カツマいん》の金剛業《こんごうごう》があるのであるが、（それらは）多様《たよう》である。

智拳印《ちけんいん》を結《むす》ぶなら（その行者《ぎょうじゃ》は）能《よ》く仏智《ブッち》に証入《しょうにゅう》し得《う》べし（大日《だいにち》）。（**291**）

阿閦《アシュク》（如来《にょらい》）の印《いん》を結《むす》ぶなら意《こころ》は不動《ふどう》となるであろう（阿閦《アシュク》）。

宝生《ほうしょう》（如来《にょらい》）の印《いん》を結《むす》ぶなら能《よ》く他《た》を摂受《しょうじゅ》するであろう（宝生《ほうしょう》）。

正法輪印《しょうぼうりんいん》を結《むす》ぶなら能《よ》く法輪《ほうりん》を転《てん》ずるであろう（阿弥陀《アミダ》）。

施無畏印《せむいいん》（を結《むす》ぶならそれ）によって能《よ》く速《すみ》やかに一切衆生《いっさいしゅじょう》に無畏《むい》を施《ほどこ》す（不空成就《ふくうじょうじゅ》）。（**292**）

金剛慢印《こんごうまんいん》を堅固《けんご》になすならば金剛薩埵《こんごうサッタ》の楽《らく》を得《う》べし（薩《サツ》）。

金剛鉤印《こんごうこういん》をもってするなら刹那《セツナ》に能《よ》く一切《いっさい》の如来《にょらい》たちを召集《しょうしゅう》すべし（王《おう》）。

金剛箭印《こんごうせんいん》をもってするなら金剛妻《こんごうさい》をも能《よ》く自《みずか》ら貪愛《とんあい》せしむべし（愛《あい》）。

金剛喜《こんごうき》の印《いん》をもってするなら一切《いっさい》の勝者《しょうじゃ》たちは（その行者《ぎょうじゃ》に対《たい》して）「善哉《ぜんざい》」という（喜《き》）。（**293**）

大金剛摩尼《だいこんごうマニ》（印《いん》）を結《むす》ぶならそ（の行者《ぎょうじゃ》）は諸師《しょし》によって灌頂《かんじょう》される（宝《ほう》）。

金剛日《こんごうにち》の印《いん》を等持《とうじ》するならば彼《かれ》は金剛日《こんごうにち》に等《ひと》しき者《もの》となる（光《こう》）。

金剛幢《こんごうとう》（印《いん》）を竪《た》てるならば、彼《かれ》は能《よ》く宝雨《ほうう》を降《ふ》らせるであろう（幢《とう》）。

金剛微笑《こんごうみしょう》（印《いん》）を等持《とうじ》するなら（その人《ひと》は）能《よ》く速《すみ》やかに諸仏《しょブツ》と倶《とも》に笑《わら》うであろう

（笑《しょう》）。（294）

金剛開華《こんごうかいけ》（印《いん》）を等持《とうじ》するならば、そ（の人《ひと》）は能《よ》く金剛法《こんごうほう》を見《み》る（法《ほう》）。

金剛剣《こんごうけん》（印《いん》）を堅固《けんご》に縛《ばく》するならば能《よ》く一切《いっさい》の苦《く》を断《た》つ（利《り》）。

金剛輪《こんごうりん》（印《いん》）を等持《とうじ》するならば（その人《ひと》は）能《よ》く法輪《ほうりん》を転《てん》ずべし（因《いん》）。

金剛語《こんごうご》よりして実《げ》にすべての仏語《ブツご》は成就《じょうじゅ》される（語《ご》）。（295）

金剛舞供養最上《こんごうぶくようさいじょう》（印《いん》）をもってするなら、能《よ》く諸仏《しょブツ》をすら支配《しはい》し得《う》べし（業《ごう》）。

金剛甲《こんごうこう》（印《いん》）を以《も》って身《しん》に披《かぶ》るなら、（その身《しん》は）金剛堅固《こんごうけんご》なる状態《じょうたい》に到達《とうたつ》し得《う》べし（護《ご》）。

金剛牙《こんごうげ》（の印《いん》）を結《むす》ぶなら、金剛性《こんごうしょう》をすら能《よ》く降伏《ごうぶく》する（牙《げ》）。

金剛拳《こんごうけん》をもってするなら能《よ》く一切《いっさい》を奪《うば》う。また能《よ》く金剛悉地《こんごうシツジ》を獲得《かくとく》するであろう（拳《けん》）。（296）

金剛嬉《こんごうき》（印《いん》）は歓喜《かんぎ》を齎《もたら》すであろう（嬉《き》）。また金剛鬘《こんごうマン》（印《いん》）は妙色《みょうしき》を（齎《もたら》す）（鬘《マン》）。

金剛歌《こんごうか》（印《いん》）を（結《むす》ぶ）ならよく歌《うた》う能力《のうりょく》（を得《え》）（歌《か》）、金剛舞《こんごうぶ》（印《いん》）は（それを持《じ》する人《ひと》をして）舞踏《ぶとう》せしむ（舞《ぶ》）。

焼香《しょうこう》（印《いん》）によって意《こころ》は悦《よろこ》び（香《こう》）、華《け》（印《いん》）によって諸《もろもろ》の荘厳《しょうごん》あり（華《げ》）。

燈《とう》（印《いん》）を供養《くよう》すれば大《おお》いなる光輝《こうき》を（獲《え》）（燈《とう》）、金剛塗香《こんごうずこう》（印《いん》）は（身《しん》に）よき香《かおり》ある状態《じょうたい》を（齎《もたら》す）（塗《ず》）。（297）

金剛鉤《こんごうこう》（印《いん》）をもってするなら能《よ》く普《あまね》く鉤召《こうちょう》し（鉤《こう》）、金剛索《こんごうさく》（印《いん》）をもってするなら入《い》らしめる（索《さく》）。

金剛鏁《こんごうさ》（印《いん》）は能《よ》く縛《ばく》せしめ（鏁《さ》）、金剛鈴《こんごうれい》（印《いん》）は能《よ》く揺動《ようどう》せしむ（鈴《れい》）。」（298）

7 諸儀則《しょぎそく》

1 一切《いっさい》の印《いん》に共通《きょうつう》する結縛《けつばく》の儀則《ぎそく》

次《つぎ》に一切《いっさい》の印《いん》に共通《きょうつう》する結縛《けつばく》の広大儀軌《こうだいぎき》がある。その場合《ばあい》、まず最初《さいしょ》に金剛縛《こんごうばく》（にした両手《りょうて》）の指《ゆび》を（心臓《しんぞう》のところで）鳴《な》らして次《つぎ》の心真言《フリダヤ》を発音《はっとん》すべきである。

「ヴァジュラバンダ・トラット（金剛縛《こんごうばく》よ、トラット）。」（**299**）

ついで一切《いっさい》の印契《いんげい》の縛《ばく》がある。（それを以《も》ってするなら）自《みずか》らの身《しん》・語《ご》・心金剛《しんこんごう》を能《よ》く支配《しはい》する。ついで金剛入《こんごうにゅう》の三昧耶印《サマヤいん》を結《むす》んで次《つぎ》の如《ごと》き心真言《フリダヤ》を発音《はっとん》すべきである。

「アハ（啞《アク》）。」（**300**）

かく（発音《はっとん》）すれば、普《あまね》く入《い》れる（諸尊《しょそん》）は親友《しんゆう》の如《ごと》くに（行者《ぎょうじゃ》に）近侍《きんじ》する。

次《つぎ》に印契《いんげい》としての三昧耶大薩埵《サマヤだいサッタ》を随念《ずいねん》して、次《つぎ》の如《ごと》き心真言《フリダヤ》を誦《じゅ》すべし。

「マハーサマヤサトヴァー・フーム（大三昧耶薩埵《だいサマヤサッタ》なり、フーム）(78)。」

この（心真言《フリダヤ》によって）一切諸印《いっさいしょいん》は成就《じょうじゅ》される。以上《いじょう》が一切《いっさい》の印契《いんげい》の悉地《シッジ》（を得《う》るため）の広大儀軌《こうだいぎき》である。（**301**）

2 共通《きょうつう》の成就法《じょうじゅほう》の儀則《ぎそく》

次《つぎ》に共通《きょうつう》の成就法《じょうじゅほう》の広大儀軌《こうだいぎき》がある。その場合《ばあい》、まず最初《さいしょ》に自己《じこ》の印契《いんげい》を結縛《けつばく》して次《つぎ》の如《ごと》き心真言《フリダヤ》とともに、(その)自己《じこ》の印契《いんげい》の薩埵《サッタ》を自分自身《じぶんじしん》(に他《ほか》ならず)と観想《かんそう》すべし。

「サマヨー・ハム(われは三昧耶《サマヤ》なり)。」(302)

次《つぎ》に自己《じこ》の三昧耶薩埵《サマヤサッタ》を自分自身《じぶんじしん》たらしめてから次《つぎ》の如《ごと》き真言《しんごん》によって加持《かじ》すべし。

「サマヤサットヴァ・アディティシュタスヴァ・マーム(三昧耶薩埵《サマヤサッタ》よ。われを加持《かじ》せよ)。」

かくて、悉地《シツジ》を得《う》るであろう。以上《いじょう》が成就法《じょうじゅほう》の広大儀軌《こうだいぎき》である。(303)

3 悉地広大儀軌《シツジこうだいぎき》

次に悉地広大儀軌《シツジこうだいぎき》がある。

そこでまず最初《さいしょ》に、利益《りやく》の悉地《シツジ》を(得《え》ようと)欲《ほっ》するならば、そ(のため)の「アルタシッディ(利益成就《りやくじょうじゅ》)」という心真言《フリダヤ》(を誦《じゅ》すること)によって(その儀軌《ぎき》を修《しゅ》すべし)。これを以《も》ってするなら悉地《シツジ》の印契《いんげい》としての大印《だいいん》は大《おお》いなる利益《りやく》を生起《しょうき》せしめる。(304)

また、金剛悉地《こんごうシッジ》を（得《え》ようと）欲《ほっ》するならばこの「ヴァジュラシッディ（金剛悉地《こんごうシッジ》）」という心真言《フリダヤ》（を誦《じゅ》すること）によって（その儀軌《ぎき》を修《しゅ》すべし）。これを以《も》ってするならば欲《ほっ》するがままの金剛悉地《こんごうシッジ》が実現《じつげん》する。(305)

また、持明者《じみょうしゃ》の悉地《シッジ》を（得《え》ようと）欲《ほっ》するなら、この「ヴァジュラヴィドヤーダラ（金剛持明者よ《こんごうじみょうしゃ》）」という心真言《フリダヤ》（を誦《じゅ》すること）によって（この儀軌《ぎき》を修《しゅ》すべし）。これを以《も》ってするなら欲《ほっ》するがままの持明者《じみょうしゃ》の悉地《シッジ》が（実現《じつげん》する）。

また、最上《さいじょう》の悉地《シッジ》を欲《ほっ》するならば自己《じこ》の印契《いんげい》の心真言《フリダヤ》（を誦《じゅ》すること）をもって（せよ）。以上《いじょう》が（四種《ししゅ》）悉地《シッジ》の広大儀軌《こうだいぎき》である。(306)

4 一切《いっさい》の印《いん》に共通《きょうつう》する自己《じこ》の身《しん》・語《ご》・心金剛《しんこんごう》を金剛《こんごう》（の如《ごと》くに堅固《けんご》）にする広大儀軌《こうだいぎき》（『大乗現証百字真言《だいじょうげんしょうひゃくじしんごん》』）

次《つぎ》は一切《いっさい》の印契《いんげい》に共通《きょうつう》する自己《じこ》の身《しん》・語《ご》・心金剛《しんこんごう》を金剛《こんごう》（の如《ごと》くに堅固《けんご》）にする広大儀《こうだいぎ》軌《き》がある。もし印契《いんげい》の加持《かじ》が弛緩《しかん》するなら、あるいは自分《じぶん》から（それを）放棄《ほうき》したくなったなら、その時《とき》は次《つぎ》の如《ごと》き心真言《フリダヤ》（を誦《じゅ》すること）によって（自《みずか》らの身《しん》・語《ご》・心《しん》）堅固《けんご》ならしむべきである。

「オーム・ヴァジュラサトヴァ・サマヤム・アヌパーラヤ・ヴァジュラサトヴァトヴェーナ・ウパティシュタ・ドリドー・メー・ブハヴァ・ストーシュヨー・メー・ブハヴァ・アヌラクトー・メー・ブハヴァ・スポーシュヨー・メー・ブハヴァ・サルヴァシッディム・チャ・メー・プラヤッチャ・サルヴァカルマス・チャ・メー・チッタシュレーヤハ・クル・フーム・ハ・ハ・ハ・ホー・ブハガヴァン・サルヴァタターガタヴァジュラ・マー・メー・ムンチャ・ヴァジュリー・ブハヴァ・マハーサマヤサトヴァ・アーハ（オーム、金剛《こんごう》薩埵《サッタ》よ、〔われをして〕三昧耶《サマヤ》をば護《まも》らしめよ。金剛《こんごう》薩埵《サッタ》として〔わが傍《かたわ》らに〕とどまれ。われにとって堅固《けんご》であれ。われにとって喜《よろこ》ばしきものであれ。われにとって随染《ずいぜん》せられたものであれ。われにとってよく増盛《ぞうせい》せしめらるべきものであれ。そして、一切悉地《いっさいシッジ》をわれに与《あた》えよ。そして一切《いっさい》の業《ごう》においてわれに心《こころ》の幸福《こうふく》をもたらせ。フーム、ハ、ハ、ハ、ホー、世尊《せそん》よ、一切如来金剛《いっさいにょらいこんごう》よ、われを棄《す》つることなかれ。〔われにとって〕金剛《こんごう》〔堅固《けんご》〕であれ。大三昧耶薩埵《だいサマヤサッタ》よ、アーハ）。」（**307**）

こ（の真言《しんごん》）をもってするなら、設《たと》え無間《むげん》（業《ごう》）を作《な》すものであっても、一切如来《いっさいにょらい》を欺《あざむ》くものであっても、正法《しょうぼう》を毀謗《きぼう》するものであっても、（要《よう》するに）あらゆる悪業《あくごう》を作《な》す者《もの》であっても、一切如来《いっさいにょらい》の印契《いんげい》を成就《じょうじゅ》することができ（るから、それによってその身《しん》・語《ご》・心《しん》は）金剛薩埵《こんごうサッタ》の如《ごと》くに堅固《けんご》となり、まさに此《こ》の一生《いっしょう》に速疾《そくしつ》に欲《ほっ》するがままの一切悉地《いっさいシツジ》、最上悉地《さいじょうシツジ》、金剛悉地《こんごうシツジ》、あるいは金剛薩埵《こんごうサッタ》の悉地《シツジ》を、乃至《ないし》、如来《にょらい》の悉地《シツジ》を獲得《かくとく》するであろう、とは世尊《せそん》・一切如来金剛薩埵《いっさいにょらいこんごうサッタ》が仰《おお》せられた（ところである）。(308)

5 解印《げいん》・供養《くよう》（四智梵語《しちボンご》）・撥遣《はっけん》の儀則《ぎそく》

次《つぎ》に一切《いっさい》の印契《いんげい》を解《と》くための共通《きょうつう》の広大儀軌《こうだいぎき》がある。

そこでまず最初《さいしょ》に、各々《おのおの》の印契《いんげい》がそこから生起《しょうき》した各々《おのおの》（の場合《ばあい》）において、次《つぎ》の如《ごと》き（共通《きょうつう》の）心真言《フリダヤ》によって（その印《いん》を）解《と》くべし。

「ヴァジュラ・ムフ（金剛《こんごう》よ、ムフ）。」(309)

ついで心蔵《フリダヤ》より生起《しょうき》したところの宝金剛印《ほうこんごういん》を自己《じこ》の灌頂処《かんじょうしょ》に安置《あんち》してそれによって灌頂《かんじょう》し、両《りょう》の頭指《ずし》を以《も》って華鬘《けまん》（の印《いん》をそれ）を懸《か》け（る動作《しぐさ》を示《しめ》し）つつ結《むす》び、同様《どうよう》に次《つぎ》の如《ごと》き心真言《フリダヤ》とともに甲冑《かっちゅう》（の印《いん》）を結《むす》ばしむべし。(310)

「オーム・ラトナヴァジュラ・アビシンチャ・サルヴァムドラーム・メー・ドリディークル・カヴァチェーナ・バム（オーム、宝金剛《ほうこんごう》よ、一切印契《いっさいいんげい》をわれに灌頂《かんじょう》せよ。

甲冑《かっちゅう》を以《も》って〔われを〕堅固《けんご》になせ。バム）。」

ついで（かく）披甲《ひこう》し了《おわ》ってから華鬘《けまん》（の印《いん》）を結《むす》んでいたのをまた解《と》いて、掌《てのひら》を合《がっ》して次《つぎ》の如《ごと》き心真言《フリダヤ》をもって喜《よろこ》ばしむべし。

「ヴァジュラトゥシュヤ・ホーホ（金剛歓喜《こんごうかんぎ》よ、ホーホ）。」

「この儀軌《ぎき》を以《も》ってするなら（それらを）解《と》くにせよあるいは結《むす》ぶにせよ、印契《いんげい》は歓《かん》喜《ぎ》せしめられる。

（そして、それによって行者《ぎょうじゃ》の身《しん》・語《ご》・心《しん》は）金剛《こんごう》の（如《ごと》くに堅固《けんご》なる）状態《じょうたい》となり、さらには金剛薩埵《こんごうサッタ》と（等《ひと》しき状態《じょうたい》に）なる。

一度《いちど》（なりともこの心呪《フリダヤ》を）誦《じゅ》した（ものは、それによって）金剛薩埵《こんごうサッタ》（と等《ひと》しくなる。そして彼《かれ》）は欲《ほっ》するがままに楽《らく》の体性《たいしょう》を、

（この心呪《フリダヤ》を）誦《じゅ》するだけで成就《じょうじゅ》する。

（このことは）金剛手《こんごうしゅ》の言葉《ことば》の如《ごと》くである。」

とは、世尊《せそん》・普賢《ふげん》が仰《おお》せられた（ところである）。(311)

「金剛薩埵《こんごうサッタ》を始《はじ》めとする諸尊《しょそん》の一切《いっさい》の成就法《じょうじゅほう》の業《ごう》において、

（この心呪《フリダヤ》を）随意《ずいい》に念誦《ねんじゅ》すれば（そは）一切《いっさい》の細軌《カルパ》において悉地《シッジ》をもたらす。(312)

心呪《フリダヤ》・印契《いんげい》・真言《しんごん》・明《みょう》（真言《しんごん》）のうちの心《こころ》に適《かな》った理趣《りしゅ》をもってするなら、（それらが）細軌《カルパ》の中《なか》で説《と》かれたにせよ、あるいは自《みずか》ら作《な》されたにせよ、（それらは）いかなる場合《ばあい》にも必《かなら》ず悉地《シッジ》をもたらす。」（**313**）

「次《つぎ》に供養《くよう》のための秘密《ひみつ》の印契《いんげい》を誦《じゅ》しつつ、四種秘密供養《ししゅひみつくよう》が作《な》さるべきである。すなわち次《つぎ》の如《ごと》き金剛讃歌《こんごうさんか》（いわゆる四智梵語《しちボンご》）を歌詠《かえい》しつつ……。

『オーム・ヴァジュラサトヴァサングラハード・ヴァジュララトナム・アヌッタラム・ヴァジュラダルマガーヤナイシュ・チャ・ヴァジュラカルマカロー・ブハヴァ（オーム、金剛薩埵《こんごうサッタ》の摂受《しょうじゅ》よりして無上《むじょう》なる金剛宝《こんごうほう》が〔あれ〕。そして、諸《もろもろ》の金剛法《こんごうほう》の歌詠《かえい》によって〔汝《なんじ》は〕金剛業《こんごうごう》を作《な》すものであれ）。』」

「次《つぎ》に、内《ない》の曼荼羅《マンダラ》においてもまた、この金剛讃歌《こんごうさんか》（を歌《うた》い、）金剛舞《こんごうぶ》（を舞《ま》い、両《りょう》の）手掌《てのひら》（の側《がわ》）を（合《がっ》して）器《ブタ》の形《かたち》にして（普供養《ふくよう》の印《いん》を）結《むす》び、焼香等《しょうこうとう》をもって供養《くよう》すべし。それから外《げ》の曼荼羅《マンダラ》において金剛焼香等《こんごうしょうこうとう》をもって供養《くよう》をなして、それら諸《もろもろ》の供養《くよう》をして各自《かくじ》（の本来《ほんらい》）の場所《ばしょ》に処《よ》らしむべし。それから（各自《かくじ》）その能《あた》うかぎりの全力《ぜんりょく》を尽《つ》くして供養《くよう》せしめよ。」（**314**）

「一切《いっさい》の如来《にょらい》に啓白《けいびゃく》して焼香等《しょうこうとう》をもって欲《ほっ》するがままに供養《くよう》して、（彼《かれ》らが壇場《だんじょう》に）入《はい》って来《き》たならば（それぞれ自《みずか》らの）富《とみ》（が許《ゆる》す）に応《おう》じてあらゆる味《み》の食《た》べ物《もの》や楽《たの》しみ等《など》をもって、（あるいは）大曼荼羅《だいマンダラ》のために施与《せよ》されたあらゆる資具《しぐ》をもって満足《まんぞく》せしむ（べし。しからば金剛薩埵《こんごうサッタ》に等《ひと》しき阿闍梨《アジャリ》は、その人《ひと》に）一切如来《いっさいにょらい》の悉地《シッジ》（をもたらすところ）の次《つぎ》の如《ごと》き金剛誓戒《こんごうせいかい》を与《あた》えるであろう。

『此《これ》は是《こ》れ一切諸仏《いっさいしょブツ》の体性《たいしょう》にして（われ）金剛薩埵《こんごうサッタ》の手《て》に住《じゅう》せり。汝《なんじ》、まさに常《つね》に（この）金剛手《こんごうしゅ》の堅固《けんご》の誓戒《せいかい》を持《じ》すべし。（**315**）（誓心真言《せいしんしんごん》に曰《いわ》く、）オーム・サルヴァタターガタシッディヴァジュラサマヤ・ティシュタ・エーシャ・トヴァーム・ダーラヤーミ・ヴァジュラサトヴァ・ヒ・ヒ・ヒ・ヒ・フーム（オーム、一切如来《いっさいにょらい》の悉地《シッジ》の金剛三昧耶《こんごうサマヤ》よ、確立《かくりつ》せよ。〔われは〕まさに汝《なんじ》を持《じ》せん。金剛薩埵《こんごうサッタ》よ、ヒ、ヒ、ヒ、ヒ、フーム）。』

それから（阿闍梨《アジャリ》はその壇《だん》に臨《のぞ》んだ）すべての者《もの》に対《たい》して『これは誰《だれ》にも語《かた》ってはならない』（という意味《いみ》の）誓《ちか》いの心呪《フリダヤ》を説《と》くであろう。（**316**）

次《つぎ》に（それら壇場《だんじょう》に）入《はい》って来《き》たかぎりの一切《いっさい》の如来《にょらい》たちを撥遣《はっけん》して（彼《かれ》らをしてそれら如来《にょらい》たちに次《つぎ》の如《ごと》くに）啓白《けいびゃく》せしむべし。（すなわち）薩埵金剛印《サッタこうごういん》を結《むす》んで上《うえ》に向《む》かって（それを）解《と》き（、そして）次《つぎ》の如《ごと》き心真言《フリダヤ》を発音《はっとん》せしむべし。

『オーム・クリトー・ヴァハ・サルヴァサトヴァアルタハ・シッディル・ダッター・ヤターアヌガー・ガッチャドヴァム・ブッダヴィシャヤム・プナルアーガマナーヤ・トゥ・ヴァジュラサトヴァ・ムフ（オーム、御身《おんみ》らによりて一切衆生《いっさいしゅじょう》に対《たい》する利益《りやく》がなされたり。所応《しょおう》の如《ごと》き悉地《シッジ》が与《あた》えられたり。仏《ブツ》の境《きょう》に〔一《ひと》たびは帰《かえ》り〕行《ゆ》きたまえ、再《ふた》びまた来《きた》らんがために。金剛薩埵《こんごうサッタ》よ、ムフ）。』一切《いっさい》の曼荼羅《マンダラ》においてかくの如《ごと》くに作《な》さるべきである。諸《もろもろ》の三昧耶《サマヤ》最勝印《さいしょういん》の場合《ばあい》においても、（それを）解《と》く（儀軌《ぎき》）は（これと同《おな》じである）。」**（317）**

一切如来《いっさいにょらい》大乗《だいじょう》現証《げんしょう》大細軌王《だいカルパおう》の中《なか》の、
金剛界《こんごうかい》大曼荼羅《だいマンダラ》広大《こうだい》儀軌《ぎき》、畢《おわ》る。

語《ご》　註《ちゅう》

(1)**三昧耶智《サマヤち》**　三昧耶《サマヤ》 samaya は密教《みっきょう》を理解《りかい》する上《うえ》で最《もっと》も重要《じゅうよう》な語《ご》の一《ひと》つ。ふつう平等《びょうどう》、本誓《ほんぜい》、驚覚《きょうがく》、除《じょ》障《しょう》という意味《いみ》があるとされるが、実際《じっさい》にはその意味《いみ》は抽象的《ちゅうしょうてき》で、且《か》つ、多方面《たほうめん》に亘《わた》り、それぞれその場合《ばあい》の文脈《ぶんみゃく》に応《おう》じてその意味《いみ》が決定《けってい》されねばならない。この場合《ばあい》は sam（一緒《いっしょ》に）＋aya（行《い》くこと）＝適合《てきごう》すること、という文字通《もじどお》りの意味《いみ》から「個々《ここ》の現実《げんじつ》に対応《たいおう》した適切《てきせつ》な智慧《ちえ》」、とでも理解《りかい》すべきか。

(2)**一切智智《いっさいちち》**　原語《げんご》は sarvajñajñāna で、文字通《もじどお》りには一切知者《いっさいちしゃ》 sarvajña（すなわち、仏《ブツ》）の所有《しょゆう》する jñāna（智慧《ちえ》）の意味《いみ》。一切智智《いっさいちち》は仏《ブツ》の悟《さと》りの心地《しんぢ》である純一無相《じゅんいちむそう》の一切智《いっさいち》（sarvajñāna. 因《ちな》みに、これは般《ハン》若波羅蜜《ニャハラミツ》に対応《たいおう》する概念《がいねん》である……）の上《うえ》に世界《せかい》の万象《ばんしょう》を顕現《けんげん》させた世界《せかい》の実在性《リアリティー》そのものとしての智《ち》慧《え》。

(3)**印契《いんげい》**　原語《げんご》は mudrā. 特定《とくてい》の尊格《そんかく》＝存在者《そんざいしゃ》に対《たい》する象徴《しょうちょう》ないしは象徴的表現《しょうちょうてきひょうげん》のこと。まず三昧耶《サマヤ》印《いん》（特定《とくてい》の尊格《そんかく》の内面性《ないめんせい》を象徴《しょうちょう》する象徴的《しょうちょうてき》な形象《けいしょう》）、法印《ほういん》（同《おな》じく、その法《ほう》＝真理《しんり》ないしは言説《ロゴス》を象徴《しょうちょう》する特定《とくてい》の種子《シラブル》ないしは真言《しんごん》）、そして羯磨《カツマ》印《いん》（同《おな》じく、行為《こうい》・活動《かつどう》を象徴《しょうちょう》する動作《どうさ》ないしはその手印《しゅいん》による表現《ひょうげん》）の三種《さんしゅ》（＝三密《さんみつ》）があり、それらの三者《さんしゅ》が綜合《そうごう》されたもの（一尊《いっそん》をその全体《ぜんたい》として表現《ひょうげん》する……）を大印《だいいん》と称《しょう》する。金剛界《こんごうかい》を形成《けいせい》する恒河沙数《ゴウがしゃしゅ》の一切《いっさい》の如来《にょらい》たちは、それぞれにその世界内《せかいない》の一切《いっさい》の存在者《そんざいしゃ》をその印契《いんげい》のかたちで包含《ほうがん》している。

(4)**三世《さんぜ》の三昧耶《サマヤ》**　三昧耶《サマヤ》には時間《じかん》の意味《いみ》がある。この場合《ばあい》の三昧耶《サマヤ》は「時間的《じかんてき》な存在性《そんざいせい》」の意味《いみ》。

(5)**一切身語心金剛如来《いっさいしんごしんこんごうにょらい》**　金剛《こんごう》の如《ごと》くに堅固《けんご》な身体《しんたい》と

語言《ことば》と心《こころ》とを綜合《そうごう》した完全《かんぜん》なる一個《いっこ》の人格神的《じんかくしんてき》な尊《そん》格《かく》としての如来《にょらい》、の意味《いみ》。

(6) **色究竟天王《しきくぎょうてんのう》**　色究竟天《しきくぎょうてん》は色界《しきかい》、すなわち、世界《せかい》の物質的存在性《ぶっしつてきそんざいせい》の領域《りょういき》を、初《しょ》、二《に》、三《さん》、四《し》の四禅天《しぜんてん》に分《わ》け、その最高《さいこう》の四禅天《しぜんてん》を無雲天《むうんてん》以下《いか》の九天《くてん》に分《わ》けたその最高処《さいこうしょ》、要《よう》するに物質的存在性《ぶっしつてきそんざいせい》における最《もっと》も高《たか》い状態《じょうたい》。色究竟天王《しきくぎょうてんのう》とはその境地《きょうち》（天《てん》）に対《たい》応《おう》する神的《かみてき》な存在者《そんざいしゃ》（これも天《てん》）たちの王《おう》のこと。

(7) **倶胝《クテイ》**　koṭi. 数《かず》の単位《たんい》。一千万《いっせんまん》。

(8) **身語心金剛《しんごしんこんごう》**　金剛《こんごう》の如《ごと》くに堅固《けんご》な存在性《そんざいせい》において実在《じつざい》する一切如来《いっさいにょらい》の身体《しんたい》と言語《げんご》と心《こころ》との総合体《そうごうたい》として、汎神論的《はんしんろんてき》でありつつ、同時《どうじ》に人格神的《じんかくしんてき》な仏格《ブッかく》。

(9) **一切業者《いっさいごっしゃ》**　原語《げんご》は viśvakarman. 文字《もじ》通《どお》りには一切《いっさい》の行為《こうい》をなし得《う》るもの、全能者《ぜんのうしゃ》。世界建造者《せかいけんぞうしゃ》。

(10) **毘紐《ヴィシュヌ》を征服《せいふく》するもの**　原語《げんご》は Viṣṇujiṣṇur. ヒンズーの神《かみ》ヴィシュヌ天《てん》をも征服《せいふく》するもの、または、征服《せいふく》する者《もの》としてのヴィシュヌ、の意味《いみ》にもとれる。

(11) **父方《ちちかた》の祖父《そふ》**　原語《げんご》は pitāmaha. 梵天《ボンてん》のことか。

(12) シャムブフ　śambhu. 恩恵《おんけい》をもたらすもの、の意《い》。

(13) **大印《だいいん》あるもの**　大印《だいいん》は女性名詞《じょせいめいし》であるが、原文《げんぶん》では mahāmudraḥ と男性形《だんせいけい》であるので、所有複合語《しょゆうふくごうご》となる。大印《だいいん》は左道的《さどうてき》な、タントラ的《てき》な含意《がんい》において、性的瑜伽《せいてきユガ》の相手《あいて》としての女性《じょせい》を意味《いみ》する。

(14) **一切義成就菩薩《いっさいぎじょうじゅボサツ》**　原語《げんご》で Sarvārthasiddhi は、歴《れき》史上《しじょう》の釈尊《しゃくそん》の名《な》 Siddhārtha（達成《たっせい》された目的《もくてき》を有《ゆう》するもの、目的《もくてき》を達成《たっせい》したもの、の意《い》）の密教的《みっきょうてき》なアナグラム。

(15) **無動三昧《むどうザンマイ》**　または不動三昧《ふどうザンマイ》。原語《げんご》は Āsphānaka-samādhi. 一切《いっさい》の身《しん》・語《ご》・心《しん》の活動《かつどう》を止《と》め、呼吸《こきゅう》さえも止《と》めた完全《かんぜん》な静止状態《せいしじょうたい》。

(16) **〈自己《じこ》の心《しん》を各各《かくかく》に観察《かんざつ》する三昧《サンマイ》〉**　原語《げんご》は svacittapratyavekṣaṇasamādhāna. これを『大日経《だいにちきょう》』の有名《ゆうめい》な教理《きょうり》〈如実知自心《にょじつちじしん》〉に対応《たいおう》するものと見做《みな》すところにわれわれの『金剛頂経《こんごうちょうぎょう》』理解《りかい》の核心《かくしん》が存《そん》する。詳《くわ》しくは「解説《かいせつ》」参照《さんしょう》。

(17) **薩埵金剛《サッタこんごう》**　原語《げんご》は sattvavajra. 薩埵《サッタ》 sattva は文字通《もじどお》

りには、存在《そんざい》していること、存在性《そんざいせい》の意味《いみ》。ふつう「衆生《しゅじょう》」という言葉《ことば》で訳《やく》される。存在者《そんざいしゃ》・人《ひと》の意味《いみ》。この場合《ばあい》は、一切義成就菩薩《いっさいぎじょうじゅボサツ》によって自己《じこ》の心月《しんがち》輪中《りんちゅう》に観想《かんそう》されたシンボルとしての金剛杵《こんごうしょ》が一切義《いっさいぎ》成就菩薩《じょうじゅボサツ》という人《ひと》の存在性《そんざいせい》を象徴《しょうちょう》するシンボルであり、それ故《ゆえ》、一切義成就《いっさいぎじょうじゅ》という人《ひと》そのものである、という事態《じたい》が意味《いみ》されている。

(18) **薩埵加持金剛《サッタかじこんごう》**　原語《げんご》 sattva-adhiṣṭhāna-vajra（金剛《こんごう》の如《ごと》き薩埵加持《サッタかじ》）とは、実在界《じつざいかい》（＝金剛法界《こんごうほっかい》）に対《たい》してそれがそのまま金剛薩埵《こんごうサッタ》という（人格的《じんかくてき》な）絶《ぜっ》対的存在者《たいてきそんざいしゃ》なのだ、という意味《いみ》を加持《かじ》する（＝賦与《ふよ》する）こと。

(19) **心要《フリダヤ》**　hṛdaya という語《ご》には、この「心要《しんよう》」、すなわち、事態《じたい》の本質《ほんしつ》ないしは本質的意味《ほんしつてきいみ》、英語《えいご》で表《ひょう》現《げん》するなら cream、essence の意味《いみ》と、その cream を言葉《ロゴス》＝真言《しんごん》で表《あらわ》した「心呪《しんじゅ》」の意味《いみ》と、そして、「心蔵《しんぞう》」の意味《いみ》とがある。

(20) **自生《スヴァヤムブフー》なるもの**　svayambhū は「自《おのずか》らかくあるもの」、「自《おのずか》らかく生《しょう》じているもの」、自己原因者《じこげんいんしゃ》の意《い》味《み》。

(21) **一切如来《いっさいにょらい》の集会《しゅうえ》に参加《さんか》する**　「参加《さんか》する」の原《げん》語《ご》 adhiṣṭhāna はふつうは「加持《かじ》」と訳《やく》されるが、この場合《ばあい》は金剛王菩薩《こんごうおうボサツ》（＝金剛鉤召菩薩《こんごうこうちょうボサツ》）の本誓《サマヤ》は、一切衆生《いっさいしゅじょう》を鉤《かぎ》で引《ひ》き寄《よ》せて一切如来《いっさいにょらい》の集会《しゅうえ》に参加《さんか》せしめる、（衆生《しゅじょう》からすれば参加《さんか》する）ということなので、そう訳《やく》した。

(22) **金剛喜《こんごうき》の形《かたち》**　『五部心観《ごぶしんがん》』ではそれを羯磨金剛《カツマこんごう》（十字形《じゅうじけい》の金剛杵《こんごうしょ》）で示《しめ》している。

(23) **諸法《しょほう》の清浄《しょうじょう》**　「清浄《しょうじょう》」の原語《げんご》 viśuddhi には「普段《ふだん》は隠《かく》されているそのものの本来《ほんらい》のすがた、本来《ほんらい》の存《そん》在意味《ざいいみ》」という意味《いみ》がある。

(24) **業《カルマン》の界《かい》**　原語《げんご》は karmadhātu。大乗仏教《だいじょうぶっきょう》の『華《け》厳《ごん》』の世界《せかい》（「普賢菩薩《ふげんボサツ》の行《ぎょう》の総体《マンダラ》」）の存在性《そんざいせい》の本《ほん》質《しつ》が菩薩行《ボサツぎょう》・利他行《りたぎょう》という業《カルマン》であることを考《かんが》え合《あ》わせると、意味《いみ》が解《わか》る。

(25) **(毘首《ヴイシユヴア》) 羯磨《カルマン》**　註《ちゅう》（9）の「一切業者《いっさいごっしゃ》」に同《おな》じ。

(26)**一切如来智《いっさいにょらいち》に印《いん》を押《お》す**　自分《じぶん》たちが金剛界《こんごうかい》の新《あたら》しい代表者《だいひょうしゃ》に選《えら》んだ毘盧遮那《ビルシャナ》（＝釈迦牟尼如来《シャカムニにょらい》）に自《みずか》らの権力《けんりょく》（＝存在性《そんざいせい》）を委譲《いじょう》し、そのことを印《いん》を押《お》して保証《ほしょう》する。

(27)**一切如来印契女《いっさいにょらいいんげいにょ》**　この場合《ばあい》は一切如来《いっさいにょらい》たる東方《とうぼう》阿閦如来《アシュクにょらい》の配偶者《はいぐうしゃ》。

(28)**金剛波羅蜜《こんごうハラミツ》の印《いん》を押《お》して**　それらの智慧《ちえ》が東方《とうぼう》・阿閦如来《アシュクにょらい》が分有《ぶんゆう》する金剛薩埵族《こんごうサッタぞく》の智慧《ちえ》が委譲《いじょう》されたものであることを保証《ほしょう》して……。自《みずか》らの妻《つま》を与《あた》えることは自己《じこ》の存在性《そんざいせい》＝権力《けんりょく》ないしは財力《ざいりょく》を新《あたら》しい代表者《だいひょうしゃ》に委《ゆだ》ねることの象徴《しょうちょう》。

(29)**薩埵金剛《サットヴァヴァジュラ》**　この場合《ばあい》は「金剛《こんごう》の如《ごと》くに堅固《けんご》な存在性《そんざいせい》」の意味《いみ》。

(30)**一切諸仏《いっさいしょブツ》の実在性《じつざいせい》**　法界体性智《ほっかいたいしょうち》のこと。

(31)**こ（の印契《いんげい》）**　原文《げんぶん》は asyām という女性形《じょせいけい》だから。その女性《じょせい》とシンボルとしての心呪《フリダヤ》は同一《どういつ》。

(32)**器量《きりょう》**　原語《げんご》は ātmabhāva。文字通《もじどお》りには「自己《じこ》の存在《そんざい》」。外見《がいけん》の美《うつく》しさや威厳《いげん》ないし内面的《ないめんてき》な徳《とく》が金《こん》剛薩埵《ごうサッタ》の配偶者《はいぐうしゃ》たるにふさわしい。

(33)**一切如来《いっさいにょらい》の族《ぞく》**　この場合《ばあい》は阿閦如来《アシュクにょらい》の族《ぞく》、すなわち、金剛薩埵族《こんごうサッタぞく》のこと。

(34)**統合《とうごう》（の新《あら》たな原理《げんり》）**　阿閦《アシュク》はその妻《つま》を新《あら》たな代表者《だいひょうしゃ》毘盧遮那《ビルシャナ》に献《けん》じてその権威《けんい》を承認《しょうにん》し、毘盧遮那《ビルシャナ》はその見返《みかえ》りに自《みずか》らの妻妾《さいしょう》の一人《ひとり》を阿閦《アシュク》に下賜《かし》して、その女性《じょせい》が新《あら》たに阿閦族《アシュクぞく》の主婦《しゅふ》（統合《とうごう》の原理《げんり》としての……）となる。

(35)**金剛薩埵《こんごうサッタ》の愛人《あいじん》**　原語《げんご》は vajrasattva-dayitā.

(36)**曼荼羅《マンダラ》の左側《ひだりがわ》**　中尊《ちゅうそん》・毘盧遮那《ビルシャナ》に向《む》いた阿閦《アシュク》の曼荼羅《マンダラ》の左側《ひだりがわ》だから現図曼荼羅《げんずマンダラ》では外円内《がいえんない》の東南隅《とうなんぐう》になる（18頁《ページ》、図参照《ずさんしょう》）。

(37)**歓《よろこ》ばしめる女《おんな》**　原語《げんご》は prahlādanī.

(38)**婬女《いんにょ》**　原語《げんご》 gaṇikā は高級娼婦《こうきゅうしょうふ》を意味《いみ》する。インドでは他《た》の古《ふる》い文明《ぶんめい》の場合《ばあい》と同《おな》じく、この種《しゅ》の遊女《ゆうじょ》の社会的地位《しゃかいてきちい》は極《きわ》めて高《たか》い。

(39)**女使者《おんなししゃ》**　dūtī. 使婢《しひ》。不動明王《ふどうみょうおう》が不動使者《ふどうししゃ》と言《い》われる場合《ばあい》に対応《たいおう》。

(40)**燈明《とうみょう》を有《ゆう》する人《ひと》は**　原語《げんご》ālokavatī は女性形《じょせいけい》。意《い》味《み》は文字《もじ》通《どお》りには「(我《われ》は) 燈明《とうみょう》を有《ゆう》する女《おんな》である。(我《われ》を有《ゆう》する) 人《ひと》は……」という意味《いみ》になる。

(41)**如来《にょらい》の塗香《ずこう》を**　原文《げんぶん》では tathāgatagandho と主格《しゅかく》になっているが、意味《いみ》はあきらかに業格《ごうかく》(目的格《もくてきかく》)。チベット訳《やく》もそう解釈《かいしゃく》している。

(42)**一切如来《いっさいにょらい》の印契《いんげい》**　三昧耶印《サマヤいん》のことか?

(43)**敬愛《きょうあい》**　vaśīkaraṇa. 魅惑《みわく》せしめ、支配《しはい》してしまうこと。

(44)**本性成就《ほんしょうじょうじゅ》**　原語《げんご》は prakṛtisiddha. 真言《しんごん》の効力《こうりょく》(それが言語的《ロゴスてき》に表現《ひょうげん》している通《とお》りの事態《じたい》を現実化《げんじつか》し得《う》る能力《のうりょく》) は真言《しんごん》というシンボルの本性《ほんしょう》からして成立《せいりつ》しているのだという意味《いみ》。パラグラフ (20) 参照《さんしょう》。

(45)**普賢菩薩《ふげんボサツ》**　実際《じっさい》には毘盧遮那《ビルシャナ》のことを指《さ》している。

(46)**再《ふたた》び集会《しゅうえ》して**　この「集会《しゅうえ》」は人々《ひとびと》(密教徒《みっきょうと》) がこれまで説《と》かれてきた神話的《しんわてき》な集会《しゅうえ》の状況《じょうきょう》や構造《こうぞう》を模倣《もほう》して自《みずか》らも生《い》きた金剛界曼荼羅《こんごうかいマンダラ》を形成《けいせい》しようとする、その現実場面《げんじつばめん》における曼荼羅《マンダラ》の儀礼《ぎれい》を述《の》べるもの。

(47)**自《おのずから》なる金剛薩埵《こんごうサッタ》**　原語《げんご》は sva-vajrasattva. 現実《げんじつ》には金剛界《こんごうかい》を模《も》した集会《しゅうえ》は、すでに経験《けいけん》をつんだ、しかも外部的《がいぶてき》な人《ひと》(〈外来《がいらい》の優越者《ゆうえつしゃ》〉) に指導《しどう》されるが、その人《ひと》を「自《おのずから》なる」本来《ほんらい》の、本当《ほんとう》の金剛薩埵《こんごうサッタ》であると見做《みな》すことにおいて、その儀礼《ぎれい》は成立《せいりつ》する。

(48)**金剛界《こんごうかい》と相似《そうじ》なる**　原語《げんご》は vajradhātupratīkāśa. 「相似《そうじ》ならば同一《どういつ》である」というのが『金剛頂経《こんごうちょうぎょう》』における密教《みっきょう》のシンボリズムの論理《ろんり》。

(49)**加持《かじ》すべし**　左道的《さどうてき》に解釈《かいしゃく》するならば、〈外来《がいらい》の瑜伽者《ユガしゃ》〉がまず、四波羅蜜《シハラミツ》(女《にょ》) ないしは、その度《たび》毎《ごと》にその四人《よにん》の中央《ちゅうおう》に加《くわ》えられる (そうでないと完《かん》全《ぜん》な輪円《マンダラ》は成立《せいりつ》しない) 大印《だいいん》(十六歳《じゅうろくさい》の美《うつく》しい乙《おと》女《め》) と性的《せいてき》に瑜伽《ユガ》し、それによってその集会《しゅうえ》を聖《せい》化《か》して如来《にょらい》の曼荼羅《マンダラ》へと転《てん》ぜしめること。『金剛頂《こんごうちょう》経《ぎょう》』の儀礼《ぎれい》において、左道化《さどうか》の傾向《けいこう》は必然的《ひつぜんてき》であった。

(50)**区画《くかく》**　原語《げんご》は agrasaṁsthā.

(51)**持金剛**《じこんごう》　金剛薩埵《こんごうサッタ》のこと。
(52)**諸《もろもろ》の大薩埵**《だいサッタ》　現図曼荼羅《げんずマンダラ》からするならいわゆる賢劫十六尊《げんごうじゅうろくそん》のことであろう。しかし、『金剛頂経《こんごうちょうぎょう》』の後《あと》に来《く》る『秘密集会《ひみつしゅうえ》タントラ』では、曼荼羅《マンダラ》の外廓《がいかく》には、五如来《ごにょらい》の役《やく》をする人々《ひとびと》それぞれの息子《むすこ》や親類《しんるい》・眷属《けんぞく》に対応《たいおう》する「菩薩《ボサツ》たち」が位置《いち》する。
(53)**三昧耶最勝女**《サマヤさいしょうにょ》**の印契**《いんげい》**を結**《むす》**んで**　実際《じっさい》の左道的《さどうてき》な集会《しゅうえ》ではまず印《いん》を結《むす》び、次《つぎ》に瑜伽《ユガ》する。
(54)**尊**《とうと》**き如来方**《にょらいがた》**よ**　実際《じっさい》の集会《しゅうえ》では（高次《こうじ》の）金剛薩埵《こんごうサッタ》＝法身大日如来《ほっしんだいにちにょらい》に対応《たいおう》する〈外来《がいらい》の優越者《ゆうえつしゃ》〉が、五如来《ごにょらい》の役《やく》を演《えん》ずる人々《ひとびと》に対《たい》して集会《しゅうえ》の中《なか》において教誡《きょうかい》を説《と》く。この場合《ばあい》はそれらの人々《ひとびと》に対《たい》する呼《よ》びかけ。
(55)**学処**《がくしょ》　いろいろ学《まな》ばなければならないこと。
(56)**薩埵金剛印**《サッタこんごういん》　いわゆる金剛縛印《こんごうばくいん》のこと。
(57)**安住**《あんじゅう》**せられた**　原語《げんご》は pratiṣṭhito. 華《はな》がその上《うえ》に落《お》ちたところのその尊《そん》と同一《どういつ》になる。
(58)**ヴァジュラアディパティトヴァム**　原文《げんぶん》は vajrādhipati tvām. しかし、それでは「金剛主《こんごうしゅ》（よ）、我《われ》は汝《なんじ》を灌頂《かんじょう》せん」という意味《いみ》になってしまう。チベット訳《やく》も……トヴァムという業格《ごうかく》の意味《いみ》を支持《しじ》する。
(59)**伏蔵**《ふくぞう》　地下《ちか》に埋《う》められ隠《かく》されている宝蔵《ほうぞう》。
(60)**（金剛伏蔵**《こんごうふくぞう》**よ）**　原文《げんぶん》 vajranidhi. 伏蔵《ふくぞう》 nidhāna は男《だん》性名詞《せいめいし》であるが、この場合《ばあい》は中性名詞《ちゅうせいめいし》の呼格《こかく》と見《み》る。
(61)**金剛入**《こんごうにゅう》　原語《げんご》は vajrāveśa. 弟子《でし》が曼荼羅上《マンダラじょう》に投華《とうげ》して得《え》た一尊《いっそん》と入我我入《にゅうががにゅう》すること。（**228**）〜（**230**）参照《さんしょう》。
(62)**境地**《きょうち》　原語《げんご》は sthāna.
(63)**誓**《ちか》**いの心呪**《フリダヤ》　原語《げんご》は śapathahṛdaya. 呪詛《じゅそ》の真言《しんごん》。
(64)**微**《かす》**かに**　原語《げんご》 sūkṣmam には「鋭《するど》く」の意味《いみ》があるがチベット訳《やく》の dal は「緩慢《かんまん》に」の意味《いみ》。
(65)**愛欲**《あいよく》**の心**《こころ》**をもって**　原語《げんご》 bhagena. bhaga には左道《さどう》的《てき》な意味《いみ》がある。
(66)**対応**《たいおう》**した**　原語《げんご》は samupeta.
(67)**悉地**《シッジ》　原文《げんぶん》 siddhir は単数形《たんすうけい》。これを韻律上《いんりつじょう》の理《り》由《ゆう》にもとづくものと考《かんが》え、業格複数《ごうかくふくすう》の siddhīr の意《い》味《み》にとった。

(68)**自《みずか》らを**　原文《げんぶん》は ātmā と主格《しゅかく》になっているが、これは韻律上《いんりつじょう》の理由《りゆう》による変則《へんそく》と考《かんが》え業格《ごうかく》 ātmānam の意味《いみ》にとった。

(69)**厳《かざ》ること**　原語《げんご》は sādhayed. または単《たん》に「成就《じょうじゅ》することができるであろう」の意味《いみ》。

(70)**他《ほか》に（比肩《ひけん》するもの）無《な》く**　原語《げんご》 apara- は、普通《ふつう》は「劣《おと》った」の意味《いみ》。

(71)**ヴァジュラジュニャーナ**　原文《げんぶん》は vajrajñānaṁ と主格《しゅかく》のかたちになっているが呼格《こかく》の意味《いみ》にとる。チベット訳《やく》におけるこの部分《ぶぶん》の音写《おんしゃ》には -ṁ（アヌスヴァーラ）は見《み》えない。

(72)**自在者《じざいしゃ》**　原文《げんぶん》は suvaśī tvam. svaśī tvam の意味《いみ》にとった。

(73)**シャトルム**　原文《げんぶん》は śatru. チベット訳《やく》に従《したが》って業《ごう》格《かく》の śatruṁ の意味《いみ》にとった。

(74)**怨敵《おんてき》を啖《くら》う**　原語《げんご》 -śatakṣayet. チベット訳《やく》に従《したが》って堀内教授《ほりうちきょうじゅ》の意見《いけん》の通《とお》り、-śatruṁ sa bhakṣayet の意《い》味《み》にとった。

(75)**ルーパショーブハー**　原文《げんぶん》は rūpaṁ sobhā.

(76)**果報《かほう》を得《え》しめる**　原文《げんぶん》は phalāsasā. チベット訳《やく》の意味《いみ》するところに従《したが》った。

(77)**水《すい》（生《しょう》）**　原語《げんご》 ap は apja、蓮《はす》のこと。

(78)**大三昧耶薩埵《だいサマヤサッタ》なり、フーム**　漢訳《かんやく》は……satvo 'haṁ.「われは大三昧耶薩埵《だいサマヤサッタ》なり」を示唆《しさ》する。

解《かい》説《せつ》

一　『金剛頂経《こんごうちょうぎょう》』における密教《みっきょう》の論理《ろんり》

『金剛頂経《こんごうちょうぎょう》』の秘密《ひみつ》は、まず第一《だいいち》に、それが仏教思想史《ぶっきょうしそうし》を「貫《つらぬ》く」〈criticality〉の原理《げんり》を開示《かいじ》している点《てん》に存《そん》する。

〈criticality〉とは、対置《たいち》または併置《へいち》される特定《とくてい》のAB両項《りょうこう》が、序言《じょげん》においても述《の》べた如《ごと》く、〈両立不可能《りょうりつふかのう》、且《か》つ、二者択一不可避《にしゃたくいつふかひ》〉という特殊《とくしゅ》な関係《かんけい》を形成《けいせい》することをいう。そのcriticalityの関係《かんけい》は仏教《ぶっきょう》の思想史《しそうし》においては、ブッダの宗教《しゅうきょう》（根本仏教《こんぽんぶっきょう》、ないしは原始仏教《げんしぶっきょう》）と大乗仏教《だいじょうぶっきょう》、ことにその典型《てんけい》である華厳《けごん》の間《あいだ》に、次《つ》いで華厳《けごん》の大乗《だいじょう》の原理《げんり》を継承《けいしょう》する『大日経《だいにちきょう》』とそれを密《みっ》教《きょう》の論理《ろんり》によって超《こ》えようとする『金剛頂経《こんごうちょうぎょう》』との間《あいだ》に生起《しょうき》し、この両者《りょうしゃ》（すなわち両部《りょうぶ》）をその尖頂《せんちょう》とし、それぞれの宗教的本質《しゅうきょうてきほんしつ》を辿《たど》って、

（一）『大日経《だいにちきょう》』と『金剛頂経《こんごうちょうぎょう》』とはcriticalである。

（二）大乗仏教《だいじょうぶっきょう》と密教《みっきょう》とはcriticalである。

（三）〈利他行《りたぎょう》の宗教《しゅうきょう》〉と〈瑜伽《ヨーガ》の宗教《しゅうきょう》〉とはcriticalである。
という三層《さんそう》の関係《かんけい》を形成《けいせい》する。

では、なぜこれら両項《りょうこう》の関係《かんけい》が必然的《ひつぜんてき》に〈両立不可能《りょうりつふかのう》、且《か》つ、二者択一不可避《にしゃたくいつふかひ》〉となるのか、というなら、それは、大乗仏教《だいじょうぶっきょう》（二）の本質《ほんしつ》をなす〈利他行《りたぎょう》〉（三）というものが、もし、それを採《と》るのなら、必《かなら》ず眼前《がんぜん》に苦《くる》しんでいる相手《あいて》に対《たい》する慈悲《じひ》にもとづく抜苦与楽《ばっくよらく》の直接的《ちょくせつてき》な働《はたら》きかけ（プラクシス）、すなわち方便《ほうべん》として発現《はつげん》すべきものであるからである。ところが、これが慈悲《じひ》という原理《げんり》の根本的《こんぽんてき》な性格《せいかく》なのであるが、この慈悲《じひ》という原理《げんり》は、世界《せかい》の存在性《そんざいせい》にも、また、ブッダの悟《さと》りそのものにもその根拠《こんきょ》を有《ゆう》していない、いわばgrundlosな原理《げんり》、つまり、実在《じつざい》的《てき》な原理《げんり》ではなく、実存的《じつぞんてき》な原理《げんり》、選択《せんたく》さるべき原理《げんり》なのである。われわれは、多分《たぶん》、われわれの人生《じんせい》の運命的《うんめいてき》な場面《ばめん》において、苦《くる》しんでいる他者《たしゃ》を眼《め》の前《まえ》にして、この、自《みずか》らの実存《じつぞん》を賭《と》しての、criticalな選択《せんたく》に直面《ちょくめん》する。その場合《ばあい》、われわれは慈悲《じひ》を選択《せんたく》してもよいし、また選択《せんたく》しなくてもよい（ヒューマニズムは必然《ひつぜん》ではない）のである。ただしその場合《ばあい》、慈悲《じひ》を択《えら》ぶなら自己《じこ》を件《くだん》のプラクシス・実践《じっせん》に投《とう》ぜざるを得《え》ず、また慈悲《じひ》を採《と》らないなら、それ以後《いご》の人生《じんせい》において、すべての人間的《にんげんてき》な愛《あい》を断念《だんねん》せねばならないのである。この二《ふた》つの途《みち》は〈両立不可能《りょうりつふかのう》〉なのである。さらに、われわれはそのどちらを択《えら》んでもよいのであるが、しかし、それと同時《どうじ》に、そのどちらかを択《えら》ばねばならない。〈二者択一不可避《にしゃたくいつふかひ》〉、第三《だいさん》の道《みち》はないのである。では、『金剛頂経《こんごうちょうぎょう》』などのようなコンテクストにおいてその criticality を現成《げんせい》せしめるのであろうか、というなら、それを示《しめ》すのが本訳《ほんやく》パラグラフ**20**における所謂《いわゆる》五相成身観《ごそうじょうじんがん》の第一《だいいち》・通達菩提心真言《つうだつボダイしんしんごん》を説示《せつじ》する箇所《かしょ》なのである。

歴史上《れきしじょう》のブッダ、釈迦牟尼如来《シャカムニにょらい》となる釈迦族《シャカぞく》の王子《おうじ》シッダールタ（悉達太子《シッダたいし》）の密教的表現《みっきょうてきひょうげん》である一切義成就菩薩《いっさいぎじょうじゅボサツ》（サルヴァールタシッディ）は、なすべき難行《なんぎょう》をなし了《お》え、「菩提道場《ボダイどうじょう》に坐《ざ》して」、「無動三昧《むどうザンマイ》」（**19**）に入《はい》り、いまや成道直前《じょうどうちょくぜん》の状態《じょうたい》にある。一個《いっこ》の人間《にんげん》である一切義成《いっさいぎじょう》就菩薩《じゅボサツ》＝悉達太子《シッダたいし》のこの状態《じょうたい》に対応《たいおう》してその本所《ほんじょ》・色究竟天《しきくぎょうてん》より（しかも、毘盧遮那《ビルシャナ》を取《と》り囲《かこ》んで）降下《こうか》してきた〈一切《いっさい》の如来《にょらい》たち〉は、一切義成就菩薩《いっさいぎじょうじゅボサツ》に対《たい》してその姿《すがた》を示現《じげん》し、いかにその様《よう》に難行《なんぎょう》を行《ぎょう》じたとて〈一切如来《いっさいにょらい》の真実《しんじつ》〉を知《し》っていなければ成道《じょうどう》し得《え》ない（逆《ぎゃく》に、それを知《し》るなら、その様《よう》な難行《なんぎょう》を経《へ》ずとも、即身《そくしん》に成仏《じょうぶつ》し得《う》る）、と言《い》って菩薩《ボサツ》を驚覚《きょうがく》する（**18**）。驚覚《きょうがく》されて菩薩《ボサツ》は我《われ》にかえり、「では、どのようにすれば、どのような真実《しんじつ》に通達《つうだつ》し得《う》るのですか」と、その方法《ほうほう》と真理《しんり》の命題《めいだい》そのものとを問《と》う（**19**）。それに対《たい》して〈一切《いっさい》の如来《にょらい》たち〉は、「通達《つうだつ》せよ、〈自己《じこ》の心《しん》を各各《かくかく》に観察《かんざつ》する三昧《サンマイ》〉によって、（すなわち）本性成就《ほんしょうじょうじゅ》の（発菩提心《はつボダイしん》）真言《しんごん》を好《す》きな回数《かいすう》だけ誦《じゅ》することによって」と教《おし》えるのである（**20**）。ここに見《み》られる（原文《げんぶん》でいうなら）svacittapratyavekṣaṇasamādhānena と prakṛtisiddhena rucijaptena mantreṇa という同格関係《どうかくかんけい》に注《ちゅう》目《もく》し、且《か》つ、前者《ぜんしゃ》を『大日経《だいにちきょう》』の中心的教義《ちゅうしんてききょうぎ》である「如実知自心《にょじつちじしん》」の教義《きょうぎ》を念頭《ねんとう》においてのものであるとするのが私《わたし》の『金剛頂経《こんごうちょうぎょう》』解釈《かいしゃく》の第一《だいいち》の眼目《ポイント》であるのである。

この場合《ばあい》のAとBとの間《あいだ》の同格《アポジション》は、BをもってAに代替《だいたい》することができることを意味《いみ》する。『大日経《だいにちきょう》』は、菩提《ボダイ》とは何《なに》か、と問《と》い、それに対《たい》して自《みずか》ら「菩提《ボダイ》とは如実《にょじつ》に自心《じしん》を知《し》ることである」と答《こた》える。では「如実《にょじつ》に自心《じしん》を知《し》る」とは?『大日経《だいにちきょう》』は、華厳《けごん》の修道論《しゅどうろん》を正統的《せいとうてき》に受《う》けつぎ、それを「百千万億無量劫《ひゃくせんまんのくむりょうこう》に福徳《ふくとく》と智慧《ちえ》の無量《むりょう》の資糧《しりょう》を積集《しゃくじゅう》すること」である、とする。「福《ふく》徳《とく》と智慧《ちえ》の資糧《しりょう》」とは、まさに上《うえ》に述《の》べた利他《りた》の直接的《ちょくせつてき》プラクシスのことに他《ほか》ならない。『金剛《こんごう》頂経《ちょうぎょう》』は、他《ほか》のもの（シンボル）を以《も》ってしてはそれに替《か》え得《え》ない筈《はず》のそのプラクシス（菩薩《ボサツ》行《ぎょう》）の無量劫《むりょうこう》に亘《わた》る継続《けいぞく》を、〈オーム、われは（自《じ》）心《しん》（の源底《げんてい》）に通達《つうだつ》せん〉という真言《しんごん》（非《ひ》直接的《ちょくせつてき》なシンボルとしての……）をしかも、好《す》きな回数《かいすう》だけ誦《じゅ》する、というシンボル操作《そうさ》で代《だい》替《たい》しようというのである。しかもさらに驚《おどろ》くべきことには、『金剛頂経《こんごうちょうぎょう》』の作者《さくしゃ》（それを人間《にんげん》とみる〈閉鎖系《へいさけい》〉の立場《たちば》からいうなら）は、自《みずか》らそれが可能《かのう》であるか否《いな》かを問題《もんだい》にし、且《か》つ、真言《しんごん》というシンボルそれ自体《じたい》にその本性《ほんしょう》からしてその権能《けんのう》がある（prakṛtisiddha、本性成就《ほんしょうじょうじゅ》）のだという根拠《こんきょ》の意識《いしき》からして、その代替《だいたい》は可能《かのう》なのだ、と言《い》ったのである。インド密教思想史《みっきょうしそうし》の帰結《きけつ》は、結局《けっきょく》この代替《だいたい》が不可能《ふかのう》であったことを示《しめ》している。しかし、『金剛頂経《こんごうちょうぎょう》』作者《さくしゃ》のこの意識《いしき》がいかに貴重《きちょう》なものであったかは、年来《ねんらい》の所謂《いわゆる》密教《みっきょう》ブームの中《なか》で密教《みっきょう》のシンボリズムの効能《こうのう》を道《い》いたてた人々《ひとびと》の中《なか》に自《みずか》らこのシンボリズムそれ自体《じたい》の根拠《こんきょ》を問《と》うた論者《ろんじゃ》が一人《ひとり》でもあったかということを考《かんが》えあわせるならば、すでに思《おも》い半《なか》ばに過《す》ぎることであろう。では、なぜ、上《うえ》のコンテクストが全思想史《ぜんしそうし》の上《うえ》で criticality の尖端《せんたん》をなすのか。それをいうためには、われわれは一旦《いったん》、ブッダの悟《さと》りの根本体験《こんぽんたいけん》とその内実《ないじつ》、という仏教学《ぶっきょうがく》の根本問題《こんぽんもんだい》に立《た》ち戻《もど》らねばならない。

二　実在《じつざい》の世界《せかい》と曼荼羅《マンダラ》の世界《せかい》

まず、基本的《きほんてき》な用語《ようご》を示《しめ》そう。私《わたし》はまず世界《せかい》の観念《かんねん》を、サンスクリット文法《ぶんぽう》の概念《がいねん》を用《もち》いて〈中性単数《ちゅうせいたんすう》の dharma〉という言葉《ことば》で表現《ひょうげん》し、次《つ》いでそれを竪《たて》に、その表層《ひょうそう》、いわば個体的存在者《こたいてきそんざいしゃ》の世界《せかい》とその存在論的《そんざいろんてき》な基層《きそう》とに両極化《りょうきょくか》してそれを〈男性複数《だんせいふくすう》の dharma〉と女性単数《じょせいたんすう》の dharma の（竪《たて》の）両極構造《りょうきょくこうぞう》とする。そして、さらにその世界《せかい》の存在性《そんざいせい》の本質《ほんしつ》としていわば〈存在《ザイン》〉の観念《かんねん》を荷《にな》う〈女性単数《じょせいたんすう》の dharma〉を、その現実態《げんじつたい》としての（天台智顗《てんだいちぎ》の表現《ひょうげん》によるなら「故《こ》なる」）無明《むみょう》とそれが行《ぎょう》の過程《かてい》を経《へ》て転成《てんじょう》するところの（同《おな》じく、「新《しん》なる」）明《みょう》との両極構造《りょうきょくこうぞう》においてあるものとして捉《とら》え、それを〈女性単数《じょせいたんすう》の dharma の無明《むみょう》と明《みょう》の（横《よこ》の）両極構造《りょうきょくこうぞう》〉とする。

ここで出来《しゅったい》するのが、いわば世界《せかい》の内実《ないじつ》をなしているところの〈男性複数《だんせいふくすう》の dharma〉とは現《げん》実《じつ》には、あるいは本質的《ほんしつてき》には何《なん》であるのか、という問題《もんだい》である。この、一見《いっけん》したところごく平凡《へいぼん》な問題設定《もんだいせってい》は、実《じつ》はわれわれが曼荼羅《マンダラ》の意味《いみ》を理解《りかい》する上《うえ》に、いや、その前《まえ》に、仏教《ぶっきょう》の思想史《しそうし》を構成《こうせい》する上《うえ》に決定的《けっていてき》に重要《じゅうよう》な意味《いみ》を有《も》っているのである。私《わたし》はパーリ中部《ちゅうぶ》の『怖駭経《ふがいきょう》』に説《と》かれるブッダの悟《さと》りの智慧《ちえ》であるところの三智《さんち》、すなわち、憶宿命智《おくしゅくみょうち》、衆生生死智《しゅじょうしょうじち》、漏尽智《ろじんち》のうち、ことに衆生生死智《しゅじょうしょうじち》がそれにあたる、と考《かんが》える。

その夜《よる》、襲《おそ》い来《きた》った「怖駭《ふがい》」（怖畏《おそろ》しきもの）を排除《はいじょ》し、深《ふか》い瞑想《めいそう》に入《はい》ったシッダールタの内《ない》面《めん》に、初夜《しょや》、まず憶宿命智《おくしゅくみょうち》が現《あら》われる。すなわち彼《かれ》は自《みずか》らの生《せい》を前生《ぜんしょう》からさらにその前生《ぜんしょう》へと手繰《たぐ》って、無始時来《むしじらい》の自《みずか》らの輪廻《りんね》の生《せい》の連鎖《れんさ》の総体《そうたい》をありありと（あたかもそれらの生《せい》を改《あらた》めて体験《たいけん》したかの如《ごと》くに）憶《おも》い出《だ》す。この無始時来《むしじらい》の生《せい》の連鎖《れんさ》の想起《そうき》が一切衆生《いっさいしゅじょう》の上《うえ》に拡大《かくだい》されたものが、中夜《ちゅうや》に現《あら》われた衆生生死智《しゅじょうしょうじち》である。つまり、シッダールタはそこにおいて一切衆生《いっさいしゅじょう》の運《うん》命《めい》の総《すべ》てを追体験《ついたいけん》したわけである。私《わたし》はこの記事《きじ》を、『律蔵《りつぞう》』「マハーヴァッガ」冒頭《ぼうとう》にあってやはりブッダの悟《さと》りの根本体験《こんぽんたいけん》を指《さ》し示《しめ》すウダーナ（略摂頌《りゃくしょうじゅ》）

「力行《りきこう》して静慮《じょうりょ》する波羅門《バラモン》に諸法《しょほう》が顕現《けんげん》した（pātubhavanti dhammā）とき、
彼《かれ》の一切《いっさい》の疑惑《ぎわく》は消滅《しょうめつ》した、（諸《しょ》）法《ほう》をその（生起《しょうき》の）因《いん》において了知《りょうち》したからである。」

（一・三）

に結《むす》びつける。すなわち、〈女性単数《じょせいたんすう》の dharma〉としての無明《むみょう》（avidyā）のカオス的《てき》な流《なが》れを試《し》行錯誤的《こうさくごてき》に苦行《くぎょう》という意志的《いしてき》、かつ身体的《しんたいてき》な努力《どりょく》によって遡行《さかのぼ》ったシッダールタは、その努力《どりょく》の果《は》てに（降魔《ごうま》・怖駭《ふがい》の克服《こくふく》という神話的《しんわてき》な表象《ひょうしょう》がそれを象徴《しょうちょう》するところの）個体性《こたいせい》の原理《げんり》の壁《かべ》

（メルクマールａ）を突破《とっぱ》して〈女性単数《じょせいたんすう》のdharma〉の〈明《みょう》の極《きょく》〉に合入《ヨーガ》した。そして、その彼《かれ》の明《みょう》（vidyā）、すなわち渇愛《かつあい》という個体化《こたいか》の原理《げんり》を脱却《だっきゃく》して本来《ほんらい》の澄浄性《ちょうじょうせい》と普遍性《ふへんせい》を回復《かいふく》した心《しん》地《ち》（心《こころ》という基盤《きばん》）に、世界《せかい》は、すなわち無始時来《むしじらい》の一切衆生《いっさいしゅじょう》の輪廻《りんね》の生《せい》の総体《そうたい》は、しかもそれらの時間的《じかんてき》・空間的制約《くうかんてきせいやく》を撤廃《てっぱい》されたその根源的《こんげんてき》な存在相《そんざいそう》において現成《げんせい》した（わざと華厳《けごん》の言葉《ことば》を使《つか》うなら、「同時炳現《どうじへいげん》」した）のである。このブッダの内面《ないめん》の出来事《できごと》をそれがメビウスの輪的《わてき》に連接《れんせつ》する超越《ちょうえつ》の場面《ばめん》において言《い》うなら、彼《かれ》は明《みょう》という「超越《ちょうえつ》の高《たか》み」から世界《せかい》を鳥瞰《ちょうかん》したのである。

かくて実在世界《じつざいせかい》を上《うえ》から観《み》たシッダールタの観《かん》は、次《つ》いでその世界《せかい》の存立《そんりつ》の機制《きせい》の認識《にんしき》へと深《ふか》まる。それが後夜《ごや》・漏尽智《ろじんち》であり、その内容《ないよう》は苦《く》・集《じゅう》・滅《めつ》・道《どう》のいわゆる四諦《したい》である。それは、この世界内《せかいない》の人間的《にんげんてき》な生《せい》を畢竟無意義《ひっきょうむいぎ》なる苦《く》であるとする断案《だんあん》（苦諦《くたい》）から始《はじ》まる。人間《にんげん》的《てき》な生《せい》が必然的《ひつぜんてき》に苦《く》であるのは、世界《せかい》の本質《ほんしつ》が渇愛《かつあい》であるからである（集諦《じったい》）。渇愛《かつあい》（taṇhā）は「kāma-taṇhāである」と定義《ていぎ》される、すなわち、それは性愛的《エロティック》な力《ちから》をその本質《ほんしつ》とする全世界的《ぜんせかいてき》な生《せい》の流《なが》れである。因《ちな》みに、ブッダはこの流《なが》れという事態《じたい》を阿頼耶《アラヤ》ālayaという語《ご》で表現《ひょうげん》するが、それが後《のち》の唯識説《ゆいしきせつ》において阿頼耶識《アラヤしき》ālaya-vijñānaの観念《かんねん》となる。なお、無明《むみょう》とは意識《いしき》（自覚《じかく》）せられない状態《じょうたい》におけるこの渇愛《かつあい》のことなのである。人間《にんげん》は須《すべから》くこの渇愛《かつあい》を滅《めつ》することによって（それは実《げ》に滅《めつ》することができる！）須《すべから》くこの人間的《にんげんてき》な存在《そんざい》の世界《せかい》から解脱《げだつ》して涅槃《ネハン》の寂滅《じゃくめつ》に帰入《きにゅう》すべきであり（滅諦《めったい》）、そのためには出家《しゅっけ》して中道《ちゅうどう》たる八正道《はっしょうどう》（その本質《ほんしつ》は〈現法的梵行《げんぼうてきボンぎょう》〉、すなわち、一生《いっしょう》を目処《めど》として性的貞潔《せいてきていけつ》を保《たも》つこと）を修《しゅ》すべきである（道諦《どうたい》）……。この漏尽智《ろじんち》＝四諦《したい》という真理命題《ロゴス》を得《え》たところで、シッダールタは自《みずか》らが悟《さと》って仏《ブッダ》と成《な》ったことを自覚《じかく》したのである。

悟《さと》ったブッダは一旦《いったん》は説法《せっぽう》を躊躇《ちゅうちょ》するが、「梵天《ボンてん》の勧請《かんじょう》」という契機《けいき》を経《へ》てこの四諦《したい》を人々《ひとびと》に説《と》く。その教《きょう》によって人間《にんげん》の側《がわ》に自《みずか》らの生存《せいぞん》の根拠《こんきょ》を渇愛《かつあい》として知《し》る契機《けいき》が生《しょう》じ、〈女性単数《じょせいたんすう》の dharma〉はその〈無明《むみょう》と明《みょう》との両極構造《りょうきょくこうぞう》〉を現《あら》わしてくる。そして、この〈女性単数《じょせいたんすう》 dharma の無明《むみょう》と明《みょう》との両極構造《りょうきょくこうぞう》〉という〈存在《ザイン》の真理《しんり》〉が、それ以後《いご》のブッダの弟子達《でしたち》の生《レーベン》を、自《みずか》らの人間性《にんげんせい》を否定超克《ひていちょうこく》するために八正道《はっしょうどう》を修《しゅ》すること、すなわち、出家主義《しゅっけしゅぎ》の〈現法的梵行《げんぼうてきボンぎょう》〉として、一義的《いちぎてき》に規定《きてい》することになったのである。なお、このブッダの人間性否定《にんげんせいひてい》の絶対命令《ぜったいめいれい》に敢《あ》えて離反《りはん》してでも、何《なん》とかして人間性《にんげんせい》の意義《いぎ》を再獲得《さいかくとく》しようという人間的《にんげんてき》な要求《ようきゅう》を根本動機《こんぽんどうき》として、大乗仏教《だいじょうぶっきょう》は興起《こうき》したのである。

三　ブッダの教《きょう》の背後《はいご》にあるもの

ところでこの「説法《せっぽう》の躊躇《ちゅうちょ》」と、「梵天勧請《ボンてんかんじょう》」という挿話《そうわ》は、それこそが『金剛頂経《こんごうちょうぎょう》』の「秘《ひ》密《みつ》」であるところの〈開放系《かいほうけい》の神《かみ》〉の「目的《もくてき》」・意図《いと》をすでに（ヤスパースのいう）「神《かみ》の暗号《あんごう》」

(Chiffren der Transzendenz)的《てき》に「告知《こくち》」するものであるという点《てん》において、われわれが注目《ちゅうもく》しておかねばならないところのものである。

まず「説法《せっぽう》の躊躇《ちゅうちょ》」であるが、ブッダは、自《みずか》ら悟《さと》った法《ほう》が「世流《せる》に逆《さか》らう」、すなわち人間《にんげん》性《せい》の自然《しぜん》に逆行《ぎゃっこう》するものであり、従《したが》って、仮令《たとい》それを説《と》いたとしても人々《ひとびと》はそれを理解《りかい》しないであろうし、また、かりに理解《りかい》し得《え》たとしてもそれに従《したが》うことはないであろう、というのである。ブッダは「梵天《ボンてん》の勧請《かんじょう》」を容《い》れて結局《けっきょく》はそれを説《と》く。しかし、案《あん》の通《とお》り、人々《ひとびと》は人間性《にんげんせい》を否《ひ》定《てい》・超克《ちょうこく》せよというそのブッダの絶対命令《ぜったいめいれい》に敢《あ》えて離反《りはん》するかたちで、つまり、人間性《にんげんせい》の意義《いぎ》をどうかして再獲得《さいかくとく》しようというそれ自体人間的《じたいにんげんてき》な要求《ようきゅう》をその根本動機《こんぽんどうき》として、大乗仏教《だいじょうぶっきょう》、ひいては仏教《ぶっきょう》の思想史《しそうし》そのものを展開《てんかい》させるのである。すでに序言《じょげん》においても述《の》べた如《ごと》く、仏教《ぶっきょう》の思想史《しそうし》は「全歴史性《ぜんれきしせい》を貫《つらぬ》く目的論的理性《もくてきろんてきりせい》」としての〈開放系《かいほうけい》の神《かみ》〉が「自己《じこ》を告知《こくち》する」、その「告知《こくち》」の過程に他《ほか》ならない。そしてその神《かみ》は、この「説法躊躇《せっぽうちゅうちょ》」の挿話《そうわ》において、自《みずか》らのその「告知《こくち》」のことを告《つ》げているのである。

次《つぎ》に「梵天勧請《ボンてんかんじょう》」であるが、「娑婆世界《シャバせかい》」(われわれが現《げん》にその上《うえ》に棲《す》んでいるこの世界《せかい》)の主《しゅ》・梵天《ボンてん》(Brahmā Sahampati)はブッダが不説《ふせつ》に傾《かたむ》いたのを知《し》り、「ああ、世界《せかい》は敗壊《はいえ》せん、ああ、世界《せかい》は敗壊《はいえ》せん」と言《い》って周章《あわ》てブッダの前《まえ》に現《あら》われ、説法《せっぽう》を勧請《かんじょう》する。しかし、なぜ、そこでブッダがその法《ほう》(真理《しんり》)を説《と》かないなら「世界《せかい》は敗壊《はいえ》する」のか、これまた序言《じょげん》でふれた「ウィトゲンシュタイン風《ふう》の論理《ろんり》」において、「ブッダの法《ほう》が説《と》かれて告知《こくち》されていなかった時代《じだい》というものがあって、しかもそういう時代《じだい》にも、世界《せかい》はちゃんと存在《そんざい》していたはず」ではないのか。それに、世界《せかい》から離脱《りだつ》せよというブッダの教令《きょうれい》が告知《こくち》され、人々《ひとびと》がそれに従《したが》ったら、それこそこの世界《せかい》は消滅《しょうめつ》してしまうのではないか。

私《わたし》はこの問題《もんだい》を〈アーラヤのニヒリズム〉という言葉《ことば》で意識《いしき》する。ブッダはその不説《ふせつ》に傾《かたむ》いた理由《りゆう》を、「衆生《しゅじょう》というものは（その本性《ほんしょう》からして）阿頼耶《アラヤ》を楽《たの》しみ、阿頼耶《アラヤ》を欣《よろこ》び、阿頼耶《アラヤ》を喜《よろこ》ぶ」ものであるからである、という。阿頼耶《アラヤ》とは世界全体及《せかいぜんたいおよ》び個々《ここ》の人間《にんげん》の生命《せいめい》であるところの無明《むみょう》――渇愛《かつあい》のカオス的《てき》な流《なが》れに乗《の》って流《なが》れて行《い》くこと、ないしはこの生命《せいめい》の自然《しぜん》の流《なが》れそのものを意味《いみ》する。そして、その自然《しぜん》の流《なが》れに乗《の》って世界《せかい》はそれまでも存続《そんぞく》してきた（人間《にんげん》は生《い》きてきた）筈《はず》であるのである。ブッダは結局《けっきょく》、梵天《ボンてん》の勧請《かんじょう》を容《い》れて法《ほう》を説《と》く、すなわち、〈開放系《かいほうけい》の神《かみ》〉は、ブッダをして世界《せかい》と人間《にんげん》の生命《せいめい》の自然《しぜん》の流《なが》れに逆《さか》らうヴェクトルとしての法《ほう》を説《と》かしめたのである。そしてそのことによって世界《せかい》を「敗壊《はいえ》」せしめずに今日《こんにち》まで持《も》ち堪《こた》えさせ、そして今《いま》や、私《わたし》たちを、それが現成《げんせい》したときに「世界《せかい》を敗壊《はいえ》する」筈《はず》の〈アーラヤのニヒリズム〉の門《かど》口《ぐち》に立《た》たせることになったのである。すなわち、その「世界《せかい》の敗壊《はいえ》」はブッダが説《と》いた「生命《せいめい》の自然《しぜん》の流《なが》れに逆《さか》らう」ヴェクトルが再《ふたた》びゼロに帰《き》したとき現成《げんせい》するのであるが、私《わたし》の見《み》るところ現行《げんこう》の所謂近代仏教学《いわゆるきんだいぶっきょうがく》は、「仏教《ぶっきょう》は神観念《かみかんねん》を有《も》たない（合理的《ごうりてき》な）宗教《しゅうきょう》である」というテーゼによってわれわれの超越《ちょうえつ》への眼差《まなざ》しを予《あらかじ》め遮断《しゃだん》して、また、そのことによって同時《どうじ》に神《かみ》が存在《そんざい》しなければ存在《そんざい》するものは人間《にんげん》だけ、という無制約的《むせいやくてき》な（傲慢《ヒュブリス》としての）人間中心主義《にんげんちゅうしんしゅぎ》に道《みち》を開《ひら》き、さらに、輪廻《りんね》の観念《かんねん》を古《ふる》くさい（反近代的《はんきんだいてき》な）迷信《めいしん》として斥《しりぞ》けることによって、われわれをブッダが観《み》る如《ごと》き根源的《こんげんてき》な世界《せかい》の存在《そんざい》とその根拠《こんきょ》としての世界《せかい》が必然的《ひつぜんてき》にわれわれに強制《きょうせい》する運命《うんめい》の観念《かんねん》からも遮断《しゃだん》して、ひたすら、いま、ここだけに限《かぎ》っての人間性《にんげんせい》の価値《かち》を謳歌《おうか》するところの「阿頼耶《アラヤ》を楽《たの》しむ」状態《じょうたい》への居直《いなお》り、すなわち〈アーラヤのニヒリズム〉を現成《げんせい》させたのである。しかし、〈開放系《かいほうけい》の神《かみ》〉がわれわれにその〈アーラヤのニヒリズム〉を現成《げんせい》せしめたのだとするならば、その「目的論的理性《もくてきろんてきりせい》」であるところのその神《かみ》の「目的《もくてき》」とは一体《いったい》いかなるものであるのか。その神《かみ》はこのわれわれに、それにいかに対処《たいしょ》させるためにその危機《きき》をわれわれの運命《うんめい》として現成《げんせい》せしめたのか。もし、われわれ人間《にんげん》の側《がわ》でのその特定《とくてい》の対処《たいしょ》の仕方《しかた》を神《かみ》が必要《ひつよう》としているのだとしたら、その神《かみ》とは、その存立《そんりつ》の機制《きせい》において一体《いったい》いかなるものであるのか……。

四　曼荼羅《マンダラ》としての世界《せかい》とその構造《こうぞう》

ところで、ブッダの観《み》た世界《せかい》の内実《ないじつ》が衆生生死智《しゅじょうしょうじち》であるとき、それは即《そく》、人間的《にんげんてき》な生《せい》が畢竟《ひっきょう》無意義《むいぎ》なる苦《く》であることを意味《いみ》し、またブッダが認識《にんしき》した（筈《はず》の）〈無明《むみょう》と明《みょう》との両極構造《りょうきょくこうぞう》〉という〈存在《ザイン》の真理《しんり》〉は、実践《じっせん》の形態《けいたい》を八正道《はっしょうどう》＝〈現法的梵行《げんぽうてきぼんぎょう》〉という、人間性《にんげんせい》を真向《まっこう》から否定《ひてい》するものとして一義的《いちぎてき》に規定《きてい》する。この絶対的《ぜったいてき》な困難《こんなん》に対《たい》してそれでも彼《かれ》らが人間性《にんげんせい》の意義《いぎ》を獲《かく》得《とく》したいと願《ねが》うなら、彼《かれ》らはその実在世界《じつざいせかい》の外《そと》に一種架空《いっしゅかくう》の世界《せかい》を投企《とうき》する以外《いがい》にはないし、また、その投企《とうき》は実在世界《じつざいせかい》を解釈的《かいしゃくてき》に改変《かいへん》することによってなされる以外《いがい》にはない。私《わたし》は大乗《だいじょう》の世界《せかい》の形成《けいせい》を唯一論理的《ゆいいつろんりてき》に説明《せつめい》し得《う》るところのその解釈《かいしゃく》を〈生《レーベン》のジャータカ的解釈《てきかいしゃく》〉と称《しょう》する。それは次《つぎ》の如《ごと》きものである。

「ブッダ自身《じしん》の憶宿命智《おくしゅくみょうち》が示《しめ》す如《ごと》く、ブッダもその成道《じょうどう》に至《いた》るまでに無始時来《むしじらい》の輪廻《りんね》の生《せい》を経験《けいけん》してきた。ブッダはその種《しゅ》の輪廻的《りんねてき》な（人間的《にんげんてき》な！）生《せい》は畢竟無意義《ひっきょうむいぎ》なる苦《く》であり、須《すべから》く捨《す》て去《さ》るべきものであるという。しかし、実《じつ》はそれらの生《せい》はブッダが菩提《さとり》に到達《とうたつ》し、仏《ほとけ》と成《な》るために必須《ひっす》のものではなかったのか。さすれば、われわれも自《みずか》らの宗教理想《しゅうきょうりそう》を現生《げんしょう》にこの世界《せかい》から脱却《だっきゃく》して涅槃《ネハン》の滅《めつ》に帰《き》することから、ブッダのそれと同《おな》じ菩提《ボダイ》へと転《てん》じ、自《みずか》らの生《せい》の内実《ないじつ》をブッダの前生《ジャータカ》のそれと同《おな》じ他者《たしゃ》に対《たい》する慈悲《じひ》を原理《げんり》とするところの抜苦与楽《ばっくよらく》の利他行《りたぎょう》・菩薩行《ボサツぎょう》として規整《きせい》するなら、現下《げんか》の人間的《にんげんてき》な生《せい》もその遠《とお》い未来《みらい》の理想《りそう》に至《いた》るための必須《ひっす》の一歩《いっぽ》として生《い》きるに値《あたい》するものとなる、いや、積極的《せっきょくてき》に生《い》き切《き》らねばならぬものとして再獲得《さいかくとく》されるのではないか……。」

彼《かれ》らはこの解釈《かいしゃく》に従《したが》って、その視点《してん》を実在世界《じつざいせかい》の内実《ないじつ》をなす衆生生死智的《しゅじょうしょうじちてき》な、一切衆生《いっさいしゅじょう》の輪《りん》廻《ね》の主体《しゅたい》としての身体《しんたい》を具《そな》えた生《せい》から、一切衆生《いっさいしゅじょう》の相互間《そうごかん》に重々無尽《じゅうじゅうむじん》に設定《せってい》される利他《りた》のプラクシスへと移動《いどう》させ、それら無尽《むじん》のプラクシスを内実《ないじつ》とする世界《せかい》の観念《かんねん》を新《あら》たに構成《こうせい》する。それが〈一切《いっさい》の菩薩行《ボサツぎょう》の総体《マンダラ》〉（sarvabodhisattvacaryā-maṇḍala）、あるいは〈普賢菩薩《ふげんボサツ》の行《ぎょう》の総体《マンダラ》〉（samantabhadracaryā-maṇḍala）と表現《ひょうげん》されるところの華厳世界《けごんせかい》（普賢法界《ふげんほっかい》）である。そして、この〈普賢菩薩《ふげんボサツ》の行《ぎょう》の総体《マンダラ》〉の理念《りねん》をそれが内含《ないがん》する構造《こうぞう》において象徴主義的《シンボリスティック》に絵《え》マンダラとして表象《ひょうしょう》したのが、『大日経《だいにちきょう》』の曼荼羅《マンダラ》であったのである。

ではその構造《こうぞう》とは？　それはこの華厳世界《けごんせかい》の或《あ》る特異《とくい》な存在機制《そんざいきせい》に由来《ゆらい》する。彼《かれ》らは新《あら》たにこの架空《かくう》の理想世界《りそうせかい》を構成《こうせい》するに当《あ》たって、それにその本来《ほんらい》の動機《どうき》を超《こ》えた或《あ》る不思議《ふしぎ》な存在機《そんざいき》制《せい》を賦与《ふよ》する。普賢法界《ふげんほっかい》は文字《もじ》通《どお》り普賢菩薩《ふげんボサツ》がその「過去不可説不可説仏刹微塵数劫《かこふかせつふかせつブッセツみじんじゅごう》」に実践《じっせん》し成就《じょうじゅ》させた一切衆生間《いっさいしゅじょうかん》に可能《かのう》な一切《いっさい》のプラクシスの総体《マンダラ》なのであるが、その厖大《ぼうだい》なプラクシスの一《ひと》つも余《あま》すことのない総体《マンダラ》としての世界《せかい》は、われわれ個々《ここ》の人間《にんげん》が教《きょう》によってその理念《りねん》を理解《りかい》し（信《しん》）、その理想《りそう》を自《みずか》らのものとして選択《せんたく》し（願《がん》）、それに実践的《じっせんてき》に投帰《とうき》する（行《ぎょう》）なら、その実践《じっせん》の第一歩《だいいっぽ》においてその完全《かんぜん》な完成態《かんせいたい》において無時間的《むじかんてき》に現成《げんせい》する、その当人《とうにん》のみならず一切《いっさい》衆生《しゅじょう》にとっても現成《げんせい》する、というのである。いわゆる「初発心時便成正覚《しょほっしんじべんじょうしょうがく》」の事態《じたい》である。しかし、もちろんその機制《きせい》には他《た》の一面《いちめん》がある。その無時間的《むじかんてき》に現成《げんせい》した世界《せかい》は（空《くう》であるから）、その人間《にんげん》の側《がわ》の信《しん》―願《がん》―行《ぎょう》という条件《じょうけん》が欠《か》けたなら、その瞬間《しゅんかん》にその当人《とうにん》のみならず一切衆生《いっさいしゅじょう》にとって、消滅《しょうめつ》してしまう。であるからその人《ひと》はその未来《みらい》「不可説不可説仏刹微塵数劫《ふかせつふかせつブッセツみじんじゅごう》」に亘《わた》る菩《ボ》薩行《サツぎょう》をもって、その理想世界《りそうせかい》の存続《そんぞく》を荷《にな》ってゆかねばならない、逆《ぎゃく》にいえば、その世界《せかい》の存続《そんぞく》はその人一人《ひといちにん》の永遠《えいえん》の菩薩行《ボサツぎょう》の実践《じっせん》にかかっているのである。これが「無量劫修行《むりょうこうしゅぎょう》」の局面《きょくめん》である。私《わたし》は華厳世界《けごんせかい》のこの特異《とくい》な存在機制《そんざいきせい》を空《くう》と称《しょう》するのであるが、この空《くう》なる機制《きせい》がわれわれをして華厳世界《けごんせかい》の構造《こうぞう》を（私《わたし》の表現《ひょうげん》で）〈二重法界《にじゅうほっかい》〉として表象《ひょうしょう》せしめるのである。そしてもう一《ひと》つ、私《わたし》はこの大乗世界《だいじょうせかい》の空《くう》なる機制《きせい》を、その世界《せかい》の実在性《じつざいせい》の上《うえ》にさらに「目的論的理性《もくてきろんてきりせい》」の要素《ようそ》を加《くわ》えた全《まった》き人格神《じんかくしん》としての〈開放系《かいほうけい》の神《かみ》〉の現成《げんせい》の機制《きせい》と見《み》るのである。

この〈二重法界《にじゅうほっかい》〉とは、その行《ぎょう》の出発点《しゅっぱつてん》（メルクマールb）と到達点《とうたつてん》（メルクマールa）とが構成《こうせい》する同心円《どうしんえん》を意味《いみ》する（私《わたし》はその内円《ないえん》を〈内《ない》の法界《ほっかい》〉、ドーナツ状《じょう》の外円《がいえん》を〈外《げ》の法界《ほっかい》〉と称《しょう》する）。この構造《こうぞう》は『華厳経《けごんきょう》』「入法界品《にゅうほっかいぼん》」（Gaṇḍavyūha-sūtra）における善財童子《ぜんざいどうじ》の求法《ぐほう》の遍歴譚《へんれきたん》という戯曲的構成《ぎきょくてきこうせい》によって示《しめ》される。善財童子《ぜんざいどうじ》は文殊師利菩薩《モンジュシリボサツ》に勧発《かんぱつ》されてその求法《ぐほう》の旅《たび》に上《のぼ》り、善知識《ぜんちしき》を次々《つぎつぎ》と巡訪《じゅんぼう》してそれらの解脱《げだつ》の内実《ないじつ》を自《みずか》らのものとし、最後《さいご》に〈内《ない》の法界《ほっかい》〉たる弥勒菩薩《ミロクボサツ》の居城《きょじょう》「毘盧遮那《ビルシャナ》荘厳蔵大楼閣《しょうごんぞうだいろうかく》」（Vairocanavyūhālaṁkāragarbha-mahākuṭāgāra）に到《いた》る。弥勒《ミロク》は善財《ぜんざい》の勇健《ゆうけん》の求道心《ぐどうしん》を讃《たた》え、善財《ぜんざい》に勧《すす》めて楼閣《ろうかく》の内《うち》に入《い》れしめ、その荘厳《しょうごん》のあり様《さま》を観見《かんけん》せしめる。その荘厳《しょうごん》とは弥勒《ミロク》が無始時来《むしじらい》、世界《せかい》の一切処《いっさいしょ》にその身《み》を現《げん》じて衆生利益《しゅじょうりやく》の「勝業《プラクシス》」を実践《じっせん》しつつあるその有様《ありさま》である。しかも、善財《ぜんざい》は、自分《じぶん》も、最初《さいしょ》から常《つね》にその弥勒《ミロク》とともにあったことを観《み》るのである。しかし、弥勒《ミロク》は弾指《だんじ》して善財《ぜんざい》をその「定《じょう》」（＝観《かん》）から起《た》たせ、この旅《たび》のそもそもの出発点《しゅっぱつてん》（メルクマールb）であった文殊師利《モンジュシリ》のもとに戻《もど》らせる。そして、文殊《モンジュ》師利《シリ》は「信根《しんごん》を離《はな》れないように」ということだけを教《おし》えて、その場《ば》で善財《ぜんざい》を「普賢行道場《ふげんぎょうどうじょう》」すなわち〈普賢菩薩《ふげんボサツ》の行《ぎょう》の総体《マンダラ》〉に入《い》らしめる。そこで善財《ぜんざい》は今度《こんど》はまっすぐに終極目的《しゅうきょくもくてき》（メルクマールa）を目指《めざ》して改《あらた》めて行《ぎょう》の過程《かてい》を履《ふ》み、

「次第《しだい》してついにその行願《ぎょうがん》の広大《こうだい》なること普賢菩薩《ふげんボサツ》に等《ひと》しき状態《じょうたい》に到達《とうたつ》し、……その（十《じゅう》）力《りき》と（六《ろく》）無畏《むい》において、その大慈《だいじ》と大悲《たいひ》とにおいて、その不可思議《ふかしぎ》の菩薩《ボサツ》の解脱《げだつ》の神変《じんぺん》を現《げん》ずることにおいて、一切《いっさい》の如来《にょらい》と等《ひと》しき状態《じょうたい》に到達《とうたつ》した」

のである。なお、この「一切《いっさい》の如来《にょらい》と等《ひと》しき状態《じょうたい》」（sarvatathāgatasamatā 一切如来平等性《いっさいにょらいびょうどうしょう》）という語《ご》は『金剛頂経《こんごうちょうぎょう》』において成仏《じょうぶつ》の条件《じょうけん》、または状態《じょうたい》を示《しめ》す言葉《ことば》として用《もち》いられ（**2**、**31**）、そして何《なに》よりも、「五相成身《ごそうじょうじん》」の最後《さいご》に一切義成就菩薩《いっさいぎじょうじゅボサツ》に教授《きょうじゅ》された「一切如来《いっさいにょらい》の真実《しんじつ》」そのものであるところの「仏身円満《ブッしんえんまん》の真言《しんごん》」

〈オーム、一切《いっさい》の如来《にょらい》たちがあるが如《ごと》くに、その如《ごと》くにわれはあり〉

の背景《はいけい》にあるものとして、『金剛頂経《こんごうちょうぎょう》』の「秘密《ひみつ》」をわれわれに「告知《こくち》」するのである。ともあれ、華厳《けごん》において弥勒《ミロク》の「毘盧遮那荘厳蔵大楼閣《ビルシャナしょうごんぞうだいろうかく》」の内容《ないよう》として表象《ひょうしょう》された仏《ブッ》＝毘盧遮那《ビルシャナ》の内《ない》実《じつ》たる無尽《むじん》の荘厳《しょうごん》が、仏《ブッ》の一切衆生《いっさいしゅじょう》に対《たい》する慈悲《じひ》を契機《けいき》としてその内面性《ないめんせい》（＝胎蔵《たいぞう》 garbha）の枠《わく》を破《やぶ》って一切衆生《いっさいしゅじょう》の世界《せかい》を覆《おお》った、すなわち加持《かじ》された（それによって衆生《しゅじょう》の生《せい》は意義《いぎ》づけられ

た）ものが『大日経《だいにちきょう》』世界《せかい》なのであり、その理念《りねん》を開敷《かいふ》した心蓮華《しんれんげ》を内院《ないいん》、すなわち、〈内《ない》の法《ほっ》界《かい》〉たる中台八葉院《ちゅうだいはちよういん》とし、それをそこから流出《りゅうしゅつ》した菩薩《ボサツ》たちの領域《りょういき》（外院《げいん》・〈外《げ》の法界《ほっかい》〉）が囲《かこ》む〈二重法界《にじゅうほっかい》〉として表現《ひょうげん》したものが『大日経《だいにちきょう》』の曼荼羅《マンダラ》であるのである。であるからして、それを具《つぶさ》には「大悲胎蔵生曼荼羅《たいひたいぞうしょうマンダラ》」（Mahākaruṇāgarbhasaṃbhava-maṇḍala）と称《しょう》するのである。

五　『大日経《だいにちきょう》』と『金剛頂経《こんごうちょうぎょう》』

それでその胎蔵生曼荼羅《たいぞうしょうマンダラ》にもとづく『大日経《だいにちきょう》』の実践《じっせん》であるが、行者《ぎょうじゃ》はまず曼荼羅《マンダラ》に投華《とうげ》し、自分《じぶん》に対応《たいおう》する特定《とくてい》の一尊《いっそん》を儀礼的《ぎれいてき》に確定《かくてい》する。ついで彼《かれ》は身《しん》にその尊《そん》の羯磨印《カツマいん》（その尊《そん》に特有《とくゆう》の動作《どうさ》・行為《こうい》を象徴《しょうちょう》する手印《しゅいん》）を結《むす》び、口《くち》にその尊《そん》の法印《ほういん》（その尊《そん》の言説《ごんぜつ》を示《しめ》す特定《とくてい》の真言《しんごん》または種子《シラブル》）を称《とな》え、意《こころ》にその尊《そん》の三昧耶印《サマヤいん》（その尊《そん》の内面性《ないめんせい》を象徴《しょうちょう》する特定《とくてい》の事物《じぶつ》・形象《けいしょう》）を念想《ねんそう》し、自己《じこ》をその尊《そん》の一個《いっこ》の象徴《シンボル》へと再編成《さいへんせい》する。この象徴操作《シンボリズム》を三密加持《さんみつかじ》または三密瑜伽《さんみつユガ》と称《しょう》するのであり、この自己《じこ》を象徴化《シンボルか》することによって、彼《かれ》は〈象徴《シンボル》はそれが象徴《しょうちょう》する対象《もの》と同《おな》じである〉という密教《みっきょう》の論理《ろんり》に従《したが》ってその一尊《いっそん》と（同一《どういつ》に）なる。この行法《ぎょうほう》を通常《つうじょう》は本尊瑜伽《ほんぞんユガ》というのであるが、私《わたし》はそれを一尊瑜伽《いっそんユガ》と称《しょう》することにしている。

ところで、行者《ぎょうじゃ》がこの特定《とくてい》の一尊《いっそん》と瑜伽《ユガ》した、その一尊《いっそん》となったということは、彼《かれ》が『大日《だいにち》経《きょう》』世界《せかい》に入《はい》ったということ、そしてそれは、彼《かれ》のその存在性《そんざいせい》に（ここでこそ西田哲学《にしだてつがく》の用語《ようご》を借《か》りるのであるが）「逆対応《ぎゃくたいおう》」して、その無尽荘厳《むじんしょうごん》の理想世界《りそうせかい》が、彼《かれ》のみならず一切衆生《いっさいしゅじょう》にとって忽然《こつぜん》として現成《げんせい》したことになる筈《はず》なのである。しかし、現成《げんせい》した筈《はず》のその世界《せかい》は、次《つぎ》の瞬間《しゅんかん》から彼一人《かれいちにん》の菩薩行《ボサツぎょう》の過程《かてい》によってその存続《そんぞく》を荷《にな》われねばならない。『大日経《だいにちきょう》』はこの過程《かてい》を「毘《ビ》盧遮那《ルシャナ》成就道次第《じょうじゅどうしだい》」（自《みずか》ら毘盧遮那《ビルシャナ》と成《な》る過程《かてい》）、あるいは「心品転昇《しんぼんてんじょう》の次第《しだい》」（菩提《ボダイ》を求《もと》める心《こころ》がその利他《りた》の実践《じっせん》を通《つう》じて浄《きよ》められ、完全《かんぜん》に清浄《しょうじょう》になるまでの過程《かてい》）と表現《ひょうげん》するのであるが、この過程《かてい》がさきに述《の》べた「如実知自心《にょじつちじしん》」の過程《かてい》であったのであり、その実体《じったい》が「百千万億無量劫《ひゃくせんまんのくむりょうこう》に福徳《ふくとく》と智慧《ちえ》の無量《むりょう》の資糧《しりょう》を積集《しゃくじゅう》する」ことであったのである。そして、本質的《ほんしつてき》に大乗仏教《だいじょうぶっきょう》である『大日経《だいにちきょう》』は、この利他《りた》の実践《じっせん》（＝方便《ほうべん》）を象徴《シンボル》で代替《だいたい》することはなかったのである。いや、消極的《しょうきょくてき》に代替《だいたい》しなかっただけではない。『華厳経《けごんぎょう》』がわれわれ人間《にんげん》の大乗的実践《だいじょうてきじっせん》の意味《いみ》をその理想世界《りそうせかい》の存続《そんぞく》に求《もと》めた（それを示《しめ》すものとして、経《きょう》の中《なか》には saddharmasthiti-paryavasāna「正《しょう》法《ぼう》の存続《そんぞく》という究竟《くきょう》」という語《ご》が見出《みいだ》される……）のに対《たい》し、『大日経《だいにちきょう》』はそれを逆転《ぎゃくてん》して、有《ゆう》名《めい》な「三句《さんぐ》の法門《ほうもん》」の教理《きょうり》において「一切智智《いっさいちち》は方便《ほうべん》を究竟《くきょう》とする」（tadetat sarvajñājñānaṁ……upāyaparyavasānam）、すなわち、その無尽荘厳《むじんしょうごん》（＝利他行《りたぎょう》・菩薩行《ボサツぎょう》）の総体《マンダラ》としての広大《こうだい》な理想《りそう》世界《せかい》、人格神的《じんかくしんてき》に表象《ひょうしょう》するならば毘盧遮那《ビルシャナ》の法身《ほっしん》は、眼前《がんぜん》に苦《くる》しんでいる人《ひと》ただ一人《いちにん》が救済《きゅうさい》されるためにこそ存在《そんざい》するのだ、というヒューマニズムの極致《きょくち》を打《う》ち出《だ》したのである。であるから、『大日経《だいにちきょう》』は大乗仏教《だいじょうぶっきょう》の究極《きゅうきょく》をなすのである。『大日経《だいにちきょう》』において提示《ていじ》されたこの大乗仏教《だいじょうぶっきょう》の究《きゅう》極《きょく》の立場《たちば》に、critical な自覚《じかく》とともに自己《じこ》を対置《たいち》したのが『金剛頂経《こんごうちょうぎょう》』であったのであり、であるからして、この両者《りょうしゃ》の間《あいだ》に criticality の「尖端《せんたん》」は現出《げんしゅつ》したのである。

ここで『金剛頂経《こんごうちょうぎょう》』の「秘密《ひみつ》」はその第二段階《だいにだんかい》に進《すす》む。criticality の原理《げんり》を現成《げんせい》せしめた『金剛頂経《こんごうちょうぎょう》』の論理《ろんり》それ自体《じたい》が、また同時《どうじ》に、その criticality を超《こ》える〈開放系《かいほうけい》〉の論理《ろんり》の必然性《ひつぜんせい》を示《しめ》すものとなるのである。すなわち、一方《いっぽう》において『金剛頂経《こんごうちょうぎょう》』は、その論理《ろんり》それ自体《じたい》が密教《みっきょう》の現実《げんじつ》の実践《じっせん》との間《あいだ》に生《しょう》ぜしめる一種《いっしゅ》の齟齬《そご》を通《つう》じてインド密教《みっきょう》の思想史《しそうし》の展開《てんかい》をその終局《しゅうきょく》にまで推《お》し進《すす》め、その終局《しゅうきょく》において〈開放系《かいほうけい》〉の神《かみ》の観念《かんねん》の必然性《ひつぜんせい》のコンテクストを現成《げんせい》せしめるのであり、他方《たほう》、その論理《ろんり》が新《あら》たに画定《かくてい》する曼荼羅《マンダラ》（金剛界大曼荼羅《こんごうかいだいマンダラ》）の構造《こうぞう》とその存在性格《そんざいせいかく》は〈開放系《かいほうけい》の神《かみ》〉の存在《そんざい》と現成《げんせい》の機制《きせい》を正面《しょうめん》から、但《ただ》し、その間《あいだ》に間接性《かんせつせい》のヴェール一枚《いちまい》を挿《はさ》んで、表現《ひょうげん》するものとしてあるのである。われわれがこの間接性《かんせつせい》を突破《とっぱ》して〈開放系《かいほうけい》の神《かみ》〉の観念《かんねん》に直面《ちょくめん》するには、それ自体《じたい》が『金剛頂経《こんごうちょうぎょう》』の秘密《ひみつ》であるところの一《ひと》つの鍵《かぎ》を必要《ひつよう》とする。その鍵《かぎ》をなすものが、インド最古《さいこ》の天啓聖典《てんけいせいてん》であるところの『リグ・ヴェーダ』に現《あら》われるプルシャ（puruṣa、原人《げんじん》）の観念《かんねん》なのである。

六　臨終《りんじゅう》における神《かみ》の現成《げんせい》というモチーフ

上《うえ》に述《の》べた通《とお》り『金剛頂経《こんごうちょうぎょう》』の作者《さくしゃ》は、『大日経《だいにちきょう》』の、百千万億無量劫《ひゃくせんまんのくむりょうこう》に他者《たしゃ》に対《たい》する抜苦《ばっく》与楽《よらく》の直接的《ちょくせつてき》な働きかけ《プラクシス》を継続《けいぞく》することによって自心《じしん》の源底《げんてい》たる浄菩提心《じょうボダイしん》に合入《ヨーガ》するという大《だい》乗的《じょうてき》な修道《しゅどう》の過程《かてい》を、そのことの言葉的表現《ロゴスてきひょうげん》に他《ほか》ならないところの

〈オーム、われは（自《じ》）心《しん》（の源底《げんてい》）に通達《つうだつ》せん〉（**20**）

という通達菩提心真言《つうだつボダイしんしんごん》を誦《じゅ》するという象徴操作《シンボリズム》をもって代替《だいたい》するという、純然《じゅんぜん》たる密教《みっきょう》の即身《そくしん》成仏《じょうぶつ》の方法《ほうほう》を提示《ていじ》した。ところが、彼《かれ》は不思議《ふしぎ》なことにそれから更《さら》に半歩《はんぽ》を踏《ふ》み出《だ》し、その成《じょう》仏《ぶつ》＝悟《さと》りの境地《きょうち》に現成《げんせい》する真理《しんり》の命題《ロゴス》そのものをも示《しめ》すのである。それが上《うえ》にもふれた〈一切如《いっさいにょ》来《らい》の真実《しんじつ》〉たる「仏身円満《ブッしんえんまん》の真言《しんごん》」

〈オーム、一切《いっさい》の如来《にょらい》たちがある如《ごと》くに我《われ》はあり〉（**28**）

である。それがなぜ不思議《ふしぎ》なのかというなら、その理由《りゆう》は以下《いか》の如《ごと》くである。「仏身円満《ブッしんえんまん》の真《しん》言《ごん》」という命題《ロゴス》はブッダの悟《さと》りの体験《たいけん》でいうなら〈無明《むみょう》と明《みょう》との両極構造《りょうきょくこうぞう》〉なる〈女性単数《じょせいたんすう》のdharma〉の〈明《みょう》の極《きょく》〉に合入《ヨーガ》したその解脱《げだつ》の境地《きょうち》に現《あら》われた漏尽智《ろじんち》たる四諦《したい》という真理《ロゴス》に対応《たいおう》する。ブッダはこの漏尽智《ろじんち》を得《え》たことによって自《みずか》ら解脱《げだつ》したことを自覚《じかく》し（解脱知見《げだつちけん》）、そこでブッダとなったのである。さらにブッダはこの真理《ロゴス》（＝法《ほう》）を弟子《でし》たちに説《と》き、弟子《でし》たちはこの教法《きょうほう》に従《したが》って、具体的《ぐたいてき》には四諦《したい》の道諦《どうたい》として教示《きょうじ》された八正道《はっしょうどう》を行《ぎょう》じてそのブッダと同《おな》じ解脱《げだつ》の境地《きょうち》を目指《めざ》す。そして、やはりブッダと同《おな》じく〈明《みょう》の極《きょく》〉（メルクマールａ）に合入《ヨーガ》する。それが滅諦《めったい》として教示《きょうじ》された涅槃《ネハン》の境地《きょうち》である。ところがそこにおいて、彼《かれ》ら弟子《でし》たちの心地《しんち》に、

悟《さと》りのブッダに現《あら》われたと同《おな》じ憶宿命智《おくしゅくみょうち》と衆生生死智《しゅじょうしょうじち》はあるいは現《あら》われるかも知《し》れないのであるが、漏尽智《ろじんち》が現《あら》われることはない筈《はず》なのである。なぜなら、それはすでに彼《かれ》らにその出発点《しゅっぱつてん》（メルクマールｂ）において与《あた》えられており、且《か》つ、それ以外《いがい》の別《べつ》の真理《しんり》は存《そん》しない（ブッダは無上正等覚者《むじょうしょうとうがくしゃ》である）からである。この事態《じたい》を『金剛頂経《こんごうちょうぎょう》』に適用《てきよう》するなら、『金剛頂経《こんごうちょうぎょう》』の徒《と》に対《たい》しては、即身成仏《そくしんじょうぶつ》の方法《ほうほう》としての「通達菩提心《つうだつボダイしん》」さえ与《あた》えられればよいのであり、「仏身《ブッしん》円満《えんまん》の真言《しんごん》」は与《あた》えられる必要《ひつよう》はない筈《はず》なのである。ところが、現《げん》にそれは与《あた》えられる。すると、それは彼《かれ》らに対《たい》しては新《あら》たなる、別《べつ》の即身成仏《そくしんじょうぶつ》の方法論《ほうほうろん》を課《か》したことになる。すなわち、彼《かれ》らには今度《こんど》は何《なに》か別《べつ》の方法《ほうほう》によって自《みずか》らを〈一切《いっさい》の如来《にょらい》たちがあるが如《ごと》くに我《われ》はあり〉という状態《じょうたい》にもってくることが必要《ひつよう》になる。ここでさきに触《ふ》れた齟齬《そご》が生《しょう》じてくるのである。

この「仏身円満《ブッしんえんまん》の真言《しんごん》」それ自体《じたい》は、方法論《ほうほうろん》としては、

〈人《ひと》が〝実在者《じつざいしゃ》〟と相似《そうじ》ならば、その人《ひと》はそれと同一《どういつ》である〉

それ故《ゆえ》、

〈人《ひと》が〝実在者《じつざいしゃ》〟と相似《そうじ》となるように自己《じこ》を象徴操作《シンボリズム》によって再構成《さいこうせい》するなら、彼《かれ》はそれと合一《ヨーガ》できる〉

ということ、そして方法《ほうほう》としては『大日経《だいにちきょう》』の場合《ばあい》のような曼荼羅中《マンダラちゅう》の特定《とくてい》の一尊《いっそん》との〈一尊瑜伽《いっそんユガ》〉ではなく、曼荼羅《マンダラ》の全体《ぜんたい》、すなわち、法身《ほっしん》・毘盧遮那《ビルシャナ》との「逆対応《ぎゃくたいおう》」的《てき》な瑜伽《ユガ》であることを

意味《いみ》する。ところが『金剛頂経《こんごうちょうぎょう》』においても現実《げんじつ》の方法《ほうほう》は依然《いぜん》として〈一尊瑜伽《いっそんユガ》〉の場合《ばあい》の三《さん》密《みつ》加持《かじ》なのであるが、この三密加持《さんみつかじ》という方法《ほうほう》では自《みずか》らのうちに同時的《どうじてき》に曼荼羅《マンダラ》全体《ぜんたい》との相似性《そうじせい》を構築《こうちく》することは出来《でき》ないのである。実《げ》に、一切義成就菩薩《いっさいぎじょうじゅボサツ》＝ブッダの成道《じょうどう》（**31**）を契機《けいき》として、本来《ほんらい》、色究竟天王宮《しきくぎょうてんのうぐう》にあっては「恒河《ガンジス》の沙《すな》の数《かず》ほど」（**6**）の「一切《いっさい》の如来《にょらい》たち」の総体《そうたい》であった法身《ほっしん》・毘盧遮那《ビルシャナ》（**7**）は五如来《ごにょらい》・三十七尊《さんじゅうしちそん》よりなる金剛界大曼荼羅《こんごうかいだいマンダラ》として自己《じこ》を限定《げんてい》し、須《シュ》弥《ミ》山頂《せんちょう》金剛《こんごう》摩尼《マニ》宝頂楼閣《ほうちょうろうかく》（**32**）に現成《げんせい》した。このブッダの成道《じょうどう》という一回的《いっかいてき》な事実《じじつ》を俟《ま》ってはじめて人《ひと》が絶対者《ぜったいしゃ》を象徴《シンボリズム》操作によって模似《まね》ることが原理的《げんりてき》に可能《かのう》になったわけであるが、現実《げんじつ》にはその人《ひと》はその模倣《もほう》においては三十七尊《さんじゅうしちそん》の出生《しゅっしょう》（**34**以下《いか》）の順序《じゅんじょ》に従《したが》って〈一尊瑜伽《いっそんユガ》〉的《てき》に三密《さんみつ》加持《かじ》を繰《く》り返《かえ》す以外《いがい》にはない。しかし、これではそこに象徴《シンボル》操作《そうさ》の継起《けいき》という一種《いっしゅ》の時間性《じかんせい》が生《しょう》じてしまうのであり、同時的《どうじてき》な相似性《そうじせい》は形成《けいせい》され得《え》ないのである。そして、この齟齬《そご》を解消《かいしょう》せんとする彼《かれ》ら密教徒《みっきょうと》の努力《どりょく》が密教思想史《みっきょうしそうし》をさらに展開《てんかい》せしめ、幾多《いくた》の試行錯誤《しこうさくご》の末《すえ》にタントラ仏《ぶっ》教《きょう》のピークであるところの『ヘーヴァジュラ・タントラ』（Hevajra-tantra）を成立《せいりつ》せしめるに至《いた》るのである。

『ヘーヴァジュラ・タントラ』は、『大日経《だいにちきょう》』が行《ぎょう》タントラ、『金剛頂経《こんごうちょうぎょう》』が瑜伽《ユガ》タントラであるのに対《たい》し、更《さら》にこの上《うえ》の無上瑜伽《むじょうユガ》タントラ、更《さら》にその中《なか》で後出《こうしゅつ》のサンヴァラ系《けい》の密教《みっきょう》とともに般若《ハンニャ》・母《も》タントラに分類《ぶんるい》される。私《わたし》はこのタントラの本質《ほんしつ》を〈尸林《しりん》の宗教《しゅうきょう》〉（cult of cemetery）

から転《てん》じて〈尸林《しりん》の仏教《ぶっきょう》〉であると規定《きてい》する。〈尸林《しりん》の宗教《しゅうきょう》〉というのは、私《わたし》が当時《とうじ》のヒンズー社会《しゃかい》の底辺《ていへん》に存在《そんざい》したと想定《そうてい》する下層階級対応《かそうかいきゅうたいおう》のシヴァ神《しん》であるブハイラヴァ神《しん》（Bhairava）を信仰《しんこう》する秘教《ひきょう》で、その基盤《きばん》をなしたのは一種《いっしゅ》の鬼女《きじょ》あるいは魔女《まじょ》であるところのヨーギニー（瑜《ユ》伽女《ガにょ》）あるいはダーキニー（荼枳尼《ダキニ》）と見做《みな》され、あるいは自《みずか》らそう称《しょう》した賤民階層《せんみんかいそう》の女《おんな》たち、すなわち、母《はは》たちのグループ全体《ぜんたい》であった。そのグループ全体《ぜんたい》で世界《せかい》の実在性《じつざいせい》である特殊《とくしゅ》な強度《きょうど》、いわゆるśakti（性力《せいりょく》）を体現《たいげん》すると考《かんが》えられているこれらの母《はは》たちは、特定《とくてい》の日《ひ》の夜間《やかん》、林《はやし》の奥《おく》にある恐《おそ》ろしい尸林《しりん》（śmaśāna、墓所《ぼしょ》、火葬場《かそうば》ないしは屍体遺棄所《したいいきじょ》）に集会《しゅうえ》し、件《くだん》のブハイラヴァ神《しん》（と目《もく》される男性修行者《だんせいしゅぎょうしゃ》）を囲《かこ》んで狂宴《オルギア》を繰《く》りひろげる。この儀礼《ぎれい》のクライマックスをなすのが件《くだん》の男性瑜伽者《だんせいユガしゃ》とそれを囲《かこ》む母《はは》たちとの性的瑜伽《せいてきユガ》であり、そこにこの世《よ》ならぬ異様《いよう》な快《かい》楽《らく》が現成《げんせい》するものと考《かんが》えられた。この儀礼《ぎれい》に着目《ちゃくもく》したのが当時仏教《とうじぶっきょう》の全般的《ぜんぱんてき》な衰微《すいび》の中《なか》で方法論《ほうほうろん》的《てき》にも行《い》き詰《づ》まっていた（仏教《ぶっきょう》の）密教徒《みっきょうと》であった。

彼《かれ》らはブハイラヴァ神《しん》を換骨奪胎《かんこつだったい》して新《あら》たにヘールカという魔神《ましん》を造出《ぞうしゅつ》し、それら母《はは》たちの体《たい》現《げん》する性力《せいりょく》を仏教伝統《ぶっきょうでんとう》の実在性《じつざいせい》（〈女性単数《じょせいたんすう》の dharma〉）の観念《かんねん》であるところの般若波羅蜜《ハンニャハラミツ》であると見做《みな》した上《うえ》で、自《みずか》らをこの法身的《ほっしんてき》な人格神《じんかくしん》ヘールカと〈一尊瑜伽《いっそんユガ》〉的《てき》に同定《どうてい》してそれら母《はは》たちのグループと性的《せいてき》に瑜伽《ユガ》し、そこに悟《さと》りの智慧《ちえ》たる般若波羅蜜《ハンニャハラミツ》の現成《げんせい》を期《き》し、そして、そこに実現《じつげん》する快楽《かいらく》（大楽《たいらく》）をサンヴァラ（saṁvara、最勝楽《さいしょうらく》）と称《しょう》して、それを成仏《じょうぶつ》の実感《じっかん》とする。

であるからそれは「般若《ハンニャ》・母《も》タントラ」なのである。

しかし、ここでもまた不思議《ふしぎ》な半歩《はんぽ》が踏《ふ》み出《だ》される。その瑜伽《ユガ》が成立《せいりつ》したところで、またしても、真理《しんり》の命題《めいだい》が示《しめ》されてしまうのである。それは『ヘーヴァジュラ』の灌頂《かんじょう》システムにおいて、第三《だいさん》・般若《ハンニャ》智《ち》灌頂《かんじょう》、すなわち、件《くだん》の女性《じょせい》（＝般若《ハンニャ》）との瑜伽《ユガ》によって悟《さと》りの智慧《ちえ》を獲得《かくとく》する方法《ほうほう》が阿闍梨《アジャリ》から弟子《でし》に伝授《でんじゅ》され、それが成功《せいこう》した段階《だんかい》で、さらに「第四灌頂《だいよんかんじょう》」として、自己否定的《じこひていてき》に、真理《しんり》の「言葉《ロゴス》」が授《さず》けられるのである。その「言葉《ロゴス》」が『ヘーヴァジュラ』の末尾《まつび》に示《しめ》されるところの、

「この智慧《ちえ》はきわめて微妙《びみょう》であり、金剛曼荼《ヴァジュラマンダ》であり、虚空《こくう》の如《ごと》くである。
離塵《りじん》であり、寂静《じゃくじょう》であり、（真《しん》の）解脱《げだつ》をもたらす。〈汝《なんじ》は自《おのずか》ら汝《なんじ》の父《ちち》なのである〉。」

という偈《げ》の、ことに〈　〉で囲《かこ》んだ第四《だいよん》四半偈《パーダ》である。この真理《しんり》の「言葉《ロゴス》」の伝授《でんじゅ》がなぜ密教《みっきょう》にとって自己否定的《じこひていてき》であるかというなら、それは、この「言葉《ロゴス》」はさらなる行《ぎょう》・実践《じっせん》を要求《ようきゅう》する筈《はず》なのであるが、その実践《じっせん》に対《たい》しては、最早《もはや》、密教的《みっきょうてき》な象徴《シンボリズム》操作という方法《ほうほう》は適用《てきよう》できないからである。事実《じじつ》、この「第四灌頂《だいよんかんじょう》」を契機《けいき》として密教《みっきょう》の思想史《しそうし》はもう一段階《いちだんかい》 critical な展開《てんかい》を示《しめ》し、私《わたし》が〈反密教《はんみっきょう》〉と規定《きてい》するところのサンヴァラ系密教《けいみっきょう》を成立《せいりつ》せしめる。そしてそこにおいて、ブッダの〈現法的梵行《げんぽうてきボンぎょう》〉という行《ぎょう》の観念《かんねん》に見合《みあ》うかたちでの〈一生《いっしょう》、死《し》ぬまで苦《くる》しい聖地《ピータ》巡礼《じゅんれい》を続《つづ》ける〉という行《ぎょう》の観念《かんねん》が復活《ふっかつ》し、この行《ぎょう》の観念《かんねん》の復活《ふっかつ》とともに密教《みっきょう》の思想史《しそうし》は突如《とつじょ》としてそ

の展開《てんかい》の歩《あゆ》みを停《と》め、そこに一種《しゅ》の定常状態《ていじょうじょうたい》を現出《げんしゅつ》したのである。

この定常状態《ていじょうじょうたい》は、われわれの仏教学《ぶっきょうがく》が、〈閉鎖系《へいさけい》〉において完結《かんけつ》したことを意味《いみ》している。なぜならば、その事態《じたい》によってわれわれがゴータマ・ブッダの思想《しそう》（＝実践哲学《じっせんてつがく》）を再構成《さいこうせい》する上《うえ》でそれをその実践《じっせん》の観念《かんねん》の根拠《こんきょ》とするところの〈女性単数《じょせいたんすう》の dharma の無明《むみょう》と明《みょう》との両極構造《りょうきょくこうぞう》〉が、最終的《さいしゅうてき》に証明《しょうめい》されるからである。しかし、このことは同時《どうじ》に、われわれの仏教学《ぶっきょうがく》が必然的《ひつぜんてき》に〈開放系《かいほうけい》〉へと進《すす》まねばならないことをも示《しめ》しているのである。

しかし、なぜ、〈開放系《かいほうけい》〉が必然的《ひつぜんてき》であるのか。まず、〈女性単数《じょせいたんすう》の dharma の無明《むみょう》と明《みょう》との両極構造《りょうきょくこうぞう》〉が最終的《さいしゅうてき》に証明《しょうめい》されたということは、それがその根拠《こんきょ》としてそれを一義的《いちぎてき》にそう規定《きてい》しているところの〈現法的梵行《げんぽうてきボンぎょう》〉という〈生《レーベン》の被規定性《ひきていせい》〉、すなわち、この世界《せかい》と人間的《にんげんてき》な生《レーベン》の畢竟無意義《ひっきょうむいぎ》なることを道《い》い、それを超克《ちょうこく》せよというブッダの人間性否定《にんげんせいひてい》の立場《たちば》が結局《けっきょく》は絶対《ぜったい》的《てき》であったということなのであるが、われわれ自身《じしん》がこの事実《じじつ》に堪《た》えられないからである。われわれは、このブッダの（おもて向《む》きの）立場《たちば》を超《こ》える何《なに》か別《べつ》の視位《しい》とその原理《げんり》とを必要《ひつよう》としている。そして、事実《じじつ》、それは〈開放系《かいほうけい》の命題《めいだい》〉とその原理《げんり》たるプルシャとして、この同《おな》じ事態《じたい》の上《うえ》にすでにその姿《すがた》を現《あら》わしているのである。

まず、件《くだん》の真理《しんり》の「言葉《ロゴス》」であるが、その原語《げんご》

pitā te tvam asi svayam

は、それがウパニシャッドの大格言《だいかくげん》「汝《なんじ》はそれである」（tat tvam asi）のヴァリエーションであることを告《つ》げている。中性単数《ちゅうせいたんすう》の代名詞《だいめいし》「それ」（tat）はいうまでもなく世界《せかい》の汎神論的実在性《はんしんろんてきじつざいせい》の原理《げんり》である梵《ボン》（ブラフマン）を指《さ》すものであるが、それが仏教《ぶっきょう》の思想史《しそうし》の一《いち》サイクルを経過《けいか》したところで、その世界《せかい》の汎神論的実在性《はんしんろんてきじつざいせい》の上《うえ》に〈頭一《あたまひと》つを出《だ》した〉すなわち、その上《うえ》に知性《ちせい》・理性《りせい》の原理《げんり》を加《くわ》えた男性単数《だんせいたんすう》の「汝《なんじ》の父《ちち》」（pitā te）、超越的《ちょうえつてき》な人格神《じんかくしん》へと変容《へんよう》したのである。では、svayam という語《ご》が新《あら》たにつけ加《くわ》えられたのはなぜか、というなら、それはこの「言葉《ロゴス》」の先《さき》に、サンヴァラ系密教《けいみっきょう》の〈一生《いっしょう》に亘《わた》る聖地《ピータ》巡礼《じゅんれい》〉という行《ぎょう》を導《みちび》いた筈《はず》のさらなる命題《ロゴス》が隠《かく》されていることを告《つ》げているのである。私《わたし》は svayam という語《ご》の「自《おのずか》ら」と「自《みずか》ら」という二義《にぎ》性《せい》を媒介《ばいかい》とする筈《はず》のそれを、ピンダロスの箴言《しんげん》の最初《さいしょ》の三語《さんご》をとってニーチェがそれを自《みずか》らの生《しょう》涯《がい》のモットーとしたところの genoi hoios essi（汝《なんじ》は汝《なんじ》がそれであるところのものになるべきである）からの類推《るいすい》によって、

〈汝《なんじ》は自《みずか》ら汝《なんじ》の父《ちち》になるべきである〉

であったと考《かんが》えるのであり、件《くだん》の第四灌頂《だいよんかんじょう》の「言葉《ロゴス》」をA命題《めいだい》、そしてこの隠《かく》されている命題《ロゴス》をB命題《めいだい》とし、これら両者《りょうしゃ》を「しかも」という接続詞《せつぞくし》で結《むす》んだ

A：〈汝《なんじ》は自《おのずか》ら汝《なんじ》の父《ちち》なのである〉

しかも、

B：〈汝《なんじ》は自《みずか》ら汝《なんじ》の父《ちち》になるべきである〉

を、〈開放系《かいほうけい》の命題《めいだい》〉とするのである。そして、この〈開放系《かいほうけい》〉の原理《げんり》をなす「父《ちち》」がプルシャなのである、いや、「父《ちち》」たる〈開放系《かいほうけい》の神《かみ》〉は『リグ・ヴェーダ』のプルシャ（原人《げんじん》）として、本初《はじめ》からわれわれ人類《じんるい》にその完全《かんぜん》な輪郭《りんかく》を現《げん》じていたのである。『ヘーヴァジュラ』における「父《ちち》」は巨大《きょだい》な魔神《ましん》ヘールカなのであるが、このヘールカから法身《ほっしん》・毘盧遮那《ビルシャナ》の系譜《けいふ》を『金剛頂経《こんごうちょうぎょう》』―『大日経《だいにちきょう》』―『華厳経《けごんぎょう》』と逆《ぎゃく》に辿《たど》り、それをウパニシャッドのブラフマンの観念《かんねん》を通《とお》して透射《とうしゃ》するなら、その先《さき》の壁《かべ》に浮《う》び上《あ》がるものこそは件《くだん》のプルシャの観念《かんねん》に他《ほか》ならないからである。

しかし、サンヴァラ系密教《けいみっきょう》というインド仏教思想史《ぶっきょうしそうし》の終極《しゅうきょく》の場面《ばめん》に現出《げんしゅつ》した〈開放系《かいほうけい》の神《かみ》〉の必然性《ひつぜんせい》は、単《たん》にこのような論理要請《ろんりようせい》の域《いき》に止《とど》まるものではない。それはすでにわれわれの信《しん》の問題《もんだい》として、われわれの生《せい》に対《たい》して現成《げんせい》しているのである。その信《しん》の問題《もんだい》への通路《つうろ》は、彼《かれ》らサンヴァラ系密教徒《けいみっきょうと》はその〈一生《いっしょう》、死《し》ぬまでの聖地巡礼《ピータじゅんれい》〉の遍歴《へんれき》の果《は》てに、「自《みずか》ら（彼《かれ》ら自身《じしん》の）父《ちち》になる」ことはできたか、という問《と》いによって示《しめ》される。この問《と》いに対《たい》しては「できなかった」との答《こた》えが来《く》る。しかし、なぜ「できなかった」のか。それを説明《せつめい》するには一《ひと》つの迂回的《うかいてき》な問《と》いを発《はっ》すればよい。それは「では誰《だれ》か現実《げんじつ》に（自《みずか》らの）父《ちち》になることができた人間《にんげん》はいたか」

という問《と》いであり、その問《と》いに対《たい》しては「父《ちち》」をプルシャとする諒解《りょうかい》において、「いた。それはブッダである」と答《こた》えることができるのである。ブッダが悟《さと》りをひらいた、ということは、〈開《かい》放系《ほうけい》〉からするならば、ブッダがプルシャの視位《しい》を得《え》た、すなわちプルシャになったということであったのである。すでに述《の》べた通《とお》り、ブッダはその悟《さと》りの体験《たいけん》における憶宿命智《おくしゅくみょうち》と衆生《しゅじょう》生《しょう》死智《じち》において、世界《せかい》の総体《そうたい》を上《うえ》から眺《なが》めている。それがプルシャの視位《しい》であったのである。では、ブッダならざるわれわれがそのプルシャの視位《しい》を得《え》るには（プルシャになるには）どうしなければならないのか。それはもちろん、ブッダが教《おし》えた通《とお》り、〈現法的梵行《げんぼうてきボンぎょう》〉を行《ぎょう》じなければならない。この点《てん》からしてサンヴァラ系密教徒《けいみっきょうと》は梵行者《ボンぎょうしゃ》でなかったから、彼《かれ》らは彼《かれ》らの「父《ちち》になる」ことはできなかった筈《はず》なのである。

ここで肝腎《かんじん》の問《と》いがくる。それは、「では彼《かれ》らは終《つい》に輪廻《りんね》の海《うみ》の中《なか》で絶望《ぜつぼう》して死《し》んで行《い》ったのか」という問《と》いである。そしてこの問《と》いに対《たい》して私《わたし》は、「いや、彼《かれ》らは絶望《ぜつぼう》してではなく、何《なん》らかの安心《あんじん》を得《え》て死《し》んで行《い》ったであろう」、「彼《かれ》らには解脱《げだつ》はなかった、しかし、救済《きゅうさい》はあったであろう」と想像《そうぞう》するのである。その彼《かれ》らの救済《きゅうさい》の条件《じょうけん》はただ一《ひと》つ、臨終《りんじゅう》における神《かみ》の現成《げんせい》である。彼《かれ》らは終《お》わりのない遍歴《へんれき》の旅《たび》の果《は》てに老《お》い、疲《つか》れ、病《や》んで、どこか曠野《こうや》の只中《ただなか》に身《み》を横《よこ》たえてその死《し》を待《ま》つ。その臨終《りんじゅう》の正念《しょうねん》に彼《かれ》らの神《かみ》へールカは、彼《かれ》らがついに渡《わた》ることができなかった輪廻《りんね》の果《は》ての天空《てんくう》にその巨大《きょだい》な姿《すがた》を現《げん》ずる。そしてその慈《いつく》しみの眼《まなこ》の下《もと》、彼《かれ》らは安《やす》らかに瞑目《めいもく》したに違《ちが》いない、と私《わたし》は信《しん》ずるのである。気《き》がついてみれば、臨終正念《りんじゅうしょうねん》における西方極楽浄土《さいほうごくらくじょうど》からの弥陀《ミダ》の来迎《らいごう》というわれわれ日本人《にほんじん》が中世以来親《ちゅうせいいらいした》しんできた表象《ひょうしょう》は、実《じつ》は、この〈開放系《かいほうけい》の神《かみ》〉の現成《げんせい》のモチーフの一《ひと》つの表現《ひょうげん》に他《ほか》ならなかったのである。タントラ仏教《ぶっきょう》のヘールカも浄土教《じょうどきょう》の阿《ア》弥陀《ミダ》も、あるいは『法華経《ほけきょう》』の久遠実成《くおんじつじょう》の釈迦《シャカ》も、そして、何《なに》よりも密教《みっきょう》の大日如来《だいにちにょらい》も、皆《みな》、この〈開放系《かいほうけい》の神《かみ》〉の人格神的《じんかくしんてき》なペルソナに他《ほか》ならなかったのである。そして、この、インド密《みっ》教思想史《きょうしそうし》の終極《しゅうきょく》において現出《げんしゅつ》する〈開放系《かいほうけい》の神《かみ》〉の観念《かんねん》の必然性《ひつぜんせい》のコンテクストを俟《ま》ってはじめて、人間性《にんげんせい》の意義《いぎ》は再獲得《さいかくとく》されたのである、なぜなら、そこにおいてはじめてゴータマ・ブッダの〈現法的梵行《げんぼうてきボンぎょう》〉という行《ぎょう》の観念《かんねん》の一義性《いちぎせい》は突破《とっぱ》され（梵行者《ボンぎょうしゃ》でなくても救済《きゅうさい》はあり得《う》る！）、宗教的実践《しゅうきょうてきじっせん》は人間性《にんげんせい》の上《うえ》に広《ひろ》く開放《かいほう》されたからである。換言《かんげん》するなら、そこにおいてはじめて、仏教《ぶっきょう》は自力《じりき》の解脱《げだつ》の宗教《しゅうきょう》から、神《かみ》の観念《かんねん》における救済《きゅうさい》の宗教《しゅうきょう》へと転《てん》じたのである。

しかし、ここで問題《もんだい》が終《お》わったのではない。いや、ここからわれわれは更《さら》なる問題《もんだい》、現代《げんだい》に生《い》きるわれわれ自身《じしん》の生《せい》に関《かか》わる真《しん》の問題《もんだい》に入《はい》るのである。そしてその問題《もんだい》＝秘密《ひみつ》を包蔵《ほうぞう》するものこそが『金剛頂経《こんごうちょうぎょう》』なのであり、この秘密《ひみつ》の蔵《くら》の扉《とびら》を開《ひら》く鍵《かぎ》を提供《ていきょう》するものこそが、実《じつ》はプルシャの観念《かんねん》であったのである。

七　『金剛頂経《こんごうちょうぎょう》』の秘密《ひみつ》

まず、『リグ・ヴェーダ』の「原人《プルシャ》の歌《うた》」（一〇・九〇）であるが、その要点《ようてん》だけを掲《かか》げるなら、次《つぎ》の如《ごと》くである。

「プルシャは千頭《せんず》・千眼《せんげん》・千足《せんぞく》を有《ゆう》す。彼《かれ》はあらゆる方面《ほうめん》より大地《だいち》を蔽《おお》いて、それよりなお十《じゅっ》指《し》の高《たか》さに聳《そび》え立《た》てり（一）。

……万有《ばんゆう》は彼《かれ》の四分《しぶん》の一《いち》にして、彼《かれ》の四分《しぶん》の三《さん》は天界《てんかい》における不死《ふし》なり（三）。

…………

神々《かみがみ》が……プルシャを切《き》り分《わ》ちたるとき、……その口《くち》はバラモンとなりき。その両腕《りょううで》はラージァヌヤとなされたり。その両腿《りょうもも》はすなわちヴァイシャ。両足《りょうあし》よりシュードラ生《しょう》じたり（六―一二）。」（辻直四郎訳《つじなおしろうやく》）

そして、この枠《わく》を『金剛頂経《こんごうちょうぎょう》』冒頭《ぼうとう》の金剛界大曼荼羅《こんごうかいだいマンダラ》＝大毘盧遮那《だいビルシャナ》（7）の現成《げんせい》の記述《きじゅつ》に重《かさ》ね合《あ》わせると、『金剛頂経《こんごうちょうぎょう》』の秘密《ひみつ》はその姿《すがた》を現《あら》わしてくるのである（次頁、図参照）。

「原人《プルシャ》の歌《うた》」の偈《げ》（一）は、偈《げ》（六―一二）との対応《たいおう》において、その「大地《だいち》」が、ブッダがその悟《さと》りの体験《たいけん》においてそれをその根源的《こんげんてき》な存在相《そんざいそう》において観《み》たのと同一《どういつ》の世界《せかい》、すなわち一切衆《いっさいしゅ》生《じょう》の輪廻《りんね》の生《せい》の総体《そうたい》であることを示《しめ》している。その根源性《こんげんせい》が解体《かいたい》されたとき（＝「神々《かみがみ》が」それ

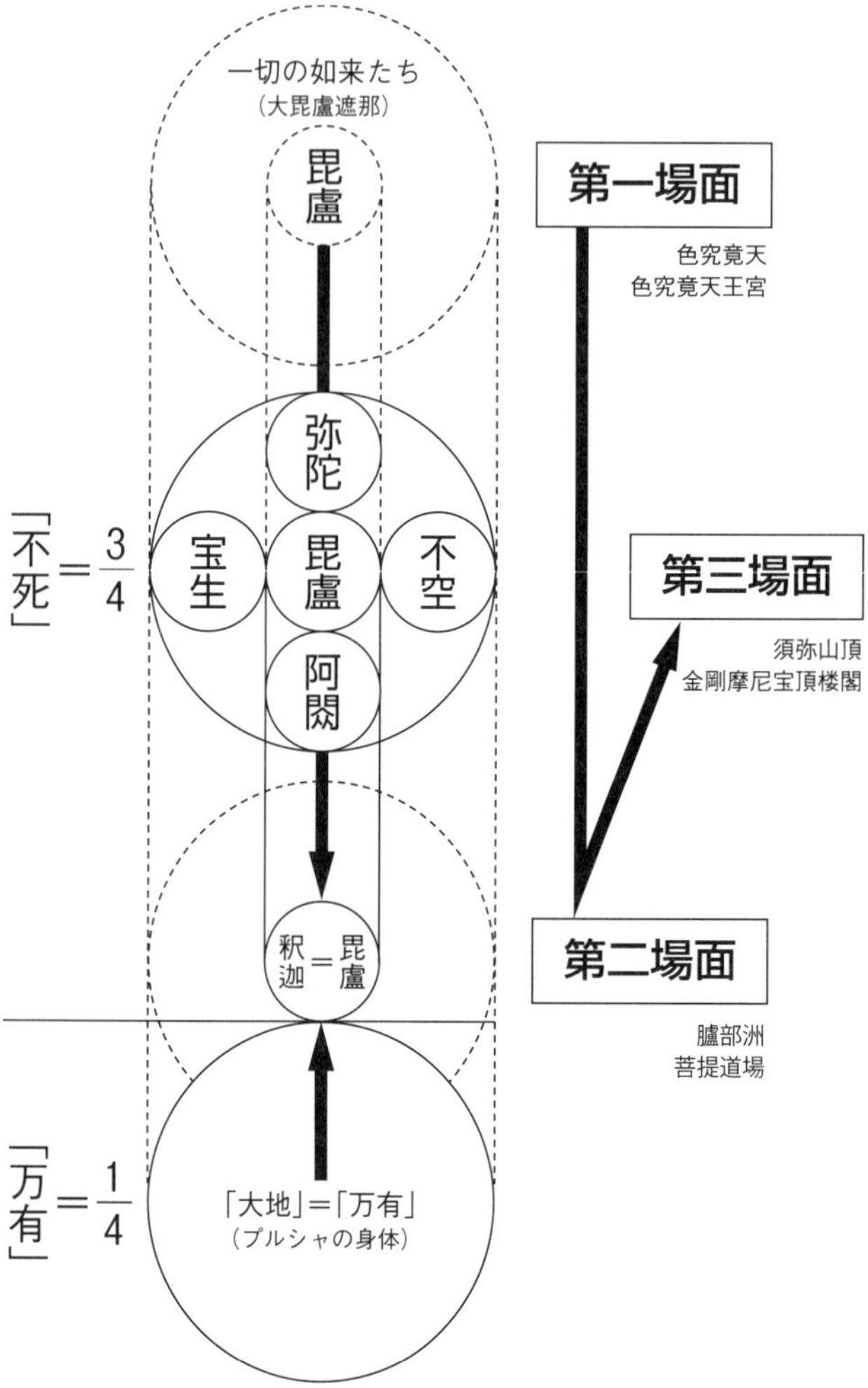

図：プルシャとしての法身・毘盧遮那（大毘盧遮那）＝金剛界の現成

を「切《き》り分《わか》ちたるとき」)、それが四姓《しせい》よりなるこの現実《げんじつ》の世界《せかい》であるからである。なお、この汎《はん》神論的《しんろんてき》な「大地《だいち》」をその身体《しんたい》とするプルシャが、同時《どうじ》にアントロポモルフィスティッシュ(神人《しんじん》同型《どうけい》)的《てき》な巨人《きょじん》であることは、偈《げ》(六–一二)の「口《くち》」、「両腕《りょううで》」、「両腿《りょうもも》」、「両足《りょうあし》」という語《ご》がそれを示《しめ》している。

しかし、この偈《げ》のプルシャの身体性《しんたいせい》には、何《なに》か、この実在世界《じつざいせかい》だけに収《おさ》まり切《き》れないものが感《かん》じられる。「千頭《せんず》・千眼《せんげん》」云々《うんぬん》の表現《ひょうげん》は、やはりそれが何《なに》か神的《かみてき》な、しかも多数《たすう》のものの集合《しゅうごう》体《たい》であることを示唆《しさ》しているのではないだろうか。そして、まさにそれを示《しめ》すものが、『金剛頂《こんごうちょう》経《ぎょう》』の第一場面《だいいちばめん》における「一切《いっさい》の如来《にょらい》たち」の集合体《しゅうごうたい》としての(潜勢態《せんせいたい》における)金剛界《こんごうかい》、人格《じんかく》神的《しんてき》に言《い》えば大毘盧遮那《だいビルシャナ》(7)なのである。実《げ》にそれは「不死《ふし》」として、すなわちイデア的《てき》な実《じつ》体性《たいせい》において存在《そんざい》している。しかも、その中心《ちゅうしん》にすでに(この実在世界《じつざいせかい》におけるゴータマ・シッダールタに対応《たいおう》するところの)毘盧遮那《ビルシャナ》(3)がいることからも知《し》られている如《ごと》く、それは、われわれのこの実在世界《じつざいせかい》と対応《たいおう》するものとしてあるのである。ブッダと同《おな》じく、われわれも多分《たぶん》、その対応世界《たいおうせかい》におけるそれら「恒河《ガンジス》の沙《すな》の数《かず》ほどの」(6)「一切《いっさい》の如来《にょらい》たち」の中《なか》に自己《じこ》の対応《たいおう》物《ぶつ》をもっているのである。そして、この対応世界《たいおうせかい》は、ブッダの成道《じょうどう》(第二場面《だいにばめん》)を契機《けいき》に須弥山《シュミせん》頂《ちょう》という欲界散地《よくかいさんち》(第三場面《だいさんばめん》)にイデア的《てき》に現成《げんせい》したのである。すなわち、われわれは、贍部《センブ》洲《しゅう》の菩提道場《ボダイどうじょう》(尼連禅河畔《ニレンゼンかはん》伽耶村《ガヤーむら》の菩提樹下《ボダイじゅか》の金剛宝座《こんごうほうざ》)において歴史上《れきしじょう》のブッダが成道《じょうどう》したという一回的《いっかいてき》な出来事《できごと》を俟《ま》って、何《なん》らかの意味《いみ》において法身《ほっしん》・毘盧遮那《ビルシャナ》、すなわち〈開放系《かいほうけい》の神《かみ》〉に関与《かんよ》することができるようになったのである。

では、われわれは現実《げんじつ》にはどのようにすればよいのか。われわれが純信《じゅんしん》の『金剛頂経《こんごうちょうぎょう》』の徒《と》であるなら、改《あらた》めて金剛界大曼荼羅《こんごうかいだいマンダラ》に投華《とうげ》し得仏《とくブツ》してその尊《そん》と〈一尊瑜伽《いっそんユガ》〉すればよい。しかし、われわれは最早《もはや》この信《しん》の段階《だんかい》に留《とど》まることはできない。すでに〈閉鎖系《へいさけい》〉の思想史《しそうし》において『金剛頂経《こんごうちょうぎょう》』は克服《こくふく》されているからである。では、〈開放系《かいほうけい》〉、仏教《ぶっきょう》の思想《しそう》の「全歴史性《ぜんれきしせい》を貫《つらぬ》いて」その背後《はいご》に存在《そんざい》し、しかも改《あらた》めて個々《ここ》の体系《たいけい》をそれぞれの〈個性《こせい》〉において根拠《こんきょ》づけている筈《はず》の〈開放系《かいほうけい》〉からするならばどうであるのか。その〈開放系《かいほうけい》〉の視位《しい》において『金剛頂経《こんごうちょうぎょう》』の表現《ひょうげん》それ自体《じたい》を一個《いっこ》の象徴《シンボル》とする『金剛頂経《こんごうちょうぎょう》』の秘密《ひみつ》は、私《わたし》たちにとってどのような思想《しそう》、すなわち、〈人間的《にんげんてき》な生《レーベン》の可能性《かのうせい》の限定《げんてい》〉としてあるのか。

私《わたし》はさきに密教思想史《みっきょうしそうし》の終局《しゅうきょく》に現成《げんせい》した〈神観念《かみかんねん》の必然性《ひつぜんせい》〉のコンテクストにおいて、サンヴァラ系密教徒《けいみっきょうと》の臨終《りんじゅう》におけるヘールカ神《しん》の現成《げんせい》とその現成《げんせい》における彼《かれ》らの安心《あんじん》とを想定《そうてい》した。その安心《あんじん》の内容《ないよう》は一切衆生《いっさいしゅじょう》の、しかも苦《く》なる輪廻《りんね》の生《せい》の総体《そうたい》としてのこの世界《せかい》を、それがその神《かみ》の身体《しんたい》、それが一生《いっしょう》に亘《わた》る苦《くる》しい遍歴《へんれき》の旅《たび》の果《は》てに現成《げんせい》したものであるが故《ゆえ》にすでに彼《かれ》にとっての絶対善《ぜったいぜん》（善《ぜん》か悪《あく》か、神《かみ》か悪魔《あくま》かの分別《ふんべつ》を超《こ》えた……）であるところのその神《かみ》の身体《しんたい》であるが故《ゆえ》に、無条件《むじょうけん》に、全体《ぜんたい》として肯定《こうてい》する、という思想《しそう》、その世界《せかい》の内実《ないじつ》をなす一切衆生《いっさいしゅじょう》の運命《うんめい》のすべてを自《みずか》らの運命《うんめい》として、一切《いっさい》の取捨選択《しゅしゃせんたく》をすることなく、自《みずか》らの永遠《えいえん》の未来《みらい》において進《すす》んで生《い》きようという思想《しそう》である。この永遠《えいえん》の未来《みらい》を、しかも苦《く》の未来《みらい》を全肯定《ぜんこうてい》する勇健《ゆうけん》な思想《しそう》を、華厳《けごん》的《てき》――『大日経《だいにちきょう》』的《てき》とするなら、『金剛頂経《こんごうちょうぎょう》』が示唆《しさ》する思想《しそう》は、一見《いっけん》それとは対照的《たいしょうてき》に、「やはり、現法《げんぽう》に、この一生《いっしょう》で片《かた》がつくのではないか」というものである。しかし、これもまた運命《うんめい》の思想《しそう》なのである、いや、より勝《すぐ》れた意味《いみ》において、運命《うんめい》の思想《しそう》なのである。それは前者《ぜんしゃ》の憶宿《おくしゅく》命智《みょうち》・衆生生死智《しゅじょうしょうじち》的《てき》な宿命論《しゅくめいろん》の上《うえ》に、更《さら》にニーチェのいう運命《うんめい》（Notwendigkeit、困難《ノート》の転回《ヴェンデ》）をいうものであるからである。

この運命《うんめい》（Notwendigkeit）という観念《かんねん》は、私《わたし》が〈開放系《かいほうけい》〉の視位《しい》に到達《とうたつ》するはるか以前《いぜん》から、私自身《わたしじしん》の運命的《うんめいてき》な確信《かくしん》としてあったところのものである。そして実《げ》に、プルシャという枠《わく》をかぶせた（あるいは、プルシャという鍵《かぎ》を差《さ》し込《こ》んだ）ときに現《あら》われてきた『金剛頂経《こんごうちょうぎょう》』の二世《にせ》界説《かいせつ》は、まさにわれわれ人間《にんげん》の側《がわ》における運命《うんめい》をいうものに他《ほか》ならなかったのである。そして、ここからが「目的論的理性《もくてきろんてきりせい》」たる〈開放系《かいほうけい》の神《かみ》〉のその「目的《もくてき》」、あるいは隠《かく》されたる意図《いと》に関《かか》わる『金剛頂経《こんごうちょうぎょう》』の（最終的《さいしゅうてき》な）秘密《ひみつ》の領域《りょういき》になるのであるが、その神《かみ》それ自体《じたい》がわれわれ人《にん》間《げん》のその運命《うんめい》に相関《そうかん》する、その意味《いみ》においても〈運命《うんめい》の神《かみ》〉であったのである。

「原人《プルシャ》の歌《うた》」にいう「大地《だいち》」＝プルシャの身体《しんたい》が四姓差別《しせいさべつ》をその現実相《げんじっそう》とすることからも知《し》られる如《ごと》く、この実在世界《じつざいせかい》は、事実《じじつ》、苦《く》、不条理《ふじょうり》、（そしてそう呼《よ》ぶのを好《この》むなら）悪《あく》の世界《せかい》である。しかも「梵天勧請《ボンてんかんじょう》」の説話《せつわ》が示《しめ》す如《ごと》く、神《かみ》はその世界《せかい》が「敗壊《はいえ》」しないこと、存続《そんぞく》することを望《のぞ》んでいるのである。しかもその神《かみ》はブッダを世《よ》に出《だ》し、その世界《せかい》、すなわちその神自身《かみじしん》の「身体性《しんたいせい》」における「生命《せいめい》」の自然《しぜん》の流《なが》れに逆行《ぎゃっこう》すべき〈現法的梵行《げんぽうてきボンぎょう》〉の立場《たちば》を唱導《しょうどう》せしめた。それは何《なん》のためにか。それは神《かみ》が自《みずか》らの身体《しんたい》をその細胞《さいぼう》レヴェルにおいて健康《けんこう》に保《たも》たんがためである。ブッダの〈現法的梵行《げんぽうてきボンぎょう》〉という反自然《はんしぜん》のヴェクトルはその健康《けんこう》のために必要《ひつよう》なのである。すなわち、神《かみ》は自《みずか》らの意図《いと》を隠《かく》し、われわれ人間《にんげん》を一貫《いっかん》して騙《だま》してきた、いわば〈奸詐《かんさ》の神《かみ》〉なのである。さらに、神《かみ》は最後《さいご》になってそのわれわれに〈現法的梵行《げんぽうてきボンぎょう》〉の立場《たちば》を突破《とっぱ》せしめ、人間《にんげん》性《せい》の意義《いぎ》を再獲得《さいかくとく》せしめた。これもまた神《かみ》の「目的論《もくてきろん》」に発《はっ》するのだとしたら、神《かみ》はわれわれ人《にん》間《げん》を自《みずか》らの「目的《もくてき》」のためにこの苦《く》なる世界《せかい》の中《なか》に存在《そんざい》させ続《つづ》けようとする、いわば利己《りこ》の神《かみ》なのである。では、この〈奸詐《かんさ》〉と利己《りこ》のさらに先《さき》にそれが〈運命《うんめい》の神《かみ》〉であるとは……?

その神《かみ》は、多分《たぶん》、この世界《せかい》を、それが全体的《ぜんたいてき》に消滅《しょうめつ》してしまわない限度《げんど》において（人間《にんげん》が全《ぜん》体《たい》としてギリギリの線《せん》で堪《た》えられる程度《ていど》において、より具体的《ぐたいてき》にいうなら、全面核戦争《ぜんめんかくせんそう》を起《お》こさない程度《ていど》において）、できるだけ困難《こんなん》な、すなわち、苦《くる》しく、悲惨《ひさん》で、不条理《ふじょうり》なものにしておきたいのである。なぜならその困難《ノート》の度合《どあ》いが、われわれ人間《にんげん》がそれを転回《ヴェンデン》し得《え》たときの強度《きょうど》（intensité）を構成《こうせい》するのであり、（華厳的《けごんてき》な空《くう》の論理《ろんり》をそこに適用《てきよう》するなら、そしてそれは、事《じ》実《じつ》、適用《てきよう》できるのであるが）その困難《ノート》を転回《ヴェンデン》するわれわれ人間《にんげん》の努力《どりょく》ないし実践《じっせん》によって生起《しょうき》するその強度《きょうど》が、即《そく》、神自身《かみじしん》の存在《そんざい》の強度《きょうど》をなすからである。すなわち、神《かみ》はそれ自体《じたい》、或《あ》る困難《ノート》を背負《せお》った、危機的《クリティカル》な存在《そんざい》なのであり、その存在《そんざい》が、われわれ人間《にんげん》の、困難《ノート》の転回《ヴェンデ》をその本《ほん》質《しつ》とする存在《そんざい》、つまり、運命《うんめい》の観念《かんねん》における実存《じつぞん》を必要《ひつよう》としているのである。われわれ個々《ここ》の人《にん》間《げん》の側《がわ》の運命《うんめい》（困難《ノート》の転回《ヴェンデ》）がその神《かみ》を刻々《こくこく》に生《い》かしめ、存続《そんぞく》せしめるのである。

私《わたし》は『歎異鈔《たんにしょう》』における親鸞《しんらん》の

「弥陀《ミダ》の五劫思惟《ごごうしい》の願《がん》をよく〳〵案《あん》ずれば、ひとへに親鸞《しんらん》一人《いちにん》がためなりけり。」

という言葉《ことば》を、〈開放系《かいほうけい》の神《かみ》〉の存在《そんざい》と現成《げんせい》の機制《きせい》を正《ただ》しく言《い》い当《あ》てているものとして、こよなく尊重《そんちょう》するものである。しかし、さらにこれを裏《うら》から読《よ》むならば、神《かみ》はわれわれ人間《にんげん》の個々《ここ》の一《いち》人一人《にんいちにん》に対《たい》して、それぞれにその「全歴史性《ぜんれきしせい》」を挙《あ》げて、今《いま》、ここに現成《げんせい》する必要《ひつよう》があるのである、われわれの運命《うんめい》（困難《ノート》の転回《ヴェンデ》）を通《つう》じて自《みずか》らの存続《そんぞく》をはかるために……。

視点《してん》を変《か》えよう。われわれはこの現実世界《げんじつせかい》の中《なか》にそれぞれ一個《いっこ》の運命《うんめい》として厳然《げんぜん》と存在《そんざい》している。われわれは超越者《ちょうえつしゃ》の側《がわ》からの働《はたら》きかけによって（〈運命《うんめい》の神《かみ》〉の力《ちから》によって）いつかその運《うん》命《めい》を自覚《じかく》する。そして、一生《いっしょう》に亘《わた》る力行《りきこう》によってその運命《うんめい》の困難《ノート》を転回《ヴェンデン》し得《え》たとき、その世界《せかい》から、「頭一《あたまひと》つを出《だ》す」ことができる（それが「原人《プルシャ》の歌《うた》」に「なお十指《じゅっし》の高《たか》さに……」ということの意味《いみ》なのであろう）、まさに西田幾多郎博士《にしだきたろうはかせ》がその最晩年《さいばんねん》の論文《ろんぶん》「場所的論理《ばしょてきろんり》と宗教的世《しゅうきょうてきせ》界観《かいかん》」において「逆対応《ぎゃくたいおう》」の概念《がいねん》を説明《せつめい》して、

「我々《われわれ》の自己《じこ》が神《かみ》に対《たい》すると云《い》うのは、……我々《われわれ》の自己《じこ》の一々《いちいち》が、永遠《えいえん》の過去《かこ》から永遠《えいえん》の未来《みらい》に亙《わた》る人間《にんげん》の代表者《だいひょうしゃ》として、神《かみ》に対《たい》するのである。」（『西田幾多郎全集《にしだきたろうぜんしゅう》』第《だい》十一巻《かん》、四三〇頁《ページ》）と言《い》った、その位置《いち》に、それも多分臨終《たぶんりんじゅう》において、立《た》つことができるのであろう。そしてそこに立《た》ったとき、すなわち、ショーペンハウェルがその「運命論《うんめいろん》」の末尾《まつび》でいみじくもそれを「臨《りん》終《じゅう》の厳粛《げんしゅく》な重大《じゅうだい》な荘厳《そうごん》な恐《おそ》るべき性格《せいかく》」として言《い》ったその《分かれ目《クリージス》（危機《きき》）》、その実存《じつぞん》の尖《せん》端《たん》において、多分《たぶん》われわれは、さきの『金剛頂経《こんごうちょうぎょう》』の第三場面的《だいさんばめんてき》な対応世界《たいおうせかい》（神《かみ》の汎神論的《はんしんろんてき》側《そく》面《めん》としての……）の中《なか》に自己《じこ》の対応物《たいおうぶつ》（前出《ぜんしゅつ》のピンダロス＝ニーチェのモットーにおけるhoios、汝《なんじ》がそれであるところのもの、より俗《ぞく》な表現《ひょうげん》によるなら「本来《ほんらい》の自己《じこ》」）を見出《みいだ》し、そして、それと瑜伽《ヨーガ》することができるのであろう、すなわち、「原人《プルシャ》の歌《うた》」の「十指《じゅっし》」と「四分《しぶん》の三《さん》」は調停《ちょうてい》されるのであろう。そして、この意味《いみ》での〈一尊瑜伽《いっそんユガ》〉によって（『大日経《だいにちきょう》』的論理《てきろんり》に従《したが》って）その対応世界《たいおうせかい》の全体《ぜんたい》は現成《げんせい》する、あるいは、人格神的《じんかくしんてき》な神《かみ》は（その〈奸詐《かんさ》〉を転《てん》じた慈悲《じひ》の神《かみ》として）現成《げんせい》する、というのであろう。

しかし、このわれわれ人間《にんげん》の側《がわ》の力行《りきこう》とそれによる困難《ノート》の転回《ヴェンデ》が神《かみ》の意図《いと》によるものであるとしたら、その代償《だいしょう》は何《なん》であるのか。私《わたし》はそれを、現実《げんじつ》にこの世《よ》に生《い》きる上《うえ》での高貴《こうき》と尊厳《そんげん》、そして、死《し》に向《む》かっての安心《あんじん》であると想像《そうぞう》する。そして、この代償《だいしょう》はある、論理必然的《ろんりひつぜんてき》にあるのである。ここにわれわれが今日《こんにち》において『金剛頂経《こんごうちょうぎょう》』の秘密《ひみつ》を道《い》う理由《りゆう》が存《そん》するのである。

津田真一（つだ・しんいち）

東方学院講師。仏教学（密教思想・密教思想史専攻）。1938年、東京都に生まれる。東京大学文学部印度哲学梵文学科卒。Doctor of Philosophy（A.N.U.）、文学博士（東京大学）。真言宗豊山派真福寺住職、真言宗豊山派勧学。前国際仏教学大学院大学教授。著書 The Saṁvarodaya-tantra Selected Chapters, The Hokuseido Press, Tokyo,1974.『反密教学』（リブロポート、1987年／春秋社、2008年）。『大乗仏典 中国・日本篇18・空海』（中央公論社、1993年）。『アーラヤ的世界とその神』（大蔵出版、1998年）。

梵文和訳 **金剛頂経**

2016年12月21日　初版第1刷発行

著　　者　津田真一
発 行 者　澤畑吉和
発 行 所　株式会社 春秋社
〒101-0021　東京都千代田区外神田2-18-6
電話　03-3255-9611（営業）
03-3255-9614（編集）
振替　00180-6-24861
http://www.shunjusha.co.jp/
装 幀 者　本田　進
印 刷 所　信毎書籍印刷株式会社
製 本 所　黒柳製本株式会社

ISBN978-4-393-11342-4　定価はカバー等に表示してあります

津田真一
反密教学

釈尊の悟りから出発し、大乗、密教へと展開する仏教思想の変遷を、「クリティカル」「二重法界」等をキーワードに、独自の視点から論じた画期的名著の復刊。書下ろし一篇を付す。　3200円

高橋尚夫・野口圭也・大塚伸夫 編
空海とインド中期密教

『大日経』『金剛頂経』『理趣経』等、インド中期密教を代表する経典の思想・実践・曼荼羅の特徴を挙げ、真言宗の祖・空海がそれをどのように受容し、かつ展開したかを探る。　2800円

高橋尚夫・野口圭也・大塚伸夫 編
初期密教
思想・信仰・文化

わが国では「雑密」と呼ばれてきた初期密教を、「主要経典」「陀羅尼・真言」「図像・美術」「修法・信仰」の四つの面から、碩学と新進気鋭の研究者22人が総合的に解説する。　4200円

立川武蔵 編著
ネパール密教

インドから直接伝わった伝統が今なお生きているネパール密教。その実態を三〇年にわたる現地調査を通して、歴史をはじめ寺院や仏像、仏画、マンダラ、儀礼等の面から解説。　2400円

高橋尚夫・西野翠 訳
梵文和訳
維摩経

『維摩経』のサンスクリット原典を底本に、チベット訳や漢訳なども参照しながら、正確で読みやすい現代語訳を完成。幅広い読者の理解に役立つようにと詳細な訳注を付す。　2400円